★

本书为 2024 年天津市教育两委"习近平新时代中国特色社会主义思想概论"课程教学研究专项课题"中国特色大国外交和推动构建人类命运共同体"的研究成果

红色文化融入高校思想政治教育研究

HONGSE WENHUA
RONGRU GAOXIAO SIXIANG ZHENGZHI
JIAOYU YANJIU

朱秀茹　著

天津社会科学院出版社

图书在版编目（ＣＩＰ）数据

红色文化融入高校思想政治教育研究 / 朱秀茹著
. -- 天津 : 天津社会科学院出版社，2024.6
ISBN 978-7-5563-0971-9

Ⅰ．①红… Ⅱ．①朱… Ⅲ．①高等学校－思想政治教
育－研究－中国 Ⅳ．①G641

中国国家版本馆 CIP 数据核字（2024）第 104903 号

红色文化融入高校思想政治教育研究
HONGSE WENHUA RONGRU GAOXIAO SIXIANG ZHENGZHI JIAOYU YANJIU
责任编辑：李思文
责任校对：杜敬红
装帧设计：高馨月
出版发行：天津社会科学院出版社
地　　址：天津市南开区迎水道 7 号
邮　　编：300191
电　　话：（022）23360165
印　　刷：高教社（天津）印务有限公司
开　　本：787×1092　　1/16
印　　张：13.5
字　　数：205 千字
版　　次：2024 年 6 月第 1 版　　2024 年 6 月第 1 次印刷
定　　价：78.00 元

前　言

　　红色文化是我国社会主义先进文化的重要思想来源,高校肩负着传播先进文化、培养人才的重任。高校思想政治教育就是要从根本上回答"培养什么样的人、如何培养人以及为谁培养人"的问题。习近平总书记多次强调:"要把红色资源利用好、把红色传统发扬好、把红色基因传承好。"红色文化是高校思想政治教育的宝贵资源,包含着丰富的革命精神和厚重的历史文化底蕴,涉及政治、经济、文化、社会、军事等各个方面,对大学生思想政治教育有重要的价值,新时代对高校思想政治教育提出了新的发展要求,红色文化的传承弘扬也需要新的发展契机。因此,必须将红色文化融入高校思想政治教育,实现二者的同心同力,协同共生,在帮助大学生形成正确的价值观、人生观和世界观的同时,让红色文化在面对外来文化冲击与挑战的过程中彰显中国力量,为增强文化自信汇聚红色力量。

　　本书围绕红色文化、高校思想政治教育的相关概念,红色文化的历史发展及蕴含的思想政治教育理念,红色文化融入高校思想政治教育的重要性,红色文化融入高校思想政治教育的现状,红色文化融入高校思想政治教育的场域,红色文化融入高校思想政治教育的路径及保障机制展开论析,进一步研究红色文化与思想政治教育的关系,探究红色文化融入高校思想政治教育现状及存在的问题,以此分析红色文化融入高校思想政治教育的必要性、可行性及融入的场域,进而分别从发挥红色文化在思政课堂授课中的重要作用,实践教学中实现高校与地方红色资源的常态化联系,培育大学生自主学习红色文化资源的能力三个层面探索实现红色文化融入思想政治教育的路径,以期调动红色文化中的思想政治教育因子,将其更好地融入思想政治教育,为实现中华民族伟大复兴的中国梦培养全面发展的高素质人才。

目　录

第一章
红色文化与高校思想政治教育相关理论概述

第一节　红色文化的内涵

一、红色文化的概念界定

"红色"一词原指颜色的一种,但在中国传统文化中"红色"被赋予了极大的象征意义,认为有逢凶化吉、驱逐邪恶的功能,因此,在中国古代,许多宫殿和庙宇的墙壁都以红色为主。此外,"红色"同样深受中国人民的喜爱,在许多重要的节日或场合中作为一种喜庆、吉祥的颜色被广泛使用,并逐渐嬗变为中国文化的底色。

在许多重要的事件、场合中,红色象征着权威、尊贵等。在中国的历史长河中,中华民族经常用红色表达自己对某物的尊重、崇拜和特殊的情感。在中华上下五千年的文明发展历程中,红色是大众最喜欢的颜色,具有各种象征性意义,被广泛应用在各种场合。到了近代,1917 年俄国十月社会主义革命取得胜利,世界上第一个社会主义政权正式成立,为保卫革命的伟大成果及新生的国家政权,列宁组建了苏联红军,自此"红色"成为社会主义和共产主义的重要特征,开始与国家政权相联系,具有一定的政治色彩。随着革命运动的不断推进,中国共产党在探索中国革命道路的进程中,逐步建立了红色政权,创建了工农红军,举起了革命的红旗,开辟了一系列红色革命根据地,创建并宣传和发展了红色文化等,使"红色"开始带有鲜明的革命特征,这种红色革命文化承载了整个中华民族独立、解放、建设与发展的艰辛历程,历经岁月的沉淀和深化,成为爱国主义的经典色彩。

什么是红色文化?红色文化的概念应该如何界定?对于这一问题,目前学界存在很多不同的意见和见解。有学者认为红色文化是指"中国共产党领导我国人民在新民主主义革命乃至社会主义建设时期的重要革命纪念地、纪念物及其承载的革命事迹和精神等"[①]。有学者指出:"红色文化包括中国新民主主义革命的遗址、遗物、纪念物等物质文化和在这一革命过程中孕育出来的革命历史、革命精神、革命文学艺术、革命事迹等非物质文化两种形态。"[②]也有学者提出:"红色文化是在新民主主义革命时期,在中国共产党的领导下,由中国共产党人、一切先进分子和人民群众共同创造的、具有中国特色的先进文化。"[③]因此,我们通过归纳各种资料可以将红色文化的概念大致分为以下几种。

第一,按红色文化的范围划分。红色文化的范围有广义和狭义之分,这是学界较为一致的看法。有学者指出:"红色文化,广义的理解我们可以把它归结为世界社会主义运动历史进程中人们的物质文化和精神力量所达到的程度、方式和成果。狭义的理解我们可以把它归结为中国共产党在领导中国人民实现民族的解放与自由以及建设社会主义现代化的中国历史实践过程中凝结而成的观念意识形式。它是在革命文化的基础上生长起来的文化产

---

① 陶璐、胡松:《"红色资源"相关概念的辨析》,《江西科技师范学院学报》2012 年第 2 期。
② 李平:《弘扬红色文化 抵制"三俗"之风》,《光明日报》2010 年 9 月 3 日。
③ 王以第:《"红色文化"的价值内涵》,《理论界》2007 年第 8 期。

品、文化活动方式以及文化观念。"①也有学者认为:"从广义上讲新民主主义文化和社会主义文化都是红色文化,是红色文化在建国后新民主主义时期和社会主义建设时期的发展;狭义上讲红色文化主要指大革命失败后中国共产党独立领导中国革命创建革命根据地(红色根据地)时期的革命文化。"②笔者认为,所谓红色文化是指在中国共产党成立后,在社会革命和社会主义建设及发展中所形成的一种文化,在这种红色文化的引领下,中国人民在中国共产党的领导下完成了中国革命、建设和发展的历程。正是因为有了红色文化的引领,中国人民才形成了坚定的信念,并体现出坚定的进行社会主义革命和社会主义现代化建设的信心和勇气。

第二,按红色文化的时限划分。学界关于红色文化的起止时间存在不同的理解,有学者强调红色文化是新民主主义革命时期的文化,认为红色文化是新民主主义文化的核心与灵魂。在本质上是党在新民主主义革命时期倾力打造的社会核心价值体系。③ 也有一些学者认为:"红色文化是以革命理念为中心的文化","它应该包括新民主主义文化和社会主义建设时期以革命为内核的文化"。④ 尽管学界对红色文化时限的表述不尽相同,但对红色文化时限的理解并不冲突,甚至是相互交叉和补充的,可以说红色文化的形成与发展贯穿了中国整个革命、建设和发展时期,与中国共产党的历史一脉相承。尤其是在新时代中国特色社会主义现代化建设的背景下,了解红色文化、学习红色文化、宣传红色文化、践行红色文化更是有着非常重要的意义。

第三,按红色文化的形态划分。学界对红色文化的层次划分较为多样,主要划分为物质和精神两个方面。渠长根则提出红色文化的形态划分除物质和精神层面外,还应包括制度:"制度文化指理论、纲领、路线、方针、政策等

---

① 赖宏、刘浩林:《论红色文化建设》,《南昌航空工业学院学报(社会科学版)》2006 年第 4 期。
② 何克祥:《红色文化与马克思主义中国化要论》,《中共南昌市委党校学报》2007 年第 1 期。
③ 李水弟、傅小清:《红色文化之源:中国共产党的先进性》,《求实》2008 年第 5 期。
④ 魏本全:《从革命文化到红色文化:一项概念史的研究与分析》,《井冈山大学学报(社会科学版)》2012 年第 1 期。

一系列规范体系和行为模式。"①因此,根据以上几种形态的划分,红色文化为我们集中展现了党的革命奋斗史与精神风貌,蕴含着巨大的吸引力与感召力。在笔者看来,红色文化的形态既应包括物质上的红色文化,也应包括精神上的红色文化。新时代的红色文化理应是实物和精神两方面的结合。有着实物形态的红色文化的存在,我们才能更好地从直观上了解中国革命和建设时期红色文化发展和变迁的历史渊源和经历。而有了精神上红色文化的引领,我们才能坚定地紧紧跟在党中央的周围,学习红色文化、实践红色文化。这样红色文化的实物形态和精神形态都具有了鲜活的内容,彰显了各自不可替代的意义。

综上所述,红色文化不能简单地理解为红色和文化的叠加,它蛰伏于整个近代,以不断吸收、整合、扬弃中外优秀文化为基础,在新民主主义革命时期孕育发生,在社会主义革命和建设的实践中得到成熟和发展,并在新时代条件下嬗变与升华。简言之,红色文化是一种将中国人民长期的革命实践与爱国主义精神有机结合形成的特定文化精神和文化形态,反映的是中国共产党的政治理念和信仰的先进文化。在中国共产党的发展历程中,中国共产党人始终坚持和倡导红色文化,红色文化是当代中国的先进文化,红色文化不仅是时代前景和发展的方向和动力,也是中国人民和中华民族前进的方向和发展的动力。

二、红色文化与相关概念辨析

红色文化作为一种先进文化形态,与其他文化形态势必会有一定程度上的重合性、相似性和共同点。要深入并全面理解红色文化,就要将其置于中国特色社会主义文化的构成中去考量和比较,特别是要考察其与中华优秀传统文化和社会主义先进文化两种文化形态的联系与区别。

通过对红色文化的概念厘定,我们充分认识到红色文化是中国共产党把马克思主义基本原理运用到中国实践中所创造的由一系列思想、观念、价值、

精神、行为构成的特殊文化形态,是党的性质和宗旨的集中体现,是党的优良传统和作风的集中体现,是中国共产党人的政治本色和精神特质的集中体现。中华优秀传统文化是先哲们创造的并流传于今的文化瑰宝,经过时代的变迁,又被赋予新的时代价值和文化意义,在中国共产党所创造的红色文化中,很容易观察到中华优秀传统文化的印记和影子。红色文化与社会主义先进文化的关系则显得复杂一些,社会主义先进文化萃取了中华优秀传统文化、革命文化以及红色文化中的精华,是对这几种文化形态的深度融合,也是中华文化在当代中国的最新发展,是承前启后、继往开来的先进文化形态。

1. 红色文化与中华优秀传统文化

中华民族是五千年赓续不断的伟大民族,中华文明包罗万象,历久弥新。博大精深的中华优秀传统文化及其孕育着的中国精神是中华民族生生不息、发展壮大的丰厚滋养。红色文化充分汲取了中华优秀传统文化的养分,中华优秀传统文化是红色文化的根脉和源头活水。红色文化是对传统文化的吸收和融合。

吸收传统文化中的民本思想,形成以人民为主体、为人民服务的红色文化精神。民本思想古已有之,据《尚书》记载,这种思想在尧舜时期启蒙,被儒家的孟子发展为完整的思想体系,在中国的封建社会一直被作为君主治国理政的信条。《孟子·尽心下》中有经典的论述,那就是"民为贵、社稷次之、君为轻"。唐代魏征在《谏太宗十思疏》中也有"怨不在大、可畏惟人,载舟覆舟、所宜深慎"的论述。这些都充分体现了我国传统文化对民众、民意的重视。然而,在封建社会形成并发展的民本思想因历史的局限性仅作为君主统治民众的方法而被运用。中国共产党在民本思想的基础上结合马克思主义理论,一直以"为人民服务""真心实意为群众谋利益"为己任,这也决定了红色文化的大众性特征,其服务的对象也必须是人民大众。"理论只要说服人,就能掌握群众;而理论只要彻底,就能说服人。"①无论是国内革命战争时期的苏区文化、抗日战争时期的抗日根据地文化,还是解放战争时期的解放区文化,红色

---

① 《马克思恩格斯选集》第一卷,人民出版社2012年版,第9－10页。

文化的表现形式都以向大众传播思想和马克思主义文化为代表。新中国成立后,在社会主义改造和建设期间,红色文化更多以人民群众喜爱的文化艺术作品和彰显时代特色的榜样精神为表现形式,直接地感染和鼓励着全国人民凝心聚力,共克时艰。改革开放至今,红色文化成为社会主义先进文化的组成部分,以爱国主义文化为突出表现形式,用红色文化中的人和事感召大众、带动大众,促使形成良好社会风尚。由此可见,红色文化在继承传统文化民本思想的基础上,始终坚持为人民服务,是人民群众乐于接受、高度认同的主流文化。

2. 红色文化与社会主义先进文化

"社会主义先进文化是在党领导人民推进中国特色社会主义伟大实践中,在马克思主义指导下形成的面向现代化、面向世界、面向未来的,民族的科学的大众的社会主义文化,代表着时代进步潮流和发展要求。"[1]社会主义先进文化与红色文化有五个方面的共同点:马克思主义是共同的理论基础;优秀传统文化是共同的文化溯源;民主、公平、正义等思想是共同的核心价值理念;人民大众是共同的服务对象;中国共产党是共同的文化领导者和政策制定者。这也就充分证明了红色文化与社会主义先进文化不是相互割裂的,而是内在关联的。"推动社会主义文化大发展大繁荣,必须大力弘扬中华优秀文化传统,大力弘扬五四运动以来形成的革命文化传统,大力弘扬改革开放以来文化领域形成的一系列新思想新观念新风尚,立足中国特色社会主义伟大实践,发展社会主义先进文化。"[2]红色文化本身就是一种先进的文化形态,具有无可争议的先进性,为社会主义先进文化的形成奠定了根基。具体而言,红色文化对于社会主义先进文化的作用主要有三点:"一是红色文化资源为繁荣先进文化提供了精神滋养,丰富了社会主义先进文化建设的载体和形式,提升了社会主义先进文化建设的内涵和高度;二是红色文化资源为创新中国先进文化提供了精神动力,为创建中国先进文化的独特话语体系提供

---

① 汤玲:《中华优秀传统文化、革命文化和社会主义先进文化的关系》,《红旗文稿》2019年第19期。
② 胡锦涛:《坚定不移走中国特色社会主义文化发展道路　努力建设社会主义文化强国》,《求是》
　　2012年第1期。

了素材"；①三是无论红色文化发生什么样的嬗变、创新与融合，其根本的文化基因未曾改变，这种文化基因即是红色文化所特有的红色基因。也正是因为红色文化的强大基因，才有可能去影响和融合其他文化形态。社会主义先进文化本身也深受红色文化基因的影响。因此，红色文化是社会主义精神文化生产、文化事业与文化产业发展的基础，在构建社会主义先进文化的过程中扮演着承前启后的角色，具有继承优秀传统文化和创新社会主义先进文化的价值。

红色文化与社会主义先进文化的区别主要表现在两个方面。一是历史使命的文化异质性。"一个国家在一定时期的历史任务不是由个人、政党和阶级的主观意志任意决定的，而是由该国家所处的社会性质和基本现状及所面临的时代问题所决定的。"②诞生于新民主主义革命时期的红色文化和推进中国特色社会主义伟大实践中培育的社会主义先进文化承担着不同的历史使命和时代任务。红色文化虽然历经革命、建设和改革三个阶段，却不能包含或者说等同于社会主义先进文化。社会主义先进文化的诞生是在新中国成立以后，在党带领人民群众对社会主义道路的探索与建设中催生出了社会主义先进文化。受这种历史环境的影响，社会主义先进文化从一开始就承载着国家逐步富强、人民生活富裕的美好期望，因此服务于国家现代化建设和人民日益增长的美好生活需要。伴随着时代的发展，社会主义先进文化更多表现为文化生产力、文化传播力、文化安全防御能力等"软实力"，是新时代文化自信的直接体现。红色文化的时代使命是动态发展的，从新民主主义革命时期的启蒙思想、传播马克思主义理论、实现民族复兴到社会主义建设和改革时期传承红色基因、赓续红色精神、丰富文化资源，红色文化的使命主旨也伴随时代命题发生着改变，但又一脉相承集中体现了鲜明的无产阶级性和人民性等红色文化"内核"和"基因"，并跨越时空，历久弥新，因而红色文化的核心价值内涵和共同特质并没有因历史的发展而发生改变，只是不同时代红色

---

① 刘建伟：《红色文化融入高校社会主义核心价值观教育研究》，人民出版社 2018 年版，第 33 页。
② 许全兴：《中国近现代两大历史任务刍议》，《理论视野》2016 年第 8 期。

文化基本内涵的表达形式有所不同。

第二节 红色文化的历史发展及其蕴含的
思想政治教育理念

红色文化萌发于五四新文化运动,形成于新民主主义革命时期,在社会主义建设和改革开放时期继续创新发展,焕发出新的生命力。红色文化的百年发展历程为我们呈现了从党筹备创立时期的精英文化,到根据地时期的区域文化,再到引领时代发展的主流文化等不同的文化形态。虽然不同时期红色文化的表现形态和内容主旨有所变化,但承载的文化基因"都是无产阶级领导通过革命(改革)的手段最终实现共产主义(社会主义)的目标"①,传递着中国共产党核心的思想政治教育理念。

一、作为精英文化形态的红色文化

红色文化的产生"要追溯到五四新文化运动前夕马克思列宁主义传入中国的那一历史时刻"②。当时接触和学习马克思列宁主义和俄国革命的先进知识分子传播社会主义思想,直接的目的在于寻找救亡图存的道路,希望通过马克思列宁主义的科学理论来解决中国革命的现实问题。红色文化在这样的历史背景下萌发,并以传播马克思列宁主义和探讨社会主义思想为起点,主要集中在少数进步知识分子对这一先进文化思想的介绍和实践。

陈独秀早在 1915 年于上海创办的《新青年》杂志就以宣传"科学"与"民主"思想,提倡新道德和新文化为己任,并以杂志为平台吸纳了一批进步知识

---

① 贾微晓、丘小云:《从文化基因的角度再论红色文化——兼论红色文化与其他文化的从属和融合关系》,《广西社会科学》2019 年第 1 期。
② 刘润为:《红色文化:中国人的精神脊梁》,《红旗文稿》2013 年第 18 期。

分子成为杂志编辑或为杂志投稿。李大钊、鲁迅等人都先后参与编辑工作并发表文章。李大钊的论文《庶民的胜利》《BOLSHE-VISM 主义的胜利》，陈独秀的论文《新青年罪案之答辩书》等都对当时宣传马克思主义、反对封建伦理道德、呼唤人性的觉醒等方面发挥了积极的作用。1919 年 5 月李大钊在杂志《马克思主义研究专号》上发表的文章《我的马克思主义观》，深刻影响了当时的中国青年，文章明确指出，马克思主义包括历史观、政策论、经济论三个部分，也就是唯物史观、经济学说和社会主义理论的有机统一。这篇文章对马克思主义做了比较全面系统的介绍。

除此之外，还有一批进步知识分子以其他方式介绍宣传马克思主义。比较具有代表性的是李达、李汉俊、张闻天等人。李达于 1918 年秋到 1920 年夏这段时间集中翻译了《唯物史观解说》《马克思经济学解说》《社会问题总览》三部著作。这三部译著是从哲学、经济学、科学社会主义三个部分系统全面地研究马克思主义，这在中国早期宣传马克思主义的知识分子中是非常突出的。李汉俊也是在日本留学时就开始接触并宣传马克思主义。李汉俊掌握了日、德、英、法四国语言，这就有力地帮助他从更多渠道获取马克思主义理论与思想。回国后，他利用语言上的优势，翻译了许多不同国家的马克思主义理论著作，从 1919 年到 1921 年，李汉俊在国内各种报刊上发表了 60 多篇译文和文章，可以说在翻译介绍马克思主义理论著作方面，李汉俊做出过突出贡献。1920 年初，陈望道承担了《共产党宣言》的中文版译著工作，后经陈独秀、李汉俊校对后于同年 8 月在上海正式出版。这是中国第一个《共产党宣言》的中文全译本，"帮助早期无产阶级革命者明确了关于建立一个什么样的共产党、建立共产党为了什么、怎样建立共产党等一系列问题，奠定了《中国共产党宣言》的基本思路与框架，对中国共产党的正式成立起到了重要思想引领和理论指导作用"①。由此可见，红色文化一开始还只是在少数先进知识分子群体中传播的精英文化形态。这些先进的知识分子在自觉学习和传播马克思主义的过程中寻求真理和出路，逐步确立了马克思主义信仰和共产

---

① 李红喜：《陈望道：真理的味道非常甜》，《党建》2020 年第 7 期。

主义伟大理想,开辟了用马克思列宁主义这一思想武器与中国实际相结合,从而解决中国问题的实践道路。

　　以精英文化形态呈现的红色文化蕴含的思想政治教育理念一是体现在对"科学"与"民主"思想的大力宣扬,并以此开启了近代中国思想文化启蒙运动。之所以要举起"科学""民主"的旗帜,根本的原因在于当时中国国民思想的蒙昧和政治制度的落后。以陈独秀为代表的先进知识分子认为要改变中国落后的面貌必须坚决反对封建迷信的盲从和专制制度的集权专行,从而用科学民主的文化精神改造国民与社会,"认定只有这两位先生,可以救治中国政治上、道德上、学术上、思想上一切的黑暗"①。难能可贵的是,用科学和民主的思想启迪民智、培养和改造社会的新生力量,不仅着眼于国家或民族的未来,也就是当时所讲的"大同福祉",而且强调追求"个人自由权利与幸福",这就区别于之前把民主等同于民族的独立与统一的思想。这样的认识是对民主思想理解得深入,也是当时文化育人注重人权自由与个性解放的体现,将思想政治教育理念推向了更高的层次。二是这一时期红色文化中的思想政治教育理念还体现在对国家富强、政治民主、社会文明、权利平等先进价值观或者说思想方面。国家富强是当时许多仁人志士所期盼的直接诉求,但是只有早期的中国共产党人在选择了以马克思主义理论为思想武器后,认识到生产力发展对国家经济发展的推动作用。他们主张用社会主义的方式进行生产和分配活动,通过发展生产力实现国家的富强。正如李大钊所言:"社会主义是使生产品为有计划的增殖,为极公平的分配,要整理生产的方法。这样一来,能够使我们人人都能安逸享福,过那一种很好的精神和物质的生活。"②在学习马克思主义理论的过程中,早期中国共产党人开始认识到资本主义民主的局限性,提出逐步建立社会主义民主政治才能救广大民众于水火之中,才可能实现民众当家作主。正如陈独秀所言:"共和政治为少数资本阶级所把持,无论那国都是一样,要用他来造成多数幸福,简直是妄想。"③所以,

① 《陈独秀文章选编》(上),生活·读书·新知三联书店 1984 年版,第 318 页。
② 《李大钊全集》第四卷,人民出版社 2006 年版,第 354 页。
③ 张宝明主编:《〈新青年〉百年典藏》(政治文化卷),河南文艺出版社 2019 年版,第 227 页。

中国共产党以民主理念育人不是宣扬资本主义民主思想,而是提倡社会主义民主,认为只有社会主义民主才能救中国。权利平等的思想在中国古代传统文化中就有所体现,如儒家思想中有关"天下大同""人人为公"等理想社会样态的建立。这些朴素的思想理念似乎天然地与马克思主义实现社会主义理想社会有着一定的契合性。早期的中国共产党人认为要结合本国传统文化中的思想并吸收运用马克思主义理论,力争建立一个人人权利平等的新社会。这种平等应该是全面的,要体现在社会生活的方方面面,生命和生活的权利应当是平等的,精神的生命和生活的权利当然也应当是平等的。李达对社会主义的解释中也包含了明确的平等理念,他认为:"社会主义,是反对个人竞争主义,主张万人协同主义。社会主义,是反对资本万能主义,主张劳动万能主义。社会主义,是反对个人独占主义,主张社会公有主义。"①可见,中国共产党人将建立平等的社会主义社会视为奋斗的目标,权利平等的理念贯穿共产党人理论塑造和实践活动的始终。

二、作为区域文化形态的红色文化

中国共产党成立以后逐步开始了独立领导中国革命的伟大实践,红色文化也在这一过程中被不断创造和丰富,在不同的历史时期和地区经历了井冈山文化、苏区文化、抗日根据地文化、解放区文化等不同的具有鲜明区域特色的文化表现形态。这一阶段的红色文化包含着政治、经济、文化、军事等丰富的内容,伴随革命斗争的深入和根据地的不断壮大而广泛传播和深入人心。可以说红色文化是中国共产党带领中国人民进行新民主主义革命并取得最终胜利的理论指导和精神动力。

1927 年大革命失败后,党中央在汉口召开八七会议,确定了土地革命和武装斗争的总方针,决定发动秋收起义,中国革命沿着农村包围城市的独特道路发展。基于此,毛泽东创造性地提出了"红色政权"理论,该理论包括人民战争、土地革命和农村革命根据地三个基本方面,为这一独特道路的实践

---

① 《李达文集》第一卷,人民出版社 1980 年版,第 1 页。

提供了理论基础。土地革命战争开始时,秋收起义部队向井冈山进军,继而建立了第一个农村革命根据地。以此为基础逐步建立赣西南和闽西南革命根据地,奠定了中央革命根据地的基础。"红色政权"的实现是马克思主义理论与根据地实践相结合的产物,促进了红色文化的发展和初步形成。以井冈山精神和苏区精神为核心的苏区文化是土地革命时期红色文化的主要表现形态,不仅代表了先进文化的发展方向,而且是当时极具影响力的区域文化。

苏区文化建设的核心任务是教育和发动农民参加反帝反封建的民主革命运动。"中国有百分之九十未受文化教育的人民,这个里面,最大多数是农民。农村里地主势力一倒,农民的文化运动便开始了。"①苏区针对农民和战士的文化教育活动经历了一个从百废待兴到初具规模的过程,这个过程以井冈山上红色文化教育的星星之火为源头。井冈山革命根据地建成后依然面临着国民政府当局的"围剿",进行教育建设的时机虽不成熟,但又面临着提高红军战士觉悟、提升红军队伍马克思主义思想理论认识的挑战,"这就决定当时的教育大体上沿着从军内到军外,从党内到党外的路线发展"②。所以,红色文化教育一开始主要面向红军和党员以及党内干部,教育的形式以日常教育为主,还包括训练班和随营教导队。很快,根据地的壮大让党员、红军面向广大人民群众进行宣传教育,并组织成立了工农夜校。可以说,当时的苏区以史无前例的规模进行了一场针对全体红军和根据地人民群众的红色文化教育活动,把宣传共产主义思想、党的纲领、苏维埃政府的政策作为教育工作的主体内容,不断消除人民群众的疑虑,鼓励他们参加革命斗争。

苏区的红色文化教育主要归纳为五个方面的内容。第一,坚持无产阶级文化教育领导权。苏区文化教育事业一开始虽面临资金短缺、设施简陋的困难,但文化育人呈现蒸蒸日上、生机勃勃的景象。列宁小学、识字组、补习学校、俱乐部等教育组织的数量和受教育群众的数量都不断增长,这与中国共产党注重文化教育的重要性、坚持无产阶级文化教育领导权是分不开的。

---

① 《毛泽东选集》第一卷,人民出版社 1991 年版,第 39 页。
② 陈桂生:《中国革命根据地教育史》(上),华东师范大学出版社 2015 年版,第 12 页。

1931 年在湘鄂赣省工农兵苏维埃第一次代表大会上通过的《文化问题决议案》就是苏区颁布的较早的有关文化教育的法规性文件。该文件强调了苏区文化的性质和任务,明确了文化教育要坚持无产阶级领导权。在苏区进行文化工作,就是要尽量灌输马克思列宁主义,及一切无产阶级革命的教育和理论。第二,注重文化教育理论建设。这一时期,毛泽东在总结革命根据地斗争经验的基础上撰写了《中国的红色政权为什么能够存在?》《星星之火,可以燎原》等系列文章,分析了中国革命道路、革命根据地建设、人民军队建设等问题,是毛泽东思想的早期成果,成为红色文化的重要组成部分。第三,建立健全文化教育的组织机构和文化教育工作方针。同苏区其他方面的工作一样,苏区的文化育人工作也是一种全新的工作,是全新的开始。苏区乡、区、县、省各级苏维埃政府都成立了教育委员会,1931 年,在中华苏维埃共和国成立后又设立了中央教育人民委员会,下设初等教育局、高等教育局、社会教育局等部门。从 1927 年到 1934 年,《苏维埃临时组织法》《省、县、区、市教育部及各级教育委员会的暂时组织纲要》《苏维埃教育法规》等一系列法规的出台标志着苏区的文化教育逐渐形成组织严密、行之有效的科学体系。第四,强调文化育人的大众方针。苏区实行普及义务教育,发展社会教育,提高普通文化程度的育人方针。毛泽东指出,苏区文化教育的目的是“为着革命战争的胜利,为着苏维埃政权的巩固与发展,为着动员民众的一切力量,加入伟大的革命斗争,为着创造革命的新时代”[1]。中国共产党领导的工农红军使广大人民群众有了受教育的权利。同时,文化育人的普及让群众有了识字、明理、摆脱愚昧无知、摒弃旧思想坏习惯、提高阶级觉悟的可能,促使他们更加踊跃地参加红军,投身根据地建设。第五,突出文化育人形式和方法的多样性。针对不同的育人对象,苏区的文化育人形式上可以分为干部教育、成人教育、职业教育和义务教育四种不同的类型。当时育人形式的多样性还体现在主体的多样性。“根据地的教育有国家办学、部门办学、团体办学,还有私人办学、民办公助等方式。无论什么办学方式,都在党和政府的领导下,调动了青

---

[1]　李国强:《中央苏区教育史》,江西教育出版社 2001 年版,第 24 页。

年团、工会、赤卫队、少先队、贫农团、妇代会、儿童团、消费合作社、红色教员联合会、赤色体育联合会、消灭文盲协会等各机关团体和广大群众的积极性，全党全民办教育。"①文化育人的方法也呈现多样性特点，最主要的是创造出众多针对现实情况、贴合群众需要并追求实效的育人方法。毛泽东就针对党员和红军战士的文化教育情况，创造出了一套科学的教授法，即著名的"十大教授法"。具体包括启发式、由远及近、由浅入深、说话通俗化、说话要明白、说话要有趣味、以姿势助说话、后次复习前次的概念、要提纲、干部班要用讨论式。这些可以说是党对文化教育的经验总结，是在对旧的文化教育的方法进行否定和批判的基础上提倡的针对大众文化教育的新方法。另外，苏区文化育人非常注重宣传引导的作用，在宣传引导的过程中充分利用了标语、传单、宣言、歌谣、戏剧等灵活多样的形式，宣传党和红军的性质，传播革命政策纲领，鼓舞发动群众，强化了文化育人的目标，丰富了文化育人的内容。

抗日战争时期，在抗战的革命实践中，中国共产党人创造出以毛泽东思想为理论指导，以延安精神和抗战精神为核心的抗日根据地红色文化。从理论上讲，毛泽东集中全党智慧写出了《实践论》《矛盾论》《论持久战》《〈共产党人〉发刊词》《新民主主义论》等一系列文章，阐述了中国革命的发展规律和前景，标志着毛泽东政治、哲学、军事思想的成熟，也标志着新民主主义革命理论的形成。毛泽东认为，实现新民主主义革命的胜利是进行社会主义革命的前提，"第一步现在已不是一般的民主主义，而是中国式的、特殊的、新式的民主主义，而是新民主主义"②。新民主主义革命的文化有自己的特殊性，是"民族的科学的大众的文化，就是人民反帝反封建的文化"③。新民主主义理论实现了马克思主义中国化的第一次理论飞跃，促使红色文化基本形成。从文化建设上来看，首先是抗战期间革命根据地非常重视党员思想建设，开展了具有历史意义的延安整风运动，反对主观主义、教条主义和宗派主义等思

① 彭月英、钟佩君：《毛泽东土地革命时期教育思想和实践的鲜明特色》，《湖南科技大学学报（社会科学版）》2012年第3期。
② 《毛泽东选集》第二卷，人民出版社1991年版，第666页。
③ 《毛泽东选集》第二卷，人民出版社1991年版，第708－709页。

想,确立了实事求是的思想路线。延安整风运动是一次深刻的马克思主义思想教育运动,党员干部在思想上得到了前所未有的解放,掌握了中国革命实际和马克思列宁主义普遍真理相统一的基本方向,对党员的思想政治教育起到了重要作用。其次,在中国共产党的领导下,根据地的文化育人组织机构如雨后春笋般发展起来。例如,中央党校、马列学院、鲁迅艺术学院、苏北抗日根据地文艺社团等学校和文化社团将马克思主义、毛泽东思想、持久抗战思想在根据地广泛传播开来。在此过程中,"面向人民大众的红色小说、红色诗歌、红色戏剧、红色散文、红色歌曲、红色美术等大量涌现"[1]。最后,抗战根据地的红色文化逐步开始了精英文化向大众文化的转型。抗战时期,新民主主义文化观的核心是解决"文化为谁服务"的问题,毛泽东明确了文化服务的对象即广大工农兵。这样一来,文化育人的大众化即文化的普及教育问题成为第一要务。在根据地文化普及的过程中,除了中国共产党的正确领导和群众的踊跃参与之外,知识分子的帮助和支持也起到了非常重要的作用,形成了知识分子与农民群众的有效互动。正如毛泽东所说的:"组织千百万农民群众,发展革命的文化运动和发展革命的统一战线。没有知识分子的参加,革命的胜利是不可能的。"[2]知识分子与工农的结合经历了少数人先知先觉的个体实践到集体化"下乡"的过程,使得红色文化包容和吸纳了更多的民间文化内容,更加紧密地结合了根据地的实际情况和群众的生产生活,真正让农民受到了先进文化的洗礼。文化育人工作的视野和实践不断拓展到农村,发现和宣传农民与革命互动的生动场景,"揭示出新型文化大众化的行进轨迹,最终完成了毛泽东所指示的'到群众中去'的历史使命"[3]。解放战争时期,中国共产党政治影响力的上升和人民解放军战场上的节节胜利推动红色文化在党的领导下逐渐完善和发展,形成了以西柏坡精神为核心的解放区红色文化。1948 年,在晋绥干部会议上,毛泽东强调了党在当前历史阶段的路线

---

① 渠长根主编:《红色文化概论》,红旗出版社 2017 年版,第 17 页。
② 《毛泽东选集》第二卷,人民出版社 1991 年版,第 618 页。
③ 贾钢涛:《延安时期中国共产党农民文化教育研究(1935—1948)》,人民出版社 2018 年版,第 86 页。

与政策,即"无产阶级领导的,人民大众的,反对帝国主义、封建主义和官僚资本主义的革命,这就是中国的新民主主义的革命,这就是中国共产党在当前历史阶段的总路线和总政策"①。该政策和路线的确立直接指导和影响着解放区文化育人工作的方向和部署。这一阶段的文化育人主要有三个方面的特点:第一,文化育人不断正规化、制度化。中国共产党在各个解放区推行新民主主义文化教育方针并逐步恢复教育行政管理系统。"即从1945年10月起,恢复专区、县、区教育行政机构的独立建制,在各行政公署教育处重新建立教育处。"②另外,各解放区针对自身情况开展正规化教育,拟订了一些教育办法和方案,逐渐实行以初小、高小、初中、高中、大学为统一教育阶段的学业制度体系。第二,加强党员的文化理论武装,坚定革命意志。快速发展的革命形势给党的思想建设和党员干部的理想信念带来了严峻的考验,提高党员文化理论素养,加强党内文化建设成为当时摆在中国共产党面前亟待解决的问题。党内文化建设以学好马克思主义理论为基本,要求党员阅读和学习马克思主义经典著作。毛泽东甚至在党的七届二中全会上提出党员干部阅读12本经典著作的要求,强调党员干部要用马克思主义的科学立场和方法认识中国革命斗争的道路和解放战争的前景。毛泽东思想是马克思列宁主义中国化的理论成果,在党的七大被确立为党的指导思想。解放战争时期,晋察冀中央局、晋冀鲁豫中央局、东北局等相继出版发行各种版本的《毛泽东选集》,学习贯彻毛泽东思想的指示,推动全党用毛泽东思想武装头脑。这是以毛泽东思想为代表的红色文化进行大众思想政治教育普及活动。第三,出版业和文艺体育事业的不断发展。解放战争时期出现了报纸、文学等出版事业的勃兴,有许多著名的报纸、杂志应运而生,在解放区成立了新的出版机构。出版的书籍主要包括"五四"以后的新文学作品、解放区的文学作品和文艺理论作品。宣传出版是文化育人工作的重要组成部分,这些出版物不仅宣传了党的方针政策,树立了人民军队的形象,而且可以说配合着解放区土地改革、

① 《毛泽东选集》第四卷,人民出版社1991年版,第1316－1317页。
② 陈桂生:《中国革命根据地教育史》(下),华东师范大学出版社2016年版,第162页。

城市建设、参军参战等一系列活动。同时,解放区的文艺体育事业破旧立新,红色文化以戏剧、戏曲、音乐舞蹈、电影、美术等多种形式展现了人民群众喜闻乐见的文艺作品。总之,解放战争时期的文化育人活动有力地宣传了中国共产党的形象,推动了党在军事上不断取得胜利,促进了解放区红色文化的持续发展。红色文化在区域文化形态下蕴含着许多深刻的思想政治教育理念,首先要提到的便是以民族独立和人民解放为核心的价值理念。面对革命和战争这样的历史背景,红色文化昭示着革命与战争背后所承载的思想观念和价值追求。无论是土地革命、抗日战争还是解放战争,中国共产党进行的一切活动都是为了民族的救亡图存和人民大众的翻身解放。其次,红色文化是以大众服务的思想理念感染和教育民众。红色文化与人民群众全面的精神需要相契合,人民群众是红色文化创造、传承、发展的源泉,也是红色文化所服务的对象。红色文化力争表现民众的生活、思想和情感,所内含的精神追求和价值理念熔铸成工农群众团结一致、同心同德与敌人进行斗争和"改造自己的环境"的工具,即民众革命的武器。"我们要战胜敌人,首先要依靠手里拿枪的军队。但是仅仅有这种军队是不够的,我们还要有文化的军队,这是团结自己、战胜敌人必不可少的一支军队。"①最后,灌输集体主义价值理念。集体主义一直是马克思主义理论中调节个人与集体之间关系的基本原则和标准。只有在集体中,个人才能获得全面发展,也就是说,在集体中才可能有个人自由。伴随中国共产党革命实践经验和理论的不断深入,集体主义观念得到了继承和丰富。早在抗战初期,毛泽东就针对党员个人利益和革命利益的取舍问题做出了评论,"关心党和群众比关心个人为重,关心他人比关心自己为重。这样才算得一个共产党员"②。1945年5月,在党的第七次全国代表大会上,毛泽东指出:"一致的行动,一致的意见,集体主义,就是党性。我们要使许多自觉的个性集中起来,对一定的问题、一定的事情采取一致的行动、一致的意见,有统一的意志,这是我们党性所要求的。"③这就将集体主

---

① 《毛泽东选集》第三卷,人民出版社1991年版,第847页。
② 《毛泽东选集》第二卷,人民出版社1991年版,第361页。
③ 《毛泽东文集》第三卷,人民出版社1996年版,第417页。

义上升到了党性修养的高度,认为集体主义理念是党员干部必须遵守的道德规范。此外,集体主义理念还延伸到党的政治生活和组织生活中,具体表现为坚持民主集中制原则。党组织中实行的少数服从多数、下级服从上级的纪律要求也是集体主义理念的体现,是个人与集体、民主与集中辩证关系的统一。

三、作为主流文化形态的红色文化

（一）红色文化的继续发展与所蕴含的思想政治教育理念

红色文化是革命战争的产物,"是针对封建主义文化、殖民主义文化、官僚主义文化而诞生的新文化。它是民主的、科学的、大众的文化,在马克思主义中国化的过程中实现了质的飞跃"①。但是在动荡的战争环境里,红色文化的形成和传播主要分布于党领导下的革命根据地和解放区等空间区域,尚未成为全国领域内的主流文化形态。新中国成立后,中国社会进入新民主主义时期,到改革开放前,红色文化也是由新民主主义文化向社会主义文化转变,红色文化形态实现了从区域文化到主流文化的转型,以文化特有的价值观与精神引领影响和感染人民群众,成为和平与建设时代凝聚人心、奋力向前的向心力和推动力。但是,这一时期红色文化的发展也受到了"左"倾思想的干扰,以至于在"文化大革命"期间发生了扭曲。这一情况需要结合社会背景、历史进程辩证、客观地认识。

1949 年 9 月全国人民政协会议第一届全体会议通过的《中国人民政治协商会议共同纲领》对新中国的文化教育工作做出了相应的要求:"中华人民共和国的文化教育为新民主主义的,即民族的、科学的、大众的文化教育。人民政府的文化教育工作,应以提高人民文化水平,培养国家建设人才,肃清封建的、买办的、法西斯主义的思想,发展为人民服务的思想为主要任务。"②1956年,国家提出了"百花齐放、百家争鸣""古为今用""洋为中用"的文化发展方针,旨在实行"批判与重建并举,建设具有高度民族性、科学性、大众性的新型

---

① 渠长根主编:《红色文化概论》,红旗出版社 2017 年版,第 20 页。
② 中共中央文献研究室编:《中华人民共和国开国文选》,中央文献出版社 1999 年版,第 285 页。

文化,使新中国文化事业呈现繁荣景象"①。面对摆在中国共产党和全国人民面前的首要任务即完成社会主义改造、进行社会主义建设这一事实,红色文化体现出以团结一致、奋发图强、艰苦奋斗为核心的精神旨归,红色文化建设上升到全新的高度,涌现出一大批内容多样并体现时代精神风貌的文化精品。如红色小说《红旗谱》《青春之歌》《创业史》,红色电影《白毛女》《上甘岭》,红色歌曲《中国人民志愿军军歌》,大型歌舞剧《东方红》《长征组歌》。这些文学艺术作品的创作者用艺术手段重现革命时代的场景,讲述红色故事,塑造了一大批耳熟能详的红色艺术经典人物形象,表现了对英雄人物、红色精神的歌颂。这是红色文化在新的历史时期的发展。受主流意识形态和国内环境的影响,红色文艺经典虽然依旧以革命人物和革命精神为中心,但在时代任务的感召下,在人民群众满腔热情建设社会主义国家的实践中,形成了以热爱党、热爱社会主义为主导,以自力更生、艰苦奋斗、创新精神为核心的时代精神。在改造山河的红旗渠、大寨壮举中,在向雷锋、焦裕禄等先进人物的学习活动中形成的红旗渠精神、大寨精神、雷锋精神、焦裕禄精神、铁人精神等都是红色文化精神的时代化呈现,这无疑丰富了红色文化的精神内涵,也是红色文化思想政治教育理念的生动体现。除此之外,新中国的成立是新民主主义革命胜利的成果,也表明了中国共产党带领中国人民追求民族独立和人民解放目标的实现。这一时期红色文化所要表达的思想政治教育理念还体现在对公民平等、自由理念的主张上。这与社会主义制度的确立、人民民主专政的政治体制是分不开的。政治制度和体制为中国人民摆脱阶级剥削和压迫提供了制度保障,让人民群众当家作主,成为国家的主人,享受政治上的平等和自由。同时,社会主义国家在经济上实行按劳分配,鼓励全体人民参与劳动创造,提高生产力水平。这就保证了人民群众劳动权利的平等和分配制度上的平等。从国家外交的层面来讲,新中国一直为谋求公正、平等的国际关系而努力,坚持平等对话、合作协商,中国是和平共处五项原则

---

① 潘万木、刘风华、程远志主编:《简明中国传统文化》第二版,华中科技大学出版社 2014 年版,第251 页。

的积极倡导者和坚定实践者。

（二）红色文化的创新发展与所蕴含的思想政治教育理念

改革开放后，"改革""创新"成为和平与发展背景下的时代话语。社会的变迁加快了改革开放的不断深入，中国共产党根据时代主题的变化适时转换历史任务和发展重心，形成了中国特色社会主义理论体系，积极推进马克思主义中国化的历史进程。红色文化也被赋予了新的时代内涵，以新的面貌和新的形式呈现出来，实现了在新的时代背景下的传承和创新。在改革开放初期，红色文化主要以精神文明的形态呈现。精神文明"不但是指教育、科学、文化（这是完全必要的），而且是指共产主义的思想、理想、信念、道德、纪律、革命的立场和原则，人与人的同志式关系"①。红色文化记录了中国共产党人为实现共产主义理想信念经历的艰难困苦、练就的精神品质和道德观念，是社会主义精神文明建设的重要资源。党的十五大以来，党的第三代中央领导集体提出了有中国特色社会主义文化的重要命题。中国的红色文化是党领导下的，以马克思主义理论为指导的先进文化形态，并且不断适应社会进步的需要而创新发展，是中国特色社会主义文化必不可少的一部分。进入 21 世纪，以胡锦涛同志为核心的党中央将建设和谐社会作为发展的要义，提出了"和谐社会""和谐文化"等新思想、新命题。"建设和谐文化，培育文明风尚"是 2007 年党的十七大提出的文化建设发展战略目标。红色文化体现了中国共产党一直以来对文化发展的高度自觉，对构建和谐社会、促进文化的繁荣发展做出了重要贡献。

2012 年 11 月，党的十八大召开，提出了建设社会主义文化强国的发展目标。2017 年 10 月，在党的十九大报告中，习近平总书记提出文化强国建设的基本方略："要坚持中国特色社会主义文化发展道路，激发全民族文化创新创造活力，建设社会主义文化强国。"②红色文化是民族的创新的文化形态，针对如何对待和利用红色文化的问题，习近平总书记创造性地提出了"红色基因"

---

① 《邓小平文选》第二卷，人民出版社 1994 年版，第 367 页。
② 《党的十九大报告辅导读本》，人民出版社 2017 年，第 40 页。

的概念,多次强调要在全党、全军、全社会开展学习红色文化、传承红色基因的教育活动。初心使命教育、党史学习教育更是需要发挥红色文化的优势,用红色文化富含的"活教材""活榜样""活标本"去优化认知、强化认同,让人们从思想上、行动上都能获得红色精神的感染和洗礼。2016 年 11 月,中共中央办公厅和国务院办公厅印发了《2016—2020 年全国红色文化旅游发展规划纲要》。2021 年 7 月,教育部、国家文物局共同颁布了《关于充分运用革命文物资源加强新时代高校思想政治工作的意见》。这些意见和指导性文件都是新形势下红色文化进一步传播创新和发挥思想政治教育功能的基本遵循,同时也为利用红色资源、发扬红色传统、传承红色基因提供了一定的制度保障。2012 年 11 月,党的十八大报告首次提出了"三个倡导"的社会主义核心价值观。这一阶段红色文化所蕴含的思想政治教育理念突出的表现就是对社会主义核心价值观包含的价值理念的内化和承载。"红色文化是社会主义核心价值观的重要理论源泉,也是践行和培育社会主义核心价值观的天然载体,红色文化蕴含的伟大革命精神、优良革命传统、坚定革命信仰等与社会主义核心价值观具有契合性;红色文化蕴含的爱国、和谐、公平、平等等价值理念与社会主义核心价值观具有一致性,对于培育和践行社会主义核心价值观具有重要意义。"[1]

分析红色文化的百年发展历程和所包含的思想政治教育理念让我们看到,红色文化的内容和形态处于发展变化的过程中,而时代主题和历史任务的调整是红色文化形态变化、内涵丰富的直接原因。但是,红色文化承载和传递的育人理念一贯以中国共产党带领中国人民争取民族独立与解放、追求制度的民主与自由、实现公民权利的平等与公平为价值目标。这些价值理念历经实践的反复验证、历史的百般锤炼和时间的积淀,成为中国革命、建设、改革的伟大精神标志,是教育人、塑造人、鼓舞人、培养人的宝贵精神财富。

---

[1] 刘建伟:《红色文化融入高校社会主义核心,价值观教育研究》,人民出版社 2018 年版,第 4 页。

第三节　高校思想政治教育

一、高校思想政治教育的基本内涵

思想政治教育是"以政治思想教育为重点与核心的思想、道德和心理等的综合教育实践"。我国的高校是在中国共产党的领导下具有中国特色的社会主义高校，承担着"培养什么样的人、如何培养人以及为谁培养人"的重要任务，同时还承担着对当代大学生进行系统的思想政治教育的神圣使命。由此可知，高校思想政治教育就是指高校中与思想政治教育有关的一切教育者向大学生传授中国特色社会主义思想和中国特色社会主义道德，使之内化于大学生心里的稳定品质，外化于大学生行为的教育活动。由这一定义可知，高校思想政治教育的教育者是高校思政课教师、辅导员和党团人员，受教育者是广大学生，教育内容就是思想、道德和心理教育，因此高校思想政治教育本质上是综合性的教育实践活动。必须注意到的是，高校思想政治教育主要是以理性为中介。众所周知，思想政治理论课是高校思想政治教育的主战场、主渠道。在现有的教育教学体系中，强调的都是以理服人。这当然是正确的，从现实性的角度上说，由于学生自身缺乏相应的经验与体验积累，单纯的理论思想教育，主要表现为从概念到概念的推导难以激发学生的学习兴趣，必须以经验性的案例作补充，由此，红色文化也经常出现在思政课堂上。这又容易陷入一个误区，似乎思政课的教学目标就是理论知识，红色文化只是为其服务的。其实，思政课本质上属于价值教育而非知识教育，感性的红色文化同样具有价值内容，是活生生的价值体现。红色文化在课堂上的出现，既有佐证理论知识的功能，其本身也是教育内容。这一点是必须肯定的。

二、高校思想政治教育的作用

第一，可以促进大学生全面发展。思政教育要始终把立德树人作为重点任务,培养全面发展的社会主义事业接班人。高校思想政治教育者要向大学生传授系统的马克思主义理论知识,向大学生传授政治、思想和道德观念,提升大学生的思想品德,为大学生成长成才指引方向和提供精神动力。

第二,传承文化。中华民族既创造了历史悠久的传统文化,又创造了革命时期的革命精神和改革开放新时期的中国特色社会主义文化,这些成果都是中国历史厚重深沉的积淀,同时也是中国人民智慧的结晶。思想政治教育的文化传承功能就是通过让后人了解中华文化的精髓,增强文化自信,同时以文化自觉来挖掘优秀传统文化和革命精神的宝贵财富。

第三,大力开展意识形态教育的宣传和普及工作,坚定树立"四个意识"。高校是对大学生进行意识形态教育的主阵地,随着经济全球化的发展,大学生的思想观念和价值取向也必然更加多元化,大学生也很容易受到西方反马克思主义思潮的影响而造成思想上的混乱。因此,高校要加强意识形态教育,要坚持马克思主义的指导,加强思想政治教育,这对于大学生坚定共产主义远大理想有着十分重要的意义。

第四节　红色文化与高校思想政治教育的相互关系

一、红色文化丰富高校思想政治教育的信息涵量

红色文化内容生动、资源丰富,包含了见证革命历史和承载红色记忆的革命精神、革命历史、革命事迹。一是革命精神丰富了高校思想政治教育的信息涵量。革命精神既包括新民主主义革命时期形成的革命精神,也包括社会主义革命和建设时期形成的建设精神,还包括改革开放新时期形成的改革精神,这些精神丰富了高校思想政治教育的信息涵量,是永远激励国人不怕

牺牲、自强不息,用勤劳和智慧创造幸福生活的精神食粮。二是革命历史丰富了高校思想政治教育的信息涵量。红色文化就是以中国化马克思主义为核心的先进文化,它深刻反映了中国共产党从幼稚走向成熟,中国实现从站起来、富起来到强起来的伟大飞跃的发展历程。红色资源使全体中国人民深刻感受到谋求民族独立和人民解放之艰难,这是高校思想政治教育的生动教材。三是革命事迹丰富了高校思想政治教育的信息涵量。红色资源本身蕴涵着丰富的革命事迹,这些革命事迹构成了思想政治教育中极为宝贵的部分,对开展高校思想政治教育具有强大的精神激励和典型示范作用。

二、高校思想政治教育激发并导向红色文化资源开发和利用

红色文化资源极大地促进了高校思政发展进步,同时,高校思想政治教育也对红色文化资源的开发和利用起到激发和导向作用,极大地增强了红色文化思想政治教育价值。首先,思想政治教育可以更好地激发红色文化资源开发和利用的动力。红色文化具有多维功能、价值和效益,利用好、保护好红色文化资源,既是关系到党的执政地位巩固的政治工程,也是弘扬伟大民族精神和建设社会主义核心价值观的文化工程,更是促进经济发展、社会进步和提高人民生活水平的经济工程。这里的政治工程和文化工程指的就是思想政治教育工程,要想增强红色文化资源开发利用的动力,就要高度重视红色文化资源的思想政治教育价值。其次,高校思想政治教育引导红色文化资源开发利用的方向。红色文化资源因为蕴含着深刻的精神内涵而具有强大的思想政治教育价值,党和政府为了实现思想政治教育的这种价值,投入巨资对红色资源进行开发和利用,具有独特红色文化资源的地区的经济也因为前来接受教育的来访者的消费而逐步发展。在这个过程中,高校思想政治教育为深入挖掘红色文化资源提供了强大的激发力。可以说,离开思想政治教育,深入挖掘红色文化资源就将成为无源之水、无本之木,红色文化资源的生命力也将受到极大削弱。因此,作为红色文化资源重要组成部分的红色旅游,开发和利用也要遵循挖掘精神内涵的原则和方向。

第二章
红色文化融入高校思想政治教育的重要性

第一节　红色文化
融入高校思想政治教育的学理基础

红色资源融入高校思想政治教育，不是无源之水、无本之木，而是有深厚理论基础的。从经典马克思主义理论家与著作家，到把马克思主义理论和中国实践相结合的老一辈革命家，再到中国特色社会主义历任领导人，他们都对思想政治教育事业作出了重要指导或指示。这种理论层面的指导以及结合实际发展找到的具体方法等，为将红色资源融入高校思想政治教育提供了重要的学理支撑。

一、马克思主义经典作家提供理论基础

马克思主义经典理论家的重要论述中涉及许多与思想政治教育有关的理论，包括理论只有彻底才能说服人、社会主义意识需要灌输、经济基础与上

层建筑的辩证关系、人的本质是社会关系的总和等。虽然对红色文化资源融入思想政治教育没有明确的理论概念,但是由于红色文化资源蕴含的革命精神、共产主义意识等内容和特点,在上述理论论述中不可避免地会有所涉及,故而红色文化与思想政治教育有理论基础上的相关性。

(一)彻底的理论才能说服人

马克思认为"理论一经掌握群众,也会变成物质力量。理论只要说服人,就能掌握群众;而理论只要彻底,就能说服人"①。根据马克思的观点,作为精神力量的理论可以通过一定途径转化为物质力量,这种途径就是被群众接受和掌握,而理论要想被群众掌握,前提是要有说服人、让人信服的功效,至于如何才能说服人,就要求理论必须彻底,只有彻底的理论才能说服群众,从而转化为影响经济基础的物质力量。对于何为彻底的理论,马克思认为彻底的理论就是统治阶级的意识形态,即"统治阶级的思想在每一个时代都是占统治地位的思想。这就是说一个阶级是社会上占统治地位的物质力量,同时也是社会上占统治地位的精神力量。"②作为人民民主专政的社会主义国家,说服人的彻底的理论就是无产阶级的意识形态。红色文化资源传承了优良的中华文明,经受了革命战争的洗礼,是中国共产党人崇高品格的象征,蕴含了无产阶级意识形态的内容。所以红色文化资源是可以说服人的彻底的理论,红色文化资源的融入,是高校意识形态建设的必然要求,是开展思想政治教育的宝贵教材。

(二)社会主义意识需要灌输

考茨基提出无产阶级革命意识不是自发产生的,而需要从外部灌输进去。列宁对其说法进行了补充,提出社会主义意识需要灌输这一理论,在《在全俄女工第一次代表大会上的讲话》中指出"应当通过宣传、通过教育来进行斗争"③。列宁认为社会主义学说不是自发的在工人阶级中产生的,工人阶级的社会主义意识只能由那些马克思主义者和具有共产主义觉悟的知识分子

---

① 《马克思恩格斯选集》第一卷,人民出版社1995年版,第9页。
② 《马克思恩格斯选集》第一卷,人民出版社1995年版,第98页。
③ 《列宁全集》第三十五卷,人民出版社1985年版,第181页。

从外面灌输进去。要实现社会主义同工人运动的结合,就必须用无产阶级政党的力量同资产阶级思想体系进行不调和的斗争。社会主义意识的灌输,一是指向工人灌输他们原来并不了解和掌握的先进意识,二是指引导工人从政治角度去认识无产阶级与资产阶级对立的性质,明确无产阶级的历史使命。列宁认为,在当时的革命形势下,无产阶级政党如果不向人民群众宣传革命思想,教育引导广大人民群众,从而占据意识形态的主动性,资产阶级思想就会以悠久的历史渊源、完备的思想体系、丰富的传播途径迷惑人民,侵蚀人民的思想。因此,既要重视人民群众的主体作用,又要充分发挥无产阶级政党的领导地位,社会主义意识才能更好地灌输。

二、中国共产党人注入新的内涵

中国共产党人有着高度的理论自信,从建党以来就重视思想政治教育,革命战争时期,老一辈中国共产党人在艰苦奋斗中摸索开展思想政治教育,总结经验,积累方法。社会主义建设时期,中国共产党的历届领导人深入开展思想政治教育,将思想政治教育放在至关重要的地位,高度重视开展思想政治教育的成效。

(一)新民主主义革命时期的思想政治教育

思想政治工作是党的生命线,其论述最早在《古田会议决议》中初见端倪,之后党中央在《中央给苏区中央局及苏区闽赣两省委信》提到"政治工作不是附带的,而是红军的生命线"[1]的论断。生命线论述得到全面化、系统化的总结是在红军第一次全国政治工作会议上。之后毛泽东同志明确指出"政治工作是一切工作的生命线论断",从而将思想政治教育在社会主义现代化建设中的关键地位确立下来。刘少奇同志在《论共产党员的修养》中阐明了共产党员必须加强自身的理论修养,并且认为共产党员不仅要在艰难困苦的革命中磨炼意志,更要在光辉灿烂的道路上锤炼心性。

---

[1] 《军队政治工作学》编写组编:《军队政治工作学》,人民出版社、高等教育出版社 2011 年版,第54 页。

（二）新中国成立时期的思想政治教育

第一代领导人十分重视思想政治教育，明确提出"政治工作是一切经济工作的生命线"论断，从而将思想政治教育在社会主义现代化建设中的关键地位确立下来。这一时期，中国共产党人把中国具体实际与马克思主义相结合，创造性地丰富和发展了马克思主义。另外，中国共产党人对青年思想政治教育也十分重视，认为只有认真学习研究马克思主义，才能取得进步，因此在延安时期，全国先后成立了二十多所各级各类学校，其目的就是对广大青年进行马克思主义教育，为中国共产党培养有坚定的马克思主义信仰的建设者。党的领导人关于思想政治教育的论述和观点为新时代大学生思想政治教育提供了重要的方法论启迪。

（三）改革开放时期的思想政治教育

改革开放之后，中国社会进入快速发展时期，社会面貌发生了翻天覆地的变化，随着中国开放大门的打开，中国市场经济繁荣兴盛，不可避免意识形态领域的斗争愈演愈烈。在这种形势下，第二代领导人一再强调"思想政治工作只能加强，不能削弱"[①]。坚定的共产主义理想是中国共产党人取得新民主主义革命胜利、社会主义建设成功的坚实支撑，在改革开放的新时期要继续弘扬艰苦奋斗的革命精神，要"发扬严守纪律和自我牺牲精神，坚持革命乐观主义的精神"，敢想敢闯敢拼敢干，创造改革开放的新奇迹。这些关于坚定理想信念的论述是对中国共产党人思想政治教育的继承和发展。

（四）党的十八大以来的思想政治教育

党的十八大以来，我党大力继承和弘扬革命文化，对红色文化教育的重视程度走上了新台阶。"革命传统教育要从娃娃抓起，既注重知识灌输，又加强情感培育，使红色基因渗进血液、浸入心扉，引导广大青少年树立正确的世界观、人生观、价值观"。[②] 红色资源是我们党的宝贵精神财富，蕴含着丰富的政治智慧和道德滋养。

---

① 中共中央文献研究室编：《十二大以来重要文献选编》（下），人民出版社 1988 年版，第 1268 页。
② 《习近平谈文化自信》，《人民日报》（海外版）2016 年 7 月 13 日，第 12 版。

第二节　红色文化
融入高校思想政治教育的必要性

探讨红色文化融入高校思想政治教育的必要性,必须考虑红色文化的融入所能产生的思想政治教育成效。作为一种先进的文化形态,红色文化的思想政治教育功能不言而喻,但相较于其他文化形态,红色文化的思想政治教育又有着自身的育人优势,这也是中国传统文化等文化形态所不具备的。正是这些红色文化育人优势的存在,让红色文化融入高校思想政治教育实践更加具体和生动,更具备有效性和影响力。对红色文化融入高校思想政治教育必要性的探讨是红色文化与高校思想教育共生发展的前提,为拓宽和深化红色文化在高校思想政治教育过程中的重要性奠定了基础。

一、有利于加强高校意识形态领导权

文化具有意识形态属性,文化的前进方向和道路归根结底是由意识形态决定的。中国是人民当家作主的社会主义国家,人民对精神文化的需求和中国特色社会主义文化建设的需要,是文化发展和创新的核心指向。"必须推进马克思主义中国化时代化大众化,建设具有强大凝聚力和引领力的社会主义意识形态,使全体人民在理想信念、价值理念、道德观念上紧紧团结在一起。"[1]高校文化育人也面临这样的文化发展要求,要坚持社会主义办学方向,坚守立德树人的中心环节,重视对学生意识形态的引领,牢牢掌握高校意识形态领导权,确保文化育人活动应有的马克思主义文化属性。

要营造充满活力、丰富多彩的文化育人氛围,必须在挖掘和发挥文化力

---

[1] 《党的十九大报告辅导读本》,人民出版社 2017 年版,第41 页。

量的同时,注重精神文化建设,这是促使人的全面发展的应有之义。值得注意的是,我们的文化育人工作必须"面对世界范围内各种思想文化交流交融交锋、社会思想观念和价值取向日趋活跃、主流和非主流同时并存、社会思潮纷纭激荡的新形势"[1],文化的意识形态属性决定着其对于人的启迪和精神引领作用。作为中国共产党领导人民群众在长期革命、建设、改革历程中孕育而成的一种特色鲜明的主流文化形态,红色文化从本质上对增进社会主义意识形态具有不可替代的作用。从文化历史脉络来看,是红色文化确立了中国特色社会主义文化的根本基因,红色文化有完整的"基因谱系",其中对"基因"的形成和传承,既是对中华优秀传统文化的吸收,也是马克思主义与中国实践相结合的产物,这些"红色基因"是中国精神、中国品质的再现,是国人树立文化自信的重要基础。"从历史唯物主义看来,社会意识的发展具有历史继承性,红色文化见证了社会主义发展变革的历史,在其意识形态属性上反映了社会主义的价值观念和精神思想,对社会主义意识形态的认同有充分的解释力和说服力。"[2]红色文化是承载精神品质的重要载体,利用红色文化推行文化传承、实现精神引领,是增强大学生社会主义意识形态凝聚力和感召力的有效途径。

(一)红色文化有利于掌握意识形态话语权

文学理论家米哈伊尔·巴赫金说过:"言语,话语,这就是人类生活的全部。"[3]红色文化核心的部分是精神品质以及价值观、价值选择的体现,对这一内容的实现和发挥必然需要有形话语和无形话语的参与。红色文化的话语内容凸显着明显的政治导向性,具有明确党的性质、宣扬其意识形态功能的话语成分。例如,"承认无产阶级专政,直到阶级斗争结束,即直到消灭社会的阶级区分"[4]。这样的话语表达立场坚定地展现了意识形态导向,体现意识

① 黄蓉生、丁玉峰:《习近平红色文化论述的思想政治教育价值探析》,《思想教育研究》2018 年第 9 期。
② 孙绍勇、郑人杰:《红色文化增进社会主义意识形态认同的四维解析》,《湖北社会科学》2017 年第 11 期。
③ [法]托多罗夫:《巴赫金、对话理论及其他》,蒋子华、张萍译,百花文艺出版社 2001 年版,第 207 页。
④ 中共中央文献研究室、中央档案馆编:《建党以来重要文献选编(一九二一——一九四九)》第一册,中央文献出版社 2011 年版,第 1 页。

形态属性。此外,红色文化的话语凝聚功能可以让受教育者通过话语形式体验红色文化包含着的精神力量,从而产生认同和传递意识形态信息的结果。通过话语的运用,使话语受众高度认同话语所表达的意识形态指向和情感体验,从而与话语主体在关于国家发展战略等宏观思考和促进社会良性发展的微观行为之间达成高度一致性。其本质上体现了话语主体和话语受众对于红色文化资源的话语内容和传播效果的认同、互动和接受情况。以"为人民服务"这一红色话语素材为例,关于这一话语最直接的联系就是毛泽东在张思德追悼会上的演讲。毛泽东开篇明义,指出:"我们的共产党和共产党所领导的八路军、新四军,是革命的队伍。我们这个队伍完全是为着解放人民的。是彻底地为人民的利益工作的。张思德同志就是我们这个队伍中的一个同志。"这是直接从党和人民军队的宗旨出发,充分肯定了张思德同志。而后,毛泽东引用司马迁的名言,指出:"为人民利益而死、就比泰山还重……张思德同志是为人民利益而死的,他的死是比泰山还要重的。"[1]这是阐明中国共产党以"为人民服务"为人生观和价值观。话语受众通过对毛泽东这些论述的阅读,自然感受到以张思德同志为代表的共产党人身上牺牲自我、服务人民的崇高精神,从而进行自我反思,从情感上靠近和认同社会主义意识形态。同时,"为人民服务"这一话语伴随红色文化的动态发展而不断传播和传承,如今,为人民服务已成为话语受众认识党的初心使命,理解党的性质宗旨的惯用语言。"70多年来,'为人民服务'穿越时空,照亮我们党的前进征程。党的十八大后,习近平总书记提出以人民为中心的发展思想,以'我将无我,不负人民'的精神境界,表达着对人民的无限挚爱,彰显出人民领袖深厚的人民情怀。"[2]这些都是红色话语形成和发展成为思想理论教育材料的有力说明,高校应通过话语的传播增强对受众思想理论教育的说服力,让广大青年学子真正认识到社会主义制度的优越性,巩固社会主义意识形态的主导地位。

(二)红色文化促进意识形态管理权的掌握

"意识形态管理权是指特定社会的统治阶级及其政治代表拥有的对具有

---

[1] 《毛泽东选集》第三卷,人民出版社1991年版,第1004页。
[2] 闫玉清:《为人民服务:贯穿百年党史的红线》,《求是》2021年第6期。

意识形态属性的人、事、物进行管理的职权。"①红色文化内涵和载体可以包括"人、事、物"三个方面:"人"是指在革命、建设和改革过程中有着影响力和感召力的革命先烈、时代楷模、榜样人物;"事"是指有特殊影响力的历史活动、重大事件;"物"则是指记录历史活动与事件的物质载体,包括革命前辈所用之物,生活、战斗、工作过的遗址遗迹以及纪念场馆等。当然,红色文化还包含内容上的升华,可以将其称为"魂",主要是指红色文化发展传承中培育形成的精神与品质。高校要对特定的大学生群体进行意识形态管理工作,客体自然包含着与意识形态相关的"人",主要是指范围内的全体师生;"事"包括学校课堂、论坛、会议等活动;"物"则包括教材教程、文艺创造等内容。意识形态的管理就是要面向大学生的意识和思想,将核心的价值理念蕴含在"人、事、物"中传递给大学生群体。这种传递的方式有隐性和显性之分,但最终要达到的目标都是维护主导意识形态的主流地位。高等院校的党委及其宣传组织部门要做好意识形态管理工作,应该充分发挥红色文化的意识形态指导作用。第一,利用红色文化巩固马克思主义意识形态领导权。文化育人的核心在于政治教育。红色文化中包含的"人、事、物、魂"等内容诠释了中国共产党领导中国人民进行革命实践的历程,是马克思主义中国化、时代化的产物,马克思主义理论是红色文化的指导思想,红色精神是其本真要义。这些红色文化的意识形态属性决定了其维护马克思主义在意识形态领域的指导地位、巩固马克思主义意识形态领导权的作用。第二,利用多样的红色文化表现形式,实现主流意识形态对学生的渗透。红色文化的表现形式是多样的,特别是文艺表现样态的多样化。例如,以红色文化为内容的歌曲、舞蹈、话剧等都可以成为沟通主流意识形态与大学生思想的最佳工具。这些文艺作品从形式上拉近了大学生和红色文化精神的距离,使作品中汇聚的意识思想内容得到了有效推广。第三,红色文化包含着制度内容,包含着广大人民群众在中国共产党的领导下为争取民族独立、国家富强、人民幸福的过程中创造的理论、路线、纲领、政策等。中国共产党成立伊始,就非常重视马克思主义意识

---

① 秦志龙、王岩:《意识形态领导权、管理权、话语权关系研究》,《宁夏社会科学》2017年第6期。

形态的宣传、传播和普及，并在革命、建设、改革的历史实践中不断推进马克思主义民族化、大众化、时代化。一部红色文化的发展史，也是中国共产党建构马克思主义意识形态的历史展现，其中不乏党在意识形态斗争实践中的经验和政策的总结。例如，1934年周恩来提出的"政治工作是红军的生命线"以及以此为指导制定出的符合红军队伍思想建设的政治工作模式。1952年，在《中央军委总政治部关于加强电影教育工作的指示》中，针对思想政治教育工作的宣传问题做出过明确的指示："电影确是一种科学的进步的教育工具；电影工作是政治工作的一部分重要工作，是思想教育工作的重要方法之一。"①这些意识形态工作中的制度设计和经验总结对于当下高校建设具有强大凝聚力的社会主义意识形态依然具有借鉴意义。

总之，面对纵深发展的全球化和加速发展的新媒体动态，掌握和巩固马克思主义意识形态领导权，已经成为摆在高校思想政治教育面前的一项重大时代课题。要牢牢掌握意识形态领导权，最终要依托广大学生群体来实现。马克思主义意识形态领导权的获取和巩固，首先需要突破"内容好""讲得好"的难关，要引入和利用好"红色文化"这一优质教育内容，丰富马克思主义意识形态话语体系的理论说服力，在以红色文化武装学生头脑的前提下进行思想政治教育的具体实践，让马克思主义意识形态在学生中间真正"传得出""落到实"，让马克思主义指导下建构起来的中国特色社会主义话语体系在话语表达上具有吸引力，在思想指导上具有影响力，在价值选择上具有引领力。这对于统一大学生思想认识，凝聚大学生价值共识，坚定大学生文化自信，指引大学思潮，建设具有强大凝聚力和引领力的社会主义意识形态具有积极的意义和作用。

二、有利于保证高校思想政治教育的先进性

红色文化的育人优势也在于其先进性对高校思想政治教育的有利影响。"红色文化总是在不断生成和灭亡、落后和先进的矛盾运动中存在，这种宝贵

---

① 中共中央宣传部办公厅、中央档案馆编研部编：《中国共产党宣传工作文献选编（1949—1956）》，学习出版社1996年版，第376页。

的批判性特征赋予了红色文化以自我纠偏的能力,因而天然具有超越腐朽落后文化基因的先进性规定。"①红色文化思想政治教育的先进性首先来源于红色文化的科学性,没有了科学性,先进性也就无从谈起。"共产党不靠吓人吃饭,而是靠马克思列宁主义的真理吃饭,靠实事求是吃饭,靠科学吃饭。"②红色文化的科学性根源于马克思主义理论,正是坚持了马克思主义科学理论,坚持了辩证唯物主义和历史唯物主义的科学世界观和方法论,坚持了理论联系实际、实事求是的科学精神,红色文化才能够正确揭示中国革命斗争和社会主义建设的客观规律。而利用红色文化的思想政治教育实践过程,也是将其承载着的客观真理传递给受教育者的过程。

红色文化思想政治教育的先进性也表现在主体的先进性上,"历史在呼唤,人民在期待能够产生代表历史发展方向的先进的政党和能够实现中华民族伟大复兴的先进的指导思想"③。中国共产党的成立标志着红色文化主体性的生成,标志着红色文化的历史生成找到了主体力量。创建红色文化,就是为了打破封建文化的桎梏,摧毁帝国主义侵略文化的统治。这就决定了红色文化具备天然的先进性,这种先进性以革命的形式呈现。"新民主主义革命时期,中国共产党人创立的红色文化是助推革命取得成功的精神武器,带领人民推翻了'三座大山',实现了民族独立与人民解放;社会主义建设时期,中国共产党人创立的红色文化是指引党和人民前进的精神动力,带领中国人民巩固国家政权、恢复生产;改革开放以来,红色文化在推进改革开放,建成小康社会中起着巨大的方向引领作用,带领中国人民脱贫致富、奔向小康。"④更加难得的是,红色文化一直在自我创新的历程中发展壮大。红色文化是中国共产党领导下的文化形态,自我批评与党内批评、党的整风运动等做法是党加强自我建设的经验。通过红色文化进行思想政治教育,就是让大学生在

---

① 罗丽琳、蒲清平:《红色文化的思想政治教育基因及其时代价值》,《新疆师范大学学报(哲学社会科学版)》2018 年第 6 期。
② 《毛泽东选集》第三卷,人民出版社 1991 年版,第 835－836 页。
③ 李水弟、傅小清:《红色文化之源:中国共产党的先进性》,《求实》2008 年第 5 期。
④ 张红英、何志敏:《论红色文化的基本特征及其当代价值》,《毛泽东思想研究》2020 年第 5 期。

思想上向党靠拢,保持思想的先进性,进一步提高自身的政治修养。传承红色文化需要青年群体的继承,红色文化教育更能使大学生从生动可见的文化载体中感受前辈的初心使命,不忘本来、面向未来。高校思想政治教育活动要进一步让红色文化表达中国精神、构筑红色品格,更好地为大学生提供精神指引。

红色文化思想政治教育的先进性还体现在价值追求的进步上。红色文化的价值追求摆脱了以自我为中心的价值理念,是根据马克思主义历史唯物论观点,将人民视为历史的缔造者。无论是革命战争年代还是改革建设时期,中国共产党领导下的红色文化始终以人民为主体。人民创造和传播着红色文化,同时也接受着红色文化的熏陶与习染,影响着人民主体的实践活动。红色文化的人民性凸显着价值追求的进步性,以人民为中心的根本立场是教育民众特别是青年群体要扎根于社会、根植于人民、为人民服务,在人民群众的实践中汲取营养、练就本领、开拓创新。

三、有利于优化高校育人实践的文化环境

思想政治教育的环境是指影响人的全面发展,影响思想政治教育活动运行的一切外部因素的综合。"人的思想品德是在一定环境里形成和发展的,思想政治教育活动也是在一定环境里进行的,环境状况对人的思想品德状况以及思想政治教育活动有着重要影响。"[1]文化环境是思想政治教育宏观环境的有效组成。时至今日,红色文化已经由最早的精英文化转变为主流文化、大众文化的形态。虽然红色文化也面临着虚无主义、空壳化和世俗主义带来的消解和影响,但从总体上来讲,红色文化对于民族心理产生的冲击力、影响力和征服力依然是其他文化形态不可比拟的。高校思想政治教育环境主要分为宏观环境与微观环境,红色文化的融入应该对这两类教育环境都有涉及,以此为划分,红色文化的融入对于优化高校思想政治教育环境主要体现在以下方面。

---

① 陈万柏主编:《思想政治教育学原理》,中国人民大学出版社 2013 年版,第 85 页。

（一）从宏观环境出发

红色文化的融入有利于高校思想政治教育文化环境的优化,总体上表现在红色文化有利于营造健康向上的思想政治教育文化氛围。健康向上的文化教育氛围是高校实现以文化人、以文育人的前提。"健康向上的文化氛围能够以生动的形象、优美的文字、感人的故事、渲染的抒情等方式吸引人、感染人、打动人,使人们在浓郁的文化氛围中潜移默化地汲取文化的滋养,启迪心智,提升品位,陶冶人生,进而不断积淀思想、储备知识、修身养性,在春风化雨、润物细无声中达到知、情、意、行的统一,最终实现思想政治教育的目标。"①作为一种先进的文化形态,红色文化具有丰厚的文化内涵,彰显着中国共产党人的先进作风,传承着无产阶级的精神本色和优良传统。更加难得的是,这些丰厚的文化内涵附着在一定的文化资源上,以多样的文化形式展现在人们面前,具体而生动,极具感召力和影响力,为实现文化育人、营造健康向上的文化氛围奠定了坚实的文化基础。

与此同时,红色文化融入高校思想政治教育有利于营造更加生活化、日常化的思想政治教育环境。生活环境因素是文化育人活动的外部条件,是人思想品德形成与发展的客观基础。红色文化对于高校思想政治教育最明显的作用就在于红色文化资源可以辅助教学,红色文化精神能够影响和感召学生,具有熏陶和感染人的功能。红色文化之所以能够有这样的思想政治教育功能,和它具备的亲和力是分不开的,红色文化的亲和性以生活化为指向。红色文化在我国分布广泛,内容多样,在现实生活中就可以看到各式各样红色文化的表征,各地都存在本土红色文化资源。特别是一些红色革命老区,有着特殊的地理人文环境、民族特色和习惯,当地群众至今依然对革命往事怀有深刻的情感和记忆,反映着本土红色文化的地方特色。作为党的光荣传统和优良作风的集中体现,红色文化包含着丰富的精神品质,为高校创设积极向上的文化环境,是学生成长成才的精神向导。再者,红色文化具有多样性的特征。红色文化的表现样态有物质文化、精神文化之分,表现形式有歌

---

①　黄蓉生、丁玉峰:《习近平红色文化论述的思想政治教育价值探析》,《思想教育研究》2018年第9期。

曲的、戏剧的、版画的,等等。除此之外,在共同文化本质的前提下,红色文化呈现出不同时期、不同地域的风格。多样性的存在促使以红色文化为依托的思想政治教育活动具备了多样的途径和方式,让围绕学生生活、学生问题为导向的思想政治教育实践成为可能。例如,依托红色文化进行思想政治教学,可以积极开展体验式教学互动,实现大学生与革命历史事实的对话、与共产党人价值观和价值选择的对话,增强主流意识形态和价值观念的吸引力和说服力。

(二)从优化思想政治教育的微观环境来讲

红色文化的融入优化了思想政治教育的学校环境,表现于充实高校思想政治教育环境的硬件与软件建设。高校思想政治教育环境建设应该注重硬件与软件建设齐头并进,无论硬件还是软件建设都需要红色文化的带动与充实。在硬件方面,红色文化可以融入楼宇、雕塑、花园等有形设施。例如,井冈山大学在 2007 年就建立了以声、光电等现代技术为依托的井冈山精神展览馆,并将展览馆的参观学习活动设置为新生入校的第一课,让大学生能够在历史实物与实景中直观地感受波澜壮阔的井冈山革命历程。在软件方面,红色文化的形象性、具体性发挥了不可比拟的优势。可以挖掘学校历史和校训等方面的红色文化基因、红色文化精神,这样进行学校文化宣传更具有感染力和说服力,利用红色文化的载体和成果向大学生展示学校发展变迁的奋斗历程和与时俱进、不断创新的时代风貌,使大学生更容易理解、认同和落实学校倡导的理念及文化。

(三)红色文化的融入提高了学校师生的文化审美水平

高校思想政治教育环境的营造包括要针对大学生进行美的熏陶,提升学生感受美、识别美和创造美的能力,而这一过程的实施不能缺少红色文化的这一元素。用红色文化营造的文化环境和氛围凸显出具有审美价值的教育内容,是科学性、思想性、艺术性的高度统一。红色文化所包含的中国共产党人的崇高价值观、高尚道德情操以及由此衍生出的其他红色文化作品内在的高雅气质,不仅会给大学生带来高层次的精神享受,也能够陶冶大学生养成健康向上、卓尔不群的审美情趣。例如,创作于 1931 年的抒情歌曲《松花江上》,以九一八事变后东北军民的流亡惨状为创作背景,抒发了东北人民乃至全国人民抗击日本侵略者的悲愤情怀,激励着中华儿女奋起反抗、保家卫国的爱国热情。这首抗战歌曲代代传唱,新中国成立后还编进音乐舞蹈史诗《东方红》,2015年又被网民投票入选"我最喜爱的十大抗战歌曲"。这足以说明这首经典红歌穿越时空的魅力,它不仅体现着中华儿女血泪凝聚的悲愤情怀,也传承着坚贞不屈、勇赴国难的民族精神。这也是利用红色文化独特的形式美、内容美激发大学生对祖国的热爱和对幸福生活来之不易的珍惜之情。学校思想政治教育环境的营造就需要这样内容健康向上、形式多样的素材。此外,红色文化的物质化展现往往和自然环境、纪念场所等相连接,体现出红色文化与大自然相结合的生态情趣美、精心设计的陈列艺术美、安静肃穆的氛围美,这些都是学校营造思想政治教育环境可纳入的有利元素。

四、有利于丰富高校"四史"教育内容

1844年2月,《英国状况——评托马斯·卡莱尔的〈过去和现在〉》一文在《德法年鉴》上发表,马克思主义的创始人恩格斯在这篇文章中提出"历史就是我们的一切"这一伟大理论,体现了马克思主义者对"历史的启示"的重视。"四史"是新时代马克思主义理论创新的成果,党史、国史、改革开放史、社会主义发展史记录着中国革命与改革的历程,是不同时代下中国人对现实问题的回应。2019年中共中央办公厅、国务院办公厅在《关于深化新时代学校思想政治理论课改革创新的若干意见》中要求:"各高校要重点围绕……党史、国史、改革开放史、社会主义发展史、……等设定课程模块……""引导学生形成爱党、爱国、爱社会主义、……的情感。"①2020年9月,习近平总书记在给复旦大学《共产党宣言》展示馆党员志愿服务队全体队员的回信中强调:"希望广大党员特别是青年党员认真学习马克思主义理论,结合学习党史、新中国史、改革开放史、社会主义发展史,在学思践悟中坚定理想信念,在奋发有为中践行初心使命,努力为实现'两个一百年'奋斗目标、实现中华民族伟

---

① 《关于深化新时代学校思想政治理论课改革创新的若干意见》,人民出版社2019年版,第5-6页。

大复兴的中国梦贡献智慧和力量。"①2021年2月，在中国共产党成立百年之际，全党开展了党史学习教育。把"四史"教育融入高校思想政治教育实践，是新时代高校思想政治工作的一项重要任务。"四史"教育作为高校思想政治工作的重要部分，在提升大学生思想政治素质方面起着无可替代的作用。"'四史'教育是思想政治教育实然性的历史基础，思想政治教育是'四史'教育应然性的价值体现，二者具有高度的内在契合性。"②学史明理、学史增信、学史崇德、学史力行。以史为鉴是自古以来人们在实践活动中汲取智慧和力量的经验总结。红色文化是顺应时代发展的要求，不断创新发展着的文化形态，它与党史、新中国史、改革开放史、社会主义发展史一脉相承、同向同行，以丰富的文化形态记录着中国共产党带领全国人民实现民族独立、人民解放，国家富强、人民富裕的历史进程，是"四史"学习教育的重要依托和生动教材。

（一）有利于揭示"四史"教育的重大意义

2021年4月16日，教育部办公厅颁发了《关于在思政课中加强以党史教育为重点的"四史"教育的通知》（简称《通知》），《通知》结合习近平总书记在党史学习教育动员大会上的重要讲话精神和《中共中央关于在全党开展党史学习教育的通知》提出："加强以党史教育为重点的'四史'教育，要以习近平新时代中国特色社会主义思想为指导，全面落实立德树人根本任务，教育引导学生弄清楚当今中国所处的历史方位和自己所应担负的历史责任，深刻理解中华民族从站起来、富起来到强起来的历史逻辑、理论逻辑和实践逻辑，增强听党话、跟党走的思想和行动自觉，牢固树立中国特色社会主义的道路自信、制度自信、理论自信、文化自信。"③这是针对青少年群体指明了"四史"教育学习的重大意义。红色文化是发展着的文化形态，是与时俱进的文化形态。回首峥嵘岁月，红色文化让革命历史"活"起来，红色文化是百年党史的

① 习近平：《回信》，《光明日报》2020年7月1日，第1版。
② 虞志坚：《"四史"教育融入高校思想政治理论课教学的三重逻辑》，《江淮论坛》2020年第6期。
③ 《教育部办公厅关于在思政课中加强以党史教育为重点的"四史"教育的通知》，《中华人民共和国教育部公报》2021年第C2期。

本色所在,走进红色文化,让大学生走进了革命先辈的光辉事迹,走进了革命事业的艰难险阻,感受中国共产党人追寻初心、肩负使命,为民族独立、人民解放前仆后继的真实写照。同时,与时俱进的红色文化也承载着国家建立、改革开放、社会主义发展历程,承载着党带领人民进行一次次思想的解放和制度的完善,承载着中国共产党对马克思主义理论的创新和实践,这一过程虽然曲折并伴有反复,但中国共产党人在探索的过程中明确了指导思想,校准了航行方向。红色文化鲜活的素材印证中华民族从站起来、富起来到强起来的历史逻辑、理论逻辑和实践逻辑,教育青少年要比历史上任何时候更加信仰马克思主义、更加拥护中国共产党的领导、更加坚定中国特色社会主义的信念。

(二)有利于发挥"四史"教育的育人成效

历史总是和现实生活存在一定的距离,特别是现在的大学生群体已经普遍是"00后",难免和"四史"教育存在一定的"年代感"。针对大学生进行"四史"教育要力求实效,要注重方式方法的创新,确保学习效果入脑入心。要实现这样的目标,就必须利用好红色文化资源做党史学习教育的生动教材。每一处红色景点都是常学常新的党史课堂,承载着一个个闪光的历史记忆。利用红色景点可以为大学生群体再现历史、还原历史,以增强党史学习的针对性。而以实地体验和参观为主的教育形式无疑在寓教于乐中提升了党史学习教育的感染力。以物质载体表现的红色文化景点在我国的分布较为广泛,这在某种程度上也拓展了党史学习的覆盖面。这些红色文化景点不同程度地继承了共产党人永远不变的政治本色和信念追求,发挥好红色文化景点的宣传教育功能,讲好红色故事、英雄故事,可以赓续红色血脉、传承红色基因,持续推动党史教育深入人心。

(三)有利于"四史"教育的时代内涵展现

大学生"四史"教育的主题不仅是对历史的回顾,更应该有对现实的观照和对未来的展望,要坚持在传播和传承历史记忆的同时紧密连接现实关怀,让"四史"教学具备更多的时代内涵。红色文化可以充当党史教育与时事政策教育之间的桥梁。从物资方面来讲,革命遗址遗迹是大学生党史教育的公共空间,可以根据革命遗址所在地的特征,在进行党史教育的同时融入时代问题。在贫困老区,可结合脱贫攻坚内容;在民族地区,可结合团结教育内容;在城市社区,可结合城市发展等内容。从精神层面来讲,可以用红色精神推进党史教育的深入落实,将红色精神与社会主义核心价值观、职业道德、民族精神相融合,自觉融入党史教育教学,使党史教育真正成为承前启后、铸魂育人的有力保障。

第三节　红色文化
融入高校思想政治教育的可行性

针对红色文化融入高校思想政治教育活动的研究,不仅要看到时代的召唤和思想政治教育发展本身的需求,而且要明确红色文化融入高校思想政治教育是否存在实践的可能,只有具备了融入的可行性,才有理由讨论红色文化融入的现实性。红色文化与思想政治教育学科的内在契合性、与高校思想政治教育价值上的统一性、与思想政治教育内容的一致性等特点决定了红色文化融入的可行性,这为红色文化融入高校思想政治教育其他问题的研究提供了基础。

一、红色文化与思想政治教育学科的内在契合性

实践是理论的基础,思想政治教育的实践是思想政治教育学的来源。在任何阶级社会,思想政治教育都是一种客观存在,是统治阶级为实现政治统治的目标,对社会成员实施有目的意识形态教育,力求转变人们的思想并进一步影响和指导社会成员的实践活动。红色文化以无产阶级意识形态为遵从,在内容上与思想政治教育具有相近性。而思想政治教育学科的特征在于其本身就是一门涵盖范围广泛、综合性突出的学科,作为一个综合体系,其知

识结构由多重因素组合而成。下面就从思想政治教育的本质、思想政治教育的载体、思想政治教育的资源三个方面分析红色文化与思想政治教育学科的内在契合性,为红色文化融入高校思想政治教育的研究打下坚实的学科基础。

(一)思想政治教育本质论

一直以来,学界将思想政治教育本质问题的讨论视为思想政治教育学科问题的关键,并进行了大量且富有成效的研究,但各种各样的诠释依然没有就此问题达成共识,而该问题的回答决定着对"思想政治教育是什么"这一原命题的解释,要解释这一问题就必须遵循"内容与形式相统一"的方法论思维,从形式与内容的本质出发,在二者辩证统一的基础上分别进行阐释。而这一研究思路得到了众多研究者的支持,即"思想政治教育本质应为思想政治教育者进行精神生产及其与受教育者进行精神交往的活动,这个活动以实践作为中介,以社会主导意识形态作为旨归"①。也就是说,思想政治教育的本质从形式上在于教育者的精神生产以及与受教育者的精神活动,而内容本质在于社会主导的意识形态。

从内容上讲,红色文化是无产阶级政党领导下以马克思主义理论为指导的文化形态,作为一种特殊且典型的政治文化形态,红色文化具有强烈的意识形态色彩和意识形态功能。红色文化的动态发展历程不仅印证了红色文化是马克思主义意识形态的表达,还是马克思主义中国化和当代化的表征。这充分说明了红色文化内蕴社会主导意识形态。红色文化融入高校思想政治教育活动有助于社会主导意识形态的传播,体现思想政治教育的内容本质。

从形式上讲,红色文化以凝练的精神价值为内核,红色文化中的榜样人物、历史事件、红色文物都是以红色精神和价值追求为根本特性。红色文化与当代大学生的精神需要相契合,其价值的内在呈现往往是通过主体精神需要的回应,不断嬗变和发展为符合时代精神和历史发展需要的价值体系。红色文化以内生的价值观念引领和启迪人的精神生活,以自身蕴含的教育内容指引和感染受教育者。高校思想政治教育者将红色文化中的精神价值通过

① 许瑞芳、张志恒:《廓清与重释:思想政治教育的本质探究》,《思想理论教育》2020 年第 4 期。

一定的途径传播给受教育群体,让红色文化精神以特有的方式影响他人的精神追求与价值选择,这无疑体现了思想政治教育的形式本质。

(二)思想政治教育载体论

"载体"一词最早是以化学专用词汇出现的,《现代汉语词典》中对"载体"的定义为:"一是科学技术上指某些能传递能量或载运其他物质的物质。如工业上用来传递热能的介质,为增加催化剂有效表面,使催化剂附着的浮石、硅胶等都是载体。二是泛指能够承载其他事物的事物。"①从以上解释来看,"载体"的第一层含义是指在自然科学领域传递能量或载运某些物质的介质;第二层含义是引申意义,从社会科学领域推展了载体的适用范围,将其定义为承载其他事物而服务的事物。可见,对"载体"内涵的理解需要把握两点。载体的出现以其服务对象的存在为前提,也就是说载体是第二位的,处于中介的位置,它服务的对象才是事物运行的主体,此为其一。对"载体"准确的理解需要在它发生作用的领域基础上加以概括,此为其二。

任何思想政治教育活动的开展都必须通过一定的载体才能与受教育者相连接,载体是思想政治教育系统不可缺少的组成部分。对思想政治教育载体的讨论一直被视为思想政治教育研究的主要问题之一,但也一直存有争议。按照张耀灿等人编写的《现代思想政治教育学》对思想政治教育载体的解释来看:"所谓思想政治教育载体,是指在实施思想政治教育的过程中,能够承载和传递思想政治教育的内容或信息,能为思想政治教育主体所运用,促使思想政治教育主客体之间相互作用的一种活动形式和物质实体。"②而目前争论的焦点就在于学者们对思想政治教育载体是一种物质形式,还是一种活动形式,或者说二者兼而有之产生了较大争议。稍做梳理后,可以看到关于这一问题主要有五种观点,分别是"活动形式论""物质形式论""活动形式和物质实体论""可控方式和外显形态论""符号本质论"。本书要讨论的不在于对每一种观点做出详细的说明,或者比较这些观点的优缺点,而在于结合

---

① 中国社会科学院语言研究所词典编辑室编:《现代汉语词典》第7版,商务印书馆2016年版,第1630页。
② 张耀灿、郑永廷、吴潜涛,等:《现代思想政治教育学》,人民出版社2006年版,第392页。

红色文化这一文化形态,讨论其与思想政治教育载体之间的契合性。

红色文化核心的部分在于其内在的精神,而以物化形态呈现的红色文化是其发挥思想政治教育功能主要的展现形式。也就是说,红色文化可以成为思想政治教育的载体,红色文化的融入既可以利用其物质类文化形态直接介入教育实践,也可以物质类文化形态为载体开展形式多样的教育活动。以红色文物为例,既可以直接将其相关图片资料用于课堂教学,也可以通过参观学习开展实践教学。具体而言,红色文化作为思想政治教育的载体具有一定的特殊性。根据"载体"的含义,红色文化作为教育载体,服务的对象是教育者和受教育者,能为教育者操作并以育人为目的。在高校思想政治教育中,红色文化承载、传递精神内涵旨在提高受教育者的思想道德素质,促进受教育者的全面发展。也就是说,红色文化内蕴的思想政治教育信息不仅能被教育者掌握,还具有丰富的教育功能。红色文化形式多样,无论是主题参观活动、文艺作品阅读还是红色文化网络平台,都能在思想政治教育领域起到对主体与客体的连接作用,并且借助载体,在主客体之间形成良性互动。例如,遵义师范学院从 2017 年起就举办每年四期的"红色文化开放课堂"活动,利用遵义和毕节两地的长征文化与其他院校展开校际合作。类似活动的常态化举办正是红色文化以思想政治教育载体的形式发挥教育功效的示例,既促进了思想政治教育主客体间的良性互动,也对红色文化的社会化表达和传播起到了很好的推动作用。

(三)思想政治教育的资源论

"思想政治教育资源是指在一定的阶级社会中,能够被纳入思想政治教育活动中进行开发、利用和管理,从而促进思想政治教育目的实现的各种构成要素的总和。"[1]思想政治教育资源非常丰富,各种资源要素有效整合形成了思想政治教育资源的庞大系统,各种资源要素的互动运行促进着思想政治教育活动的展开。红色文化与思想政治教育资源在内容、特征和功能发挥等方面具有同向同质的内在同构性,要积极开发利用好红色文化,发挥红色文

---

① 王刚:《正确处理思想政治教育资源开发与利用的关系》,《思想教育研究》2015 年第 5 期。

化在思想政治教育中的优势。从思想政治教育资源的内容角度来看,构成思想政治教育资源的内容要素主要有七种,分别是组织资源、人才资源、时间资源、环境资源、媒介资源、理论资源、情感资源。红色文化是中国共产党领导下的文化形态,党组织是红色文化形成、发展的核心力量,红色文化具备组织资源的要素。红色文化中的"人"主要是指革命人物和典范人物,可视为思想政治教育资源中的人才资源,言传身教、以身作则,对于宣传红色精神、弘扬社会主义核心价值观、传播社会正能量具有重要的作用。红色文化记载着重大革命事件、革命纪念日,这些与思想政治教育资源中的时间资源相契合。红色文化的物质载体包含爱国主义教育基地、革命人物遗址遗迹等,这些决定了红色文化具备思想政治教育资源的环境要素。红色文化在传播中形成的红色文化网络平台、红色文化期刊报纸等媒介资源印证了思想政治教育资源的媒介要素。红色文化是马克思主义理论指导下结合中国国情和革命实践形成的文化形态,无论是红色文化理论还是马克思主义理论指导,都无疑是思想政治教育资源理论要素的体现。同时,红色文化精神是红色文化的灵魂,是红色文化融入思想政治教育的情感资源要素。

从思想政治教育资源的特征来看,其阶级性、时代性、实践性与红色文化具有内在的同构性。"思想政治教育资源是在阶级社会产生以后,随着统治阶级开展思想政治教育活动而形成和发展的,因此,纳入思想政治教育活动中的资源也应该是打着阶级的烙印,体现出一定阶级的意志,公开为统治阶级的根本利益服务的。"①红色文化天然具有阶级属性,是服务于广大人民群众的文化形态,是无产阶级领导下的先进文化。红色文化的阶级性与思想政治教育载体的特征相契合。此外,思想政治教育资源是一定历史条件下的产物,因而具有鲜明的时代性特征。从红色文化的内涵与发展历程来看,红色文化是伴随历史发展过程不断演变和发展着的文化形态,在各个历史时期红色文化蕴含的思想政治教育理念也有所不同,这就决定了其与思想政治教育资源的时代性特征相吻合。思想政治教育实践活动是思想政治教育资源能

---

① 王刚:《思想政治教育资源研究》,西南师范大学出版社 2017 年版,第 32 页。

够产生、发展并发挥作用的基础,这是思想政治教育资源的实践性特征之所在。以红色文化为依托的革命烈士陵园、革命博物馆、榜样人物旧居等场地都是思想政治教育实践教学的重要环境资源,也为思想政治教育的实践教学提供了可能。由此可见,思想政治教育资源的特征与红色文化之间具有天然的同构性。

二、红色文化与高校思想政治教育实践根本任务的统一性

红色文化是促使高校思想政治教育实践焕发生机和活力的重要资源。红色文化融入高校思想政治教育活动就是要用文化的力量滋养学生心灵、涵育学生德行、引领学校风尚,通过红色文化润物无声地感染和熏陶不断增强育人实效。"红色文化中蕴涵的对马克思主义的信仰,对党和社会主义事业的忠诚、为人民服务的精神,实事求是、敢闯新路的创新精神,敬业、奉献精神,艰苦奋斗精神等,无论是对一个人或一个政党,一个国家或一个社会,它都是一种潜移默化的因素。因而,通过红色文化教育总是引导人们接受一定的规范和价值观念。"[①]红色文化育人具有筑牢理想信念精神支柱、培育社会主义核心价值观的功能。高校思想政治教育的根本任务在于立德树人,在于促进人的全面发展。立德树人要以崇高的理想信念为指向,以正确价值观的养成为目标。红色文化的融入既有助于引导大学生树立理想信念,也有助于通过对大学生社会主义核心价值观的培育形成健康向上的精神状态,应该从此方面入手凸显红色文化融入高校思想政治教育的可行性。

(一)筑牢理想信念精神支柱

为学须先立志。"理想信念是人们世界观、人生观、价值观在奋斗目标上的高度凝结与鲜明呈现,直接观照人们的精神世界,集中反映一定时期人们的精神追求。"[②]理想信念是保证革命、建设、改革事业不断取得胜利的精神支柱,也是广大青年学子成长成才,成为实现中华民族伟大复兴中流砥柱的根本保证。习近平总书记非常重视对青年人理想信念的培养,2013 年的五四青

---

① 陈世润、李根寿:《论红色文化教育的社会价值》,《思想政治教育研究》2009 年第 4 期。

② 黄蓉生、丁玉峰:《习近平红色文化论述的思想政治教育价值探析》,《思想教育研究》2018 年第 9 期。

年节,在同全国各界优秀青年代表座谈时习近平总书记提出了五个"一定要",其中第一要求就是"广大青年定要坚定理想信念"。他还形象地把理想信念比喻为精神领域的"钙",明确指出:"理想指引人生方向,信念决定事业成败。没有理想信念,就会导致精神上'缺钙'。中国梦是全国各族人民的共同理想,也是青年一代应该牢固树立的远大理想。"①这既为我们阐释了理想信念的重要性,也告诉我们理想信念的本质是什么。理想信念不是虚无缥缈、不可触摸的,理想信念就是要树立共产主义理想,坚定不移地走中国特色社会主义道路,实现中华民族伟大复兴。

用红色文化教育人就是要以这种先进文化教化人、濡化人、引领人。"文化育人意味着大学生思想政治教育的文化'教化'能够促使大学生形成坚定的理想信念。以文化人,核心在于'化',因为化既是一种措施和手段,同时还是一种实践的途径与过程。"②可见,大学生理想信念的培育是高校文化育人的必要任务,在大学生思想政治教育中居于核心地位,是高校铸魂育人的本质所在。是否能够培养出崇尚共产主义理想、追求中国特色社会主义共同理想的有志青年,直接关系着中华民族伟大复兴的实现和对中国特色社会主义道路的坚守。

红色文化是高校学生理想信念教育的重要资源。理想信念可以分为两种类型:一种是个人层面上的理想信念;一种是国家、民族层面上的理想信念。从个人理想信念的角度出发,可以将其视为"表示的是人对一种超越的、眷注终极关怀的执着的精神状态,它的特点是凝聚人的生命能量去为主体心中某个崇高内容奋斗,这样的执著甚至可以达到主体置死亡于不顾的境界"③。有如此的理想信念作个人精神世界的统领,展现出个人对于生命价值坚定而高尚的追求。很多榜样人物就是为心中的崇高理想而不懈奋斗,以至于将生命置之度外。"砍头不要紧,只要主义真。"28 岁英勇就义的革命烈士

① 中共中央文献研究室编:《十八大以来重要文献选编》(上),中央文献出版社 2014 年版,第 278 页。
② 孔祥慧:《新时代大学生思想政治教育的文化育人理念及其强化》,《思想政治教育研究》2019 年第 1 期。
③ 喻承久:《中西认识论视域融合之思》,人民出版社 2009 年版,第 182 页。

夏明翰。"头可断，肢可折，革命精神不可灭。壮士头颅为党落，好汉身躯为群裂。"在刑场上举行婚礼的周文雍、陈铁军夫妇。"全心全意为人民服务。"党的好战士雷锋同志。正是这一个个响亮的名字组成了红色文化，他们用舍生忘死、前仆后继的实际行动诠释了为共产主义和社会主义事业奋斗到底的理想信念。鲜活的人物事迹无疑是培养理想信念最直接、最真实的素材，以先辈们的信仰来对照自己的追求，这样的学习和体会对于青年学子坚守共产党人的精神追求、身体力行于中国特色社会主义建设具有重要作用。从国家和民族的角度出发，可以将理想信念理解为"凝结汇聚社会普遍共识的精神内核，呈现为个人信仰的'最大公约数'，内化为整个民族和国家的历史使命与时代任务，凝结为全体人民的共同理想，具有历史必然的确定性、最大共识的普遍性和民族命运的决定性。"①红色文化的发展与嬗变展现着国家和民族共同的理想信念。毛泽东曾明确指出："当作国民文化的方针来说，居于指导地位的是共产主义的思想。"②他坚信在社会主义国家，必须以马克思主义为国家推崇的信仰追求。邓小平也曾多次指出马克思主义信仰是群体性的理想追求："共产主义的理想是我们的精神支柱，多少人牺牲就是为了实现这个理想。"③习近平总书记曾多次强调："人民有信仰，民族有希望，国家有力量。"④这是肯定了理想信念在国家和民族中的崇高地位。无疑，国家和民族层面上的理想信念代表着民众、国家的稳定价值追求和深层意义探寻。红色文化作为马克思主义理论指导下的先进的、主流的文化形态，必然是社会共同理想的承载者。红色文化蕴含着丰富的理想信念。红色文化生动直观、内容丰富，在这样一种动态发展的文化形态下，理想信念的精神可谓贯穿始终，它是红色文化精神的统领者和凝聚力。从建党精神中的"坚持真理、坚守理想"，到红船精神中的"坚定理想、百折不挠"；从井冈山精神中的"坚定执着追

① 刘建璋：《新时代铸魂育人的要素构成、现实表征与实践理路——基于习近平关于铸魂育人重要论述的探析》，《广西社会科学》2019 年 12 期。
② 《毛泽东选集》第二卷，人民出版社 1991 年版，第 704 页。
③ 《邓小平文选》第三卷，人民出版社 1993 年版，第 137 页。
④ 中共中央组织部党建研究所编：《党的建设大事记（十八大—十九大）》，党建读物出版社 2018 年版，第 249 页。

理想",到苏区精神中的"坚定信念,求真务实";从长征精神中的"坚定革命的理想和信念,坚信正义事业必然胜利",到抗战精神中的"百折不挠、坚韧不拔的理想信念";从抗美援朝精神中的"祖国和人民利益高于一切",到抗疫精神中的"生命至上、举国同心"……这些红色文化中的精神品质无一不具备理想信念的底色与本质。这些都是高校开展理想信念教育的最好素材,直接体现了中国共产党人对共产主义远大理想和建设中国特色社会主义的坚定信念和执着追求。

红色文化是传承红色基因,坚定理性信念的重要载体。红色文化是传承发展着的文化形态,要用红色文化中既有的特定历史阶段的理想信念资源去感动、感染当代大学生,用一系列革命先烈的英雄事迹和革命前辈的光荣历程去调动他们求真求实的欲望和实践创新的激情。例如,二万五千里长征是对中国共产党和红军生死存亡的严峻考验,而中国共产党和它领导下的红军战士在国民党反动派的围追堵截下翻雪山、过草地,血战湘江、四渡赤水,完成了这一惊天动地的革命壮举,实现了中国共产党和中国革命事业从挫折走向胜利的伟大转折。能取得这样辉煌的胜利靠什么?首先依靠的就是理想信念这个精神支撑点。正如习近平总书记在纪念红军长征胜利80周年大会上所讲的那样:"长征的胜利,是中国共产党人理想的胜利,是中国共产党人信念的胜利。"①除了特定历史阶段的精神品质,红色文化又有着与时俱进的价值传承和强大的现实生命力,"在革命、建设、改革各个历史时期,有无数共产党员为了党和人民事业英勇牺牲了,支撑他们的就是'革命理想高于天'的精神力量"②。我们应该从中提取革命理想信念传承的优秀素材。例如,雷锋精神。雷锋精神的内涵是丰富的,包含着热爱党、热爱社会主义事业的政治热忱,自强不息、艰苦奋斗的革命意志,团结友爱、助人为乐的道德修养,等等,但最主要的是雷锋精神体现着坚定的共产主义理想信念。一心向党、向着社会主义、向着共产主义的坚定政治信念是雷锋精神经久不衰的灵魂所

---

① 习近平:《在纪念红军长征胜利80周年大会上的讲话》,《人民日报》2016年10月22日,第2版。
② 《习近平谈治国理政》第一卷,外文出版社2018年版,第414页。

在。"雷锋是时代的楷模,雷锋精神是永恒的。实现中华民族伟大复兴,需要更多时代楷模。"①我们就是要用这鲜活的红色文化故事来教育当代大学生树立远大的理想抱负,教育他们在中国特色社会主义事业建设中不断前进。今天,面对纷繁复杂的国际国内环境,更应该坚定共产主义理想和中国特色社会主义共同理想,保持革命的优良传统,传承红色基因,积极投身于中华民族伟大复兴。红色文化对理想信念教育具有导向功能。红色文化具有引导大学生坚定理想信念的导向功能。经济全球化的不断深入和社会主义市场经济的不断发展,不可避免地带来了多元文化的思想冲击,人们的生活方式普遍世俗化而利益格局呈现复杂化,社会关系纷乱而价值取向显现多样性和流变性。在这样的背景下,理想信念面临着被淡漠、被忽视的困境,表现出庸俗化和物质化的特点。大学生对于理想信念的认识也受到外部环境的干扰,存在着理想信念不坚定的"精神缺钙"问题。但必须承认的是,大学时期是人的价值观形成的关键时刻。面对市场化竞争压力和错综复杂的利益关系,大学生对生活的追求和价值的选择越来越切合现实。这往往造成大学生更乐意将自己的价值取向和目光转向具体的现实关怀而躲避抽象的理论和道德的说教。自主意识的上升让大学生更愿意关注自我、探寻和展示自我价值。这样一来,部分大学生迎合了市场经济条件下某些唯物至上的价值取向,一味追求方法的简单实用和个人利益的满足,最终形成了一股轻视马克思主义信仰、共产主义理想和民族精神的潜流。究其原因,根本上还是在于部分大学生理想信念的错位和缺失,割裂了个人的发展与国家、民族的发展。"我们一定要经常教育我们的人民,尤其是我们的青年,要有理想。为什么我们过去能在非常困难的情况下奋斗出来,战胜千难万险使革命胜利呢? 就是因为我们有理想,有马克思主义信念,有共产主义信念。"②高校文化育人要更好地坚守社会主义理想信念,必须发挥好红色文化的独特优势。红色文化集中体现了中华民族追求真理、坚定信仰的精神品质和中国共产党人的理想信念因

---

① 习近平:《论中国共产党历史》,中央文献出版社 2021 年版,第 38 页。
② 《邓小平文选》第三卷,人民出版社 1993 年版,第 110 页。

素,主要表现为对革命事业至死不渝的信念,为国家独立和人民解放而不畏艰险、不怕牺牲的精神,热爱祖国、无私奉献、自力更生、艰苦奋斗的坚定意志。无数革命先辈、无数时代楷模追求信仰、牺牲小我的故事都折射出崇高的理想信念,都可以成为当代大学生进行理想信念教育的切入点。在新的历史时期,"中国梦"的实现已经成为全体中华儿女共同坚守和为之奋斗的理想信念。大学生应该以革命前辈为榜样,学习他们为理想信念历经苦难而淬火成钢的勇气和精神,勇担时代重任,在为中国特色社会主义事业的奉献和服务中砥砺理想信念、贡献个人力量。从这个角度讲,红色文化蕴含的理想信念力量能够很好地对照现实,增强大学生对"马克思主义的信仰、对社会主义的信念、对改革开放和现代化建设的信心、对党和政府的信任"①。

(二)帮助受教育者树立正确的价值观

社会主义核心价值观具有深刻的思想政治教育内涵,"是当代中国精神的集中体现,凝结着全体人民共同的价值追求"②,高校思想政治教育担当着培育青年学子社会主义核心价值观的使命。红色文化融入高校思想政治教育有助于促使受教育者树立社会主义核心价值观,促使正确的价值观念内化为青年学子的观点与言行,成为他们"日用而不觉"的准则,让社会主义核心价值观在高校真正落地生根。

从表面上看,红色文化和社会主义核心价值观似乎是两个没有交集的概念。二者产生于不同的历史时期,时代条件有着明显的差异。但从根本上讲,文化离不开价值观的表达,文化的核心在于价值观与价值选择,不同的文化形态总是折射出不同的价值观念和价值选择。红色文化作为一种先进的社会主义文化形态,自然蕴含着特有的价值观念和价值选择,而这些价值观念与社会主义核心价值观具有高度的契合性。深究二者的理论基础、精神内涵、价值选择、文化基因等要素,我们可以发现红色文化与社会主义核心价值观同质同构、同根同源、同向同行。高校文化育人要利用好红色文化,让其真

---

① 刘建伟:《红色文化融入高校社会主义核心价值观教育研究》,人民出版社 2018 年版,第 40 页。
② 《党的十九大报告辅导读本》,人民出版社 2017 年版,第 41 页。

正发挥助推社会主义核心价值观的培育与践行作用。

1. 增进认知认同：红色文化与社会主义核心价值观同质同构

社会主义核心价值观认同的逻辑起点就在于受众对其的认知认同，这是培育大学生社会主义核心价值观的基本前提。主要是对于社会主义核心价值观内涵、实质以及价值方位等根本性、实质性问题的解读和认识。"社会主义核心价值观的认知困境源于对社会主义核心价值观的凝练和解读存在不同意见。"[1]红色文化是社会主义核心价值观的思想来源，二者在内涵上同质同构并同为中国特色先进文化的重要构成。红色文化集中体现着中国共产党人的价值观和价值追求，凝结着国家、社会、个人等不同层面的价值要义，客观上为社会主义核心价值观的认知提供了重要参照，并以此促进对大学生社会主义核心价值观的认知认同教育。

（1）共同文化方位：中国特色社会主义文化的内在构成

习近平总书记在党的十九大报告中明确指出："中国特色社会主义文化，源自于中华民族五千多年文明历史所孕育的中华优秀传统文化，熔铸于党领导人民在革命、建设、改革中创造的革命文化和社会主义先进文化，根植于中国特色社会主义伟大实践。"[2]这一论述不仅为我们指明了中国特色社会主义文化的发展历程和基本内涵，也启发我们分析构成中国特色社会主义文化的几种文化形态背后包含的深层内容。文化的构成不是单一的，中国特色社会主义文化从制度层面看包括文化体制、文化机制的内容；从实践层面看包括文化产业、文化资源等内容；从意识层面看包括文化信仰、思想道德、价值观念等内容。其中，意识层面的内容是中国特色社会主义文化最核心的部分，代表、反映和决定着文化的性质与前进方向。当前中国精神文明建设的任务就在于社会主义核心价值体系的建设，中国特色社会主义文化的核心就是社会主义核心价值观。它"体现了社会主义意识形态的本质要求，体现了社会主义制度在思想和精神层面的质的规定性，凝结着社会主义先进文化的精

---

① 朱钦胜、程小强、邱小云：《中国红色文化研究文集》，广东人民出版社 2018 年版，第 245 页。

② 《党的十九大报告辅导读本》，人民出版社 2017 年版，第 40 页。

髓,是中国特色社会主义道路、理论体系和制度的价值表达,是实现中华民族伟大复兴的中国梦的价值引领"。① 作为动态发展的文化形态,红色文化见证着中国共产党带领全国人民革命、建设、改革的光辉历程,本书第二章就论述了红色文化在不同历史时期的表现形态及其蕴含的思想政治教育理念。从革命时期的区域文化样态到新中国成立后的新民主主义文化样态,从社会主义建设时期大庆精神、红旗渠精神等红色文化精神样态到改革开放后以改革创新为内核的时代精神呈现,红色文化与中国特色社会主义文化一道熔铸于党领导人民在革命、建设和改革实践中,是其重要的组成部分。所以,从文化方位的角度来讲,红色文化与社会主义核心价值观同质同构,为全面认知社会主义核心价值观的文化方位提供参照,增进认知认同。

（2）共同价值意蕴:凝结国家、社会、个人的共同价值追求

红色文化是社会主义核心价值观的思想文化来源。与红色文化不同,社会主义核心价值观的提出就发生于 2012 年 11 月在北京召开的中国共产党第十八次代表大会上,但它并非一蹴而就、凭空而生,是中国共产党在长期革命、建设、改革的实践中逐步总结的,是在社会主义道路百年探索的历程中逐渐形成的,其提出具有历史的必然性。社会主义核心价值观从内容上分为国家、社会、个人三个层次,直接回答了我们要建立什么样的国家、要建设什么样的社会、要培育什么样的公民的问题,而对于这三个问题的思考从中国共产党诞生之日起便开始了,红色文化百年发展史就承载着对这些问题的思考和寻觅。正如曾耀荣所讲的那样:"中国共产党在近代革命中已经形成了社会主义核心价值观的主体性内容,红色文化是社会主义核心价值观的来源和根本。"②其一,实现"富强""民主"是中国共产党人实行民主革命的初衷,贯穿红色文化发展的始终。其二,"文明""和谐"既是对中华优秀传统文化的继承,又是对西方文化学习与反思过程中形成的认知上的超越,国家的和谐文明是新时代社会价值的突出表现。其三,"自由""平等""公正""法治"集中

---

① 黄蓉生:《大学生思想政治教育若干论题研究》,人民出版社 2016 年版,第 208 页。
② 曾耀荣:《红色文化与社会主义核心价值观来源问题新探》,《红色文化学刊》2017 年第 1 期。

表达了中国共产党人对理想社会的整体构思,主要体现在红色文化中的区域文化形态中。当时在革命根据地,中国共产党人带领根据地群众进行土地革命、打破封建枷锁,倡导男女平等、实行婚姻自由,践行教育行政管理、提倡义务教育,等等,这些理念革新和行政立法实践都彰显出社会主义核心价值观要义。其四,"爱国""敬业""诚信""友善"是对个人人格和品质的界定,表达了理想社会背景下对个体的期望。红色文化是对共产党人赤胆忠心、恪尽职守、抱诚守真、舍己为人精神的颂扬,也清晰折射出社会主义核心价值观,印证着红色基因对个人品格与价值观的塑造和影响。

2. 增进情感认同:红色文化与社会主义核心价值观同根同源

情感是价值观念构成的基本成分。情感认同可以理解为个体在一定情境下对社会主义核心价值观在情感上和心理上的认知,从思想层面上认识到其对于满足自身精神需要的价值。情感上的认同是连接个体与社会主义核心价值观的黏合剂,是以"知"促"行"的桥梁。社会主义核心价值观是人们对自己所处社会普遍价值追求的认知,这种认知的形成离不开情感的作用。因此,在培育社会主义核心价值观的实践中要突出情感认同,让情感认同内化为大学生的实际行动;将大学生的力量和热情转化为内在需要,这样才能促使他们对社会主义核心价值观产生深刻的认同。红色文化包含着的情感因素是激发大学生内在主动性的根本动力,红色文化鲜明而强烈的好恶、爱憎情感直接影响甚至决定着大学生的自我行为。因此,红色文化对于形成共同体情感、培育大学生社会主义核心价值观尤为重要。

(1)共同文化根脉:吸收中华优秀传统文化基因

在第二章的讨论中,我们分析了红色文化与中华优秀传统文化的关系,中华优秀传统文化是红色文化的根脉和源流,社会主义核心价值观是对中华优秀传统文化的继承。2014年,习近平总书记强调:"我们提倡的社会主义核心价值观,就充分体现了对中华优秀传统文化的传承和升华。"[1]例如,中华文化中的"和而不同"理念就体现在国家层面"和谐"价值理念中;社会层面"法

---

[1] 《习近平谈治国理政》,外文出版社2014年版,第171页。

治"价值理念汲取了"大道之行也,天下为公"的社会治理思想;个人层面"友善"价值理念汲取了"仁者爱人""与人为善"的修养与品德。这些思想和理念不仅有着鲜明的民族性,也具有永不褪色的时代性。正是这些思想和理念的熏陶和传承,对稳定和延续社会主义核心价值观发挥了积极的作用。中华优秀传统文化是红色文化的根脉所在,红色文化展现着中华优秀传统文化的时代价值,是中华优秀传统文化在新时期的创新与发展。共同的文化根脉促使红色文化能产生认同社会主义核心价值观文化基因的心理共鸣,增进价值观教育过程中情感认同的形成。

(2)共同理论根源:吮吸马克思主义科学理论

作为揭示自然界、人类社会和思维发展普遍规律的科学理论,马克思主义为红色文化的产生和社会主义核心价值观的孕育提供着理论指导。社会主义核心价值观同马克思主义人的全面发展理论紧密地联系在一起,"核心价值的深层趋向是追求于人的全方面升华延伸,在生活中,要求我们和谐共处,为社会做出自己的贡献;在社会中,要求我们找好定位,对自己要有根本的认识与对存在感的感知;在国家中,要有荣辱心、爱国心"[1]。红色文化不仅以马克思主义理论为指导,而且其本身就是马克思主义中国化的产物,蕴含着丰富的马克思主义及其中国化成果的理论智慧,内含着社会主流意识形态,具有强大的向心力和凝聚力。中国化的马克思主义因实事求是地解决现实问题而在各种思想的博弈中脱颖而出,"许多人就是在社会实践的教育感召下,在对不同思潮的比较鉴别中,接受中国化的马克思主义为指导思想的。红色文化资源内含的这种向心力和凝聚力,经过历史的锤炼,在社会主义核心价值观的培育上将发挥巨大作用"[2]。也正因为共同的理论来源,让红色文化产生了认同核心价值观的心理共鸣,从而增进对其的情感认同。

(3)共同实践根基:源自中国特色社会主义伟大实践

习近平总书记在党的十九大报告中指出:"中国特色社会主义是改革开

---

[1] 周爽:《社会主义核心价值观彰显马克思主义人学思想的精髓》,《人民论坛》2016 年第 22 期。
[2] 张泰城、常胜:《红色文化资源与社会主义核心价值观培育》,《求实》2016 年第 11 期。

放以来党的全部理论和实践的主题,是党和人民历尽千辛万苦、付出巨大代价取得的根本成就。"①中国特色社会主义实践创造的道路、理论、制度、文化"四位一体"的构成为中国特色社会主义的建设提供了实现途径、行动指南、制度保障和精神力量。毫无疑问,社会主义核心价值观作为中国特色社会主义文化的核心内涵,"植根于中国特色社会主义伟大实践"②。在中国特色社会主义实践中产生了精神力量。红色文化是中国特色社会主义文化的重要组成部分,作为动态发展的先进文化形态,红色文化在中国特色社会主义的伟大实践中不断创新发展。红色文化包含着改革开放以来党的理论创新和科学实践,酝酿了新的时代背景下可歌可泣的红色精神。红色文化记录了中国特色社会主义的每一次推进和发展,并酝酿出以继承红色基因、融入时代精神为主题的精神品质,例如,孔繁森精神、载人航天精神、抗震救灾精神、抗疫精神等,这些都是红色基因融入中国特色社会主义实践所呈现出的新风貌。正是共同的实践根基,促使红色文化印证着社会主义核心价值观的形成和内涵,产生实践社会主义核心价值观的心理共鸣,增进对其的情感认同。

3. 增进行为认同:红色文化与社会主义核心价值观同向同行

行为认同是思想和行动统一的过程,思想和行动的结合是发挥大学生践行社会主义核心价值观主体能动性的前提。可见,价值观认同的逻辑旨归最终指向行为认同。培养大学生社会主义核心价值观的理想状态就是引导他们将价值观评价标准和具体要求转化为实践行动的指南,逐步外化为大学生日常的行为习惯。从价值层面上看,红色文化和社会主义核心价值观同向同行,红色文化在提升国家软实力、坚定社会主义文化自信、助力实现中华民族伟大复兴的中国梦等方面都有不可替代的作用,从而夯实了大学生自觉践行社会主义核心价值观的基础,促进大学生社会主义核心价值观行为认同。

(1)共同实践价值:助推中华民族伟大复兴

实现中华民族伟大复兴的中国梦需要国家硬实力的强大支撑,也离不开

---

① 《党的十九大报告辅导读本》,人民出版社 2017 年版,第 16 页。
② 《党的十九大报告辅导读本》,人民出版社 2017 年版,第 40 页。

国家软实力的内在作用,"需要有一套与其经济基础和政治制度相适应的、并能形成广泛社会共识的核心价值观"①。一方面,社会主义核心价值观实际上回答了我们要建设什么样的国家、建设什么样的社会、培育什么样的公民的重大问题,为精神文明的构建提供了明确的价值引领。另一方面,社会主义核心价值观彰显着鲜明的时代价值,是当前我国国家软实力建设的重点内容和精神支撑,凝结着国家、社会、个人三者共同的价值追求,是连接国家梦、民族梦、个人梦的精神纽带。有了社会主义核心价值观为中国梦的实现做价值引领和精神支撑,还需要红色文化内蕴的精神力量发挥作用。在不同的历史发展阶段,中国共产党和人民群众一道培育出内容丰富的红色精神,这些红色精神是红色文化的灵魂和精华所在,是以爱国主义为核心的民族精神和以改革创新为核心的时代精神的具体展现。从革命探索时期的红船精神到根据地建设时期的苏区精神、延安精神,从解放战争时期的西柏坡精神到新中国成立后社会主义建设时期的焦裕禄精神、"两弹一星"精神,再到改革开放之后的载人航天精神、抗震救灾精神等时代精神,这些精神力量传承着红色基因,既是中国精神的重要组成部分,也是中国共产党人坚定理想信念、追求崇高价值、培育优秀精神品质的宝贵而又丰富的现实写照。所以说在实践价值的层面上,社会主义核心价值观与红色文化同向同行,共同助推中华民族伟大复兴,夯实认同社会主义核心价值观实践的基础,增进行为认同。

(2)共同文化价值:提升国家文化软实力

可以说文化软实力是"一国通过非强制性的教化方式,将自身文化符号内化到他国政治、社会或文化体系中,从而获得影响他国政府行为与民众认知的权力资源"②。文化软实力的关键在于它内在的影响力和吸引力,正如习近平总书记所论述的那样:"核心价值观是文化软实力的灵魂、文化软实力建设的重点。这是决定文化性质和方向的最深层次要素。一个国家的文化软实力,从根本上说,取决于其核心价值观的生命力、凝聚力、感召力。这就为

① 戴木才:《论坚定社会主义核心价值观自信》,《马克思主义研究》2018 年第 8 期。
② 杨竺松、胡明远、胡鞍钢:《中美文化软实力评估与预测(2003—2035)》,《清华大学学报(哲学社会科学版)》2019 年第 3 期。

我们阐明了核心价值观对于国家文化软实力提升的重要作用,一个国家的软实力究其根本取决于这个国家的主流文化以及文化内容下包含着的价值观的力量。作为一种主流文化形态,红色文化是社会主义核心价值观的思想文化来源,是国家文化软实力的主要构成要素。红色文化既坚持马克思主义理论的科学指导,又是马克思主义中国化的文化产物;既是对中国优秀传统文化的继承与升华,又吸纳和学习世界先进文化思想并积极参与世界文化交流与合作。红色文化是本土的又是开放的,是继承的又是创新发展的文化形态。以红色文化为载体,可以更深入而又具体生动地弘扬中华优秀传统文化、推动红色精神的传播和创新发展,也可以积极投入应用于世界文化交流合作的平台,向世界讲述中国精神、讲述红色故事、传播中国力量、传递中国价值。因此,红色文化与社会主义核心价值观在文化价值上同向同行,提升国家文化软实力,夯实认同社会主义核心价值观文化价值的基础,增进行为认同。

(3)共同时代价值:坚定中国特色社会主义文化自信

价值观和精神品质是文化的核心,"提升文化自信能有效促进核心价值观的传播、维护和赞同;核心价值观决定着文化发展的方向,文化自信的根本在于核心价值观自信"。基于文化自信的核心价值观建立,应该不断营造积极向上的舆论氛围;展示优秀传统文化底蕴;增强主流文化话语权建设;推动核心价值观融入实践,打牢文化自信的现实根基。持续动态发展的红色文化为自身注入了新的时代内涵,保持了先进文化的生机与活力。红色文化就是新时代文化自信的底色,为超越西方社会文化和指引我国社会主义事业建设提供了根本支撑。将红色文化发展过程中凝练出的积极正面的价值追求和人生选择融入舆论宣传,利用革命遗址遗迹、红色文物、红色文艺作品进行实践教学,可以改变单向说教的模式,优化宣传教育的渠道,从而在潜移默化中增强主流话语的亲和力和认同度,提升主流话语的传播和表达能力。这些都可以充分表明红色文化教育就是培育和践行社会主义核心价值观的教育,二者同向同行,助力提升中国特色社会主义文化自信。

三、红色文化与高校思想政治教育实践内容的一致性

"思想政治教育内容是根据一定的社会要求,针对教育对象的思想实际,经教育者选择设计后有目的、有步骤地输送给教育对象的带有价值引导性的思想政治信息。"①政治观教育和道德观教育是思想政治教育中非常重要的两部分,红色文化的政治属性和自身凝结着的优秀道德品质,是决定其融入大学生政治观教育、道德观教育的前提。

(一)以红色文化的政治属性引领政治观教育

红色文化对大学生政治观教育的作用主要体现在自身的政治属性对政治观教育引领功能的发挥。从本质上讲,功能是对象能够满足某种需求的一种属性。引领功能是指"一事物满足指引和领导另一事物发展需求而形成的一种关系"②。红色文化是以马克思主义为指导,以人民大众为服务对象,以中国革命、改革和建设实际为立足点的先进文化形态,它引领高校思想政治教育的政治立场,是党的基本理论、基本路线、基本纲领、基本经验形成的历史印证,也是民族精神教育不可跨越的重要内容。

在第一章讨论文化的属性时就曾阐明文化本身是具有意识形态属性的,红色文化的政治性就是其意识形态属性最直接的体现。梳理红色文化的发展轨迹就可以看到,无论是精英文化形态、区域文化形态还是主流文化形态,红色文化都是以一种政治文化的姿态呈现,与治国理政、政党建设息息相关。回望历史,近代以来的中国走过了洋务运动、戊戌变法、辛亥革命的道路,但都没有改变中国积贫积弱的状况。这些经验和教训不断验证着社会主义道路的正确性,只有社会主义才能救中国。红色文化记录了中国共产党利用马克思主义科学理论,提出结合中国国情走社会主义道路的历史选择,记录了中国共产党赢得革命胜利、成为执政党、带领人民追求中华民族伟大复兴的丰功伟绩,昭示着中国共产党执政地位的合法性和社会主义制度的必然性。

红色文化是中国共产党执政合法性的基石。德国著名政治社会学家马

---

① 陈万柏、张耀灿主编:《思想政治教育学原理》,高等教育出版社 2015 年版,第 173 页。
② 黄蓉生、丁玉峰:《习近平红色文化论述的思想政治教育价值探析》,《思想教育研究》2018 年第 9 期。

克斯·韦伯从经验判断的视角出发,认为政党合法性(legitimacy)主要有两条来源途径:一是取决于政党执政的有效性,也就是政党是否为公民带来社会效益;二是在于公民对政党执政是否具有坚定的内在信仰与信念,主要体现在对意识形态、执政理念、方针政策等文化层面的认可,即使人们产生和坚持现存政治制度是社会最适宜制度的信仰能力。红色文化记载了中国共产党近百年的光辉历程,百年的奋斗足迹充分表明中国共产党始终把振兴中华民族、国家独立富强、人民生活幸福作为自己的神圣使命。在革命战争年代,红色文化的核心价值是为中国革命提供动力,百折不挠的奋斗精神、甘于奉献的牺牲精神、开拓进取的创新精神、坚定信念的忠诚精神等红色文化的"灵魂",内核都是中国共产党人带领全国人民改变积贫积弱之困境,走出民族独立之道路的生动体现。而共产党人带领人民群众推翻三座大山,建立社会主义国家,更是为人民谋求最大的社会效益,让人民成为国家主人的体现。新中国成立后,随着经济的不断发展,改革开放成为时代的主题。红色文化作为一种主流意识形态融入社会主义先进文化,用"理想、信念、奋斗、拼搏"的时代口号延续和发展红色文化,加深人民对社会主义国家的政治认知,鼓舞全国人民为实现中华民族伟大复兴的中国梦而不懈奋斗。

由此可见,红色文化教育的政治性价值显而易见。政治观教育是高校思想政治教育中的重要内容,其首要任务就是培养大学生的政治认同感,也是政治生活、政治发展的进程中公民所产生的情感和心理意识上的归属感,这种归属感影响着人们的感性认识与理性选择。以红色文化为依托,让大学生认知、理解、信仰这种文化形态是培养青年人政治认同、促使他们认可和理解国情以及党的基本路线纲领的有效途径。具体而言主要表现在以下三个方面。第一,红色文化引导大学生的政治取向。建立国家利益和自身发展的关联性是当下大学生政治认同的基本出发点。也就是说,越来越多的大学生开始认识到个人的成长成才离不开现实政治环境的影响。能够在现实的政治环境下不断适应社会,谋求个人的全面发展,达到个人价值和社会价值的双赢是很多大学生的现实主张。红色文化为大学生政治取向提供了重要选择,大学生能够形成比较稳定的政治取向与红色文化的影响和熏陶密切相关。

例如,抗日战争的胜利靠的就是必胜的信念支撑,是中华儿女百折不挠的精神示范。抗战精神,就是不畏强暴、不甘屈辱的自强精神,万众一心、和衷共济的团结精神,舍生忘死、前仆后继的牺牲精神,自立自强、奋斗到底的坚韧精神。从这种意义上来看,红色文化及其所包含的红色精神,是中国共产党及中华儿女革命史、奋斗史、英雄史、发展史的浓缩,是丰富多彩的教育素材,是引导学生政治取向的载体。红色文化融入高校思想政治教育的过程也是大学生政治素质、政治选择标准、政治选择能力培养的过程,从而帮助大学生形成正确的政治取向。第二,红色文化形塑大学生的政治心理。在认知红色文化的基础上要引导大学生形成对红色文化的心理认同。大学时期是认识新事物、新思想并乐于尝试的人生阶段,大学生的政治心理一旦确立,无疑对其人生成长具有战略性和全局性的影响,也会成为整个社会政治心理缩影。引领青年,最重要的就是先进思想和精神上的引领,这才是最强大和持久的吸引力量。红色文化对大学生思想的影响会直接对他们的政治心理产生相应的作用。中国红色文化分布范围广、呈现形式多样,革命文物、红色故事、经典红歌都能以特有的魅力感染和激励大学生群体了解中国革命、建设、改革的历史,体会今日生活的来之不易。与此同时,红色文化教育是对偏离正确方向的政治心理进行矫正,大学生在红色文化的柔性教化作用下,不断完善、纠正、反省个体的政治观念,将会逐渐消解其在政治领域的冷漠感、疏远感、怀疑感、被排斥感等消极政治心理,在潜移默化中逐渐生成对于国家政治体系的认同和接纳。因此,红色文化融入高校思想政治教育活动是科学塑造大学生政治心理的有效途径,能够促使大学生形成积极健康的政治心理。第三,红色文化提升大学生的政治信仰。红色文化学习的内化是政治信仰品质的凝练,是提升大学生政治信仰的重要资源。坚定当代大学生的政治信仰,可以合理利用红色文化资源,积极探索发掘、利用红色文化资源的有效方法和途径,将红色文化资源中蕴含的理想信念融入大学生的思想政治教育中,把情感层面对红色文化的认可上升为理性层面的政治思想与观点,最终凝固为有意识的个人行动。

此外,民族精神教育也是大学生政治教育的主要方面,红色文化固红色文化的融入是大学生民族精神教育的必然要求。有的民族属性反映着中华民族世世代代自强不息、团结奋斗的精神追求。

人类长期的社会实践活动是文化创造的前提,文化是人类社会的历史积淀。党的十九大报告中明确指出:"发展中国特色社会主义文化,就是以马克思主义为指导,坚守中华文化立场,立足当代中国现实,结合当今时代条件,发展面向现代化、面向世界、面向未来的,民族的科学的大众的社会主义文化。"①作为中国特色社会主义文化的组成部分,红色文化坚持马克思主义文化的指导,吸收中华文化传统,并结合时代特征不断嬗变和创新,赋予自身更丰富的内涵。民族性特征是红色文化所具备的特征之一,主要体现在三个方面。首先,红色文化和中华优秀传统文化之间有着天然的连带。正如前文在分析红色文化概念时所陈述的那样,红色文化继承了中华优秀传统文化中的话语表述,本着对中华优秀传统文化的创造性转化和创新性发展才形成了现有的红色文化样态。中华优秀传统文化中所包含着的优秀品质和精神内涵在红色文化这里保持着一致性,这使得红色文化无论处于哪一发展阶段都始终保持着鲜明的中国特色和中国气派。其次,红色文化是无产阶级政治文化形态,是以马克思主义理论为根本指导思想。但同时,它又不是对马克思列宁主义的"照搬"或者"模仿",而是面对中国革命、建设和改革的实践需要,是马克思主义中国化过程中的产物,自始至终以服务广大人民群众精神文化生活为己任。最后,红色文化的民族性还体现于其对中华民族根本利益的维护。文化首先是民族的,然后才是人类的。红色文化的精神气质是中国特色社会主义文化的精髓,承载着强烈的归属感、认同感和自豪感。爱国主义是红色文化的核心,宣传爱国主义精神、传播爱国主义思想,积极倡导和维护国家统一和各民族根本利益,始终是红色文化的主要内容。

红色文化融入思想政治教育,就是要用红色文化包含着的优秀品质和精神内涵教育人、感染人,就是要将红色文化融入思想政治教育的整个过程。

---

① 习近平:《决胜全面建成小康社会 夺取新时代中国特色社会主义伟大胜利——在中国共产党第十九次全国代表大会上的报告》,人民出版社 2017 年版,第 41 页。

红色文化积淀着的民族精神和代表着的精神标志具有超越时空的永恒魅力，是中华民族文化谱系的重要组成部分，是当代大学生树立文化自信的重要源泉。红色文化育人就是要印证和传承党和各族人民在革命、建设、改革历程中遵循的政治主张、坚定的理想信念、坚持的思想作风、坚守的行为规范等普遍认同和基本取向，这是高校立德树人事业的前提和根基。红色文化植根于人民大众，服务于社会实践，它的发展过程是马克思主义中国化的生动写照。首先，红色文化是马克思主义中国化的依据，在马克思主义中国化进程中催生的红色资源，以井冈山精神、延安精神以及新时期一系列改革创新精神为典型，分别标志着马克思主义中国化的伟大开端、毛泽东思想的形成和中国特色社会主义理论体系的确立。其次，红色文化融入思想政治教育是从现实教育的视角认识马克思主义中国化的历程和成果，"马克思主义中国化应实践需要而诞生，也随实践变化而发展，中国现实问题的转换及其解决的客观要求是百年马克思主义中国化发展的实践动力。理论与实践的双重动力必将持续推动马克思主义中国化的发展"①。最后，红色文化是开展爱国主义教育的宝贵资源，两者具有理论上的共通性和实践上的互融性，利用红色文化厚植大学生爱国主义情怀是红色文化民族性特征的生动体现。

（二）依托红色文化促进道德观教育成效

文化育人的宗旨就是要以文化为载体，以教育的途径和方式教人向善、明德启智，树立正确的人生观和价值观。"大学生的智力发展达到鼎盛时期，考虑问题更加全面，因而道德认识和道德判断能力达到最高水平，是确立道德理想的重要时期。"②中国有着崇德明理的优良传统，无论是孔子倡导的"仁"，还是孟子毕生追求的"义"，实际上都是对文化育人"立德树人"功能的强调。无独有偶，西方哲学家康德也表述过自身对道德的无限追求："有两样东西，我们愈经常愈持久地加以思索，它们就愈使心灵充满日新月异、有加无已的景仰和敬畏，在我之上的星空和居我心中的道德法则。"③承载着优良革

---

① 刘同舫：《百年马克思主义中国化的发展动力》，《国外社会科学》2021 年第 1 期。
② 胡靖华：《论思想政治教育与大学生主体性人格的完善》，《浙江学刊》2003 年第 4 期。
③ ［德］康德：《实践理性批判》，韩水法译，商务印书馆 1999 年版，第 177 页。

命道德传统的红色文化,内蕴的自强奉献、乐观、坚定、博爱、勤俭等优秀道德品质历久弥新,为增强大学生道德修养提供了优质的文化基因和强大的精神力量。让大学生接受红色文化的熏陶,对于提升大学生人格品质、激发大学生道德行为自觉、坚定大学生思想道德建设的政治方向等有着重要的作用。

1. 坚定高校道德观教育的政治方向

2019 年 10 月,中共中央、国务院印发的《新时代公民道德建设实施纲要》指出公民道德建设要"坚持马克思主义道德观、社会主义道德观,倡导共产主义道德,以为人民服务为核心"[①]。这是从国家的层面对全国公民的道德建设指明了政治方向。红色文化的形成伴随着像张思德、雷锋、焦裕禄、孔繁森等一批批以为人民服务为宗旨的模范人物的付出和牺牲,彰显着道德的力量和人格的魅力。"共产党员应该具有人类最伟大、最高尚的一切美德,具有明确坚定的党的、无产阶级的立场(即党性、阶级性)。我们的道德之所以伟大,正因为它是无产阶级的共产主义的道德。这种道德,不是建筑在保护个人和少数剥削者的利益的基础上,而是建筑在无产阶级和广大劳动人民的利益的基础上,建筑在最后解放全人类、拯救世界脱离资本主义灾难、建设幸福美丽的共产主义世界的利益的基础上,建筑在马克思列宁主义的科学共产主义的理论基础上。"[②]红色文化坚持以马克思主义理论为指导原则,服务于中国特色社会主义事业,以共产主义为理想目标,具有鲜明的人民性。红色文化包含的道德观是具有鲜明特征的中国化的马克思主义道德观,集中体现着为人民服务的道德价值取向。以新时代大学生为对象的文化育人活动,必须传承红色基因、回归红色文化,让青年一代从根本上认识中国共产党人的理论初心,夯实道德建设的思想根基,树立以"为民""人民性"为宗旨的思想道德建设方向。

2. 为道德观教育提供精神滋养

胡国义指出:"人格是个人相对稳定的比较重要的心理特征的总和。通

---

① 《中共中央 国务院印发新时代公民道德建设实施纲要》,《人民日报》2019 年 10 月 28 日,第 1 版。

② 《刘少奇选集》上卷,人民出版社 1981 年版,第 133 页。

俗地讲,人格是指一个人的品格、品质、思想境界、情操格调、道德水平等。"①用红色文化蕴含的共产党人优秀品格、高尚道德修养、向往真善美的情操格调教育学生,可以促使他们提高思想品德修养,更好地完善主体性人格。以红色文化培育大学生艰苦奋斗的道德品质为例,我们党战胜各种艰难险阻,始终依靠艰苦奋斗精神给予的强大力量,无论是井冈山精神、苏区精神,还是红旗渠精神、"两弹一星"精神,都包含着艰苦奋斗的精神品格。艰苦奋斗的价值不仅体现在革命战争年代和社会主义建设时期,还在完善社会主义市场经济、推进社会主义现代化建设上有着特殊的意义。改革开放取得的辉煌成就实现了国内人民生活水平的大幅度提高,也让世界看到了经济总量和综合国力处于领先位置的中国。物质生活需要不断满足的情况或多或少地遮蔽了艰苦奋斗精神的价值,使得有些青少年忽视和忘记了这一宝贵的革命传统。我们应该教育大学生清楚地认识到我国处于并将长期处于社会主义初级阶段,存在着地区间发展不均衡、生产力发展不平衡等问题,要求大学生继续坚持"以艰苦奋斗为荣、以骄奢淫逸为耻"的品德要求,在生活上勤俭节约,树立健康的消费观念,继续传承好艰苦奋斗的优良传统。

3. 利用红色文化促进爱国主义道德情操的养成

千百年来,是爱国主义精神激励着中华民族不断前进,是爱国主义精神凝聚着中华民族大家庭一致的向心力。时代更迭,爱国主义依旧是当今中国社会的精神主题,是思想政治教育的重点。我们所讲的爱国主义作为一种体现人民群众对自己祖国深厚感情的崇高精神,是同促进历史发展密切联系在一起的,是同维护国家独立和广大人民的根本利益密切联系在一起的。红色文化内蕴的爱国主义精神,正是体现在一代代中国共产党人带领人民群众为民族独立、国家富强、人民安居乐业而抛头颅、洒热血,舍小家、为大家的奉献行动中。爱国主义教育需要相关介质或者载体的介入,红色文化的物质载体有助于将大学生爱国的普遍心理升华为爱国信念。例如,对革命遗迹、伟人故居的参观和学习,让大学生直观真切地感受到革命先辈爱国的感染和熏

---

① 胡国义:《思想政治教育价值论》,浙江教育出版社 2009 年版,第 102 页。

陶,唤醒大学生的民族自尊心和社会责任感,"为培养青年大学生的爱国之情、强国之志、报国之行提供了丰厚土壤和有利条件"①。

4.用红色文化落实道德观教育的成效

培养大学生健康的个性人格,是大学生全面发展的基本保障。培养大学生自尊自爱、自强自立的品格需要不断创新教育方法和手段,而践行红色文化教育能够增强培育大学生高尚道德品格的有效性。红色文化与大学生人格塑造具有内容上的互融性。"革命战争年代中华民族面临外侮与侵略所表现出来的自信自强的民族气节,中国人民身处积贫积弱的时代所表现出来的自立自强的心理品质,共产党人面对敌人的威逼利诱表现出的自尊自爱的精神气节,对于今天我们树立开拓进取、顽强拼搏的精神,树立强烈的事业心、责任感、正义感,养成自立自强、自尊自爱的心理品质有着重要价值。"②红色文化精神是大学生个体人格完善的"养料库",红色榜样人物是大学生个体人格完善的"参照物",要利用红色文化加强对大学生的引导教育,积极探索帮助他们树立自尊心、自信心的有效方式。

首先,红色文化激发大学生追求高尚思想品德的行动自觉。大学生思想品德的修养要真正落地生根,离不开大学生主观能动性的发挥,只有大学生主动践行对高尚思想品德等精神世界的追求,才能实现思想育人、品德育人。红色文化能为大学生满足精神需要提供动力,精神动力是思想、理论、理想、信念、道德、情感、意志等精神因素对人从事的一切活动及社会发展产生的精神推动力量。精神动力来自人的需要,大学生群体需要红色文化提供精神上的动力,他们对自身思想道德的追求和自我价值的迫切实现,推动着红色文化思想道德建设功能的发挥。换言之,红色文化对大学生思想道德培育功能的发挥是在主体需要驱动下发生的,且整个教育过程都围绕着大学生的需要进行引导和满足。需要是现实和理想之间的差距,需要的存在促使人主动地去追求并满足需要。生存、发展、享受被马克思认为是人需要的三个层次,他

---

① 蓝贤发:《用红色文化厚植大学生爱国主义情怀》,《人民论坛》2021年第C1期。
② 李霞、曾长秋:《论红色资源的思想政治教育功能》,《求实》2011年第5期。

从宏观视野出发,强调需要的意识会转化为行动的动机,成为人行动的动力之源。大学生群体具有一定的特殊性,他们正处于价值观、人生观全面形成的成长关键期,求知的渴望和对未来的憧憬与规划促使他们的需要多样且强烈,对思想道德和理想人格等精神层次的需要尤为迫切。红色文化是党在革命、建设和改革过程中与人民群众一起缔造锤炼出的宝贵精神财富,对于大学生的教化体现在它蕴含着的高尚人格、高远追求、价值观念、道德内涵等精神品质对大学生的无言之教。"大学生从红色文化中汲取到的无穷智慧和强大能量能够很好地满足其精神境界提升、道德品质完善和文化生活丰富等精神性需求。正是由于红色文化满足了大学生的心理诉求,才使其思想道德建设功能得以生发、思想道德建设价值得以实现。"①红色文化是大学生精神追求的动力,对大学生精神上的补给进一步促使大学生将优秀精神品质转化为行动的动力,更好地付诸追求高尚思想品德的实践活动。

其次,用红色文化赋能道德观教育方法的实行。当今社会中经常会出现道德认识与道德行为不一致的情况,这是行为主体知行脱节的现象,这种现象不仅在社会上产生了不良影响,而且对大学生思想道德的完善起着消极的作用。归根结底还是由于主体道德常识、道德情感没有内化为道德习惯和道德人格,最终外化为道德行为。在第一章文化育人相关理论梳理中,笔者讨论过个体通过观察、模仿而学到别人行为的社会学习理论是文化育人的有力支撑。红色文化育人就是要发挥榜样示范和激励作用,让榜样的力量感染大学生、影响大学生,让大学生思想上受到正能量的启迪,从思想意识和行为能力上向榜样看齐,逐步将道德情感上升为习惯和品质,最终外化为道德行为。具体而言,就是红色文化对大学生思想道德修养的功能发挥摒弃了以往强制说教的模式,而是在文化育人的过程中融入红色文化中真实可信的英雄人物、感人肺腑的红色故事,让大学生从内心深处对这些道德榜样产生认同,在此基础上引导学生见贤思齐,产生模仿学习的积极心理。这样的模仿实际就

---

① 王春霞:《红色文化在大学生思想道德建设中的作用机制与实践路径论析》,《学校党建与思想教育》2020 年第 11 期。

是一种实践,多次模仿的内驱动力促使大学生不断实现道德品质的升华和道德人格的完善。

最后,用红色文化提升大学生道德修养建设水平。用红色文化育人的出发点和着力点是解决高校思想政治教育过程中遇到的现实问题。如果能够有效依托红色文化丰富的内涵和多样化的表现形式,开拓出理论与实践相结合、有形和无形相配合的文化育人模式,就可以弥补大学生思想道德教育中一直存在着形式单一、内容枯燥等问题。营造良好的文化育人环境是大学生思想道德教育的基本前提,可以组织大学生通过演绎红色文艺作品、参观红色教育基地、讲述红色故事等实践活动强化红色文化在高校思想政治教育中的重要地位,让每一名大学生都可以切实感受到红色文化蕴含的崇高道德理念和高尚价值底蕴,使之在潜移默化中受到红色文化的熏陶。例如,红色文化艺术教育就会对当代大学生的思想道德产生积极的影响。"红色文化艺术的表现形式较多,其中非物质的红色历史的表现和延伸产生了红色歌曲、红色电影、红色故事、红色书籍等。"[1]在红色文化艺术的熏陶中,大学生不仅获得了听觉、视觉上的享受,而且在感受的过程中汲取了精神力量,从而受到鼓舞和教育。

---

[1] 王崇景:《红色文化艺术教育对当代大学生思想道德的影响》,《艺术百家》2016 年第 S1 期。

第三章
红色文化融入高校思想政治教育的发展现状

第一节　红色文化
融入高校思想政治教育取得的成效

一、高校对红色文化教育的重视程度在不断加深

红色文化作为优质教育资源,内容丰富、直观生动、感染力强、分布广泛、教育面广,为高校开展思想政治理论课和教学实践提供了丰富而强大的精神支持,这就使得高校开展红色文化教育的氛围越来越浓厚。

一是红色文化教育越来越得到高校的重视。为扎实开展红色文化进课堂、进教材、进头脑,各高校纷纷响应党和国家号召,以习近平新时代中国特色社会主义思想为指引,深入开展红色文化资源相关问题研究,特别是2013年7月教育部与中央党史研究室合作共建了高等学校中国共产党革命精神与文化资源研究中心(以下"简称研究中心")。这些高校在发挥地域优势和研

究特色同时,结合地方经济社会发展需要,将资源优势转化为教育优势。以江西为例,"研究中心"中的井冈山大学和赣南师范学院都成立了红色文化的研究机构,为大力开展红色文化研究搭建了坚实的学科平台,尤其在井冈山精神和苏区精神的研究方面取得了丰硕成果;贵州的遵义师范学院专门开设了"贵州省情",为学生讲授本地的红色文化知识;广西的百色学院在大学生中开展红色文化教育的过程中,取得了《百色起义光照千秋》《百色起义——红色记忆》等丰硕学术成果。这些都为创新德育形式、营造红色文化贡献了精神价值。

二是高校红色文化教育并不局限于课堂教学,课堂之外的教育方法也得到了很大的创新。如遵义师范学院开展的"穿红军服、唱红军歌、吃红军饭、走红军路"等体现长征精神的活动,这些红色活动既让广大学生深刻感悟革命先烈为国捐躯的大无畏牺牲精神,又让广大学生把自身人生目标同祖国的命运前途紧密联系起来。互联网是开展红色文化教育的崭新形式,自从清华大学于1998年创立了第一个红色文化网站以来,众多高校纷纷跟进,使得以"红旗在线""红井水网站"为代表的宣传红色文化的网站如雨后春笋般出现。有的高校通过创作与红色文化有关的歌剧、话剧、歌舞、文学、电影、戏曲等,让学生深切地体会了红色文化。

二、大学生对红色文化认同感不断提升

当代大学生正处于放飞青春梦想、书写人生华章的大好年华,他们是富有激情和梦想的一代,是实现中华民族伟大复兴可以信赖的一代,他们普遍对中国共产党在革命战争年代所铸就的红色文化怀有深厚的感情和高度的认同感,他们认为红色文化是中国特色社会主义文化的重要组成部分,是国家文化软实力的重要内容,是推动中华民族伟大复兴的重要力量。当代大学生不仅对已经形成的红色文化表现出高度的认同感,也对红色文化的发展趋势保持着乐观的态度。他们普遍认为,红色文化有着无限美好的发展前景。对于红色文化,当代大学生普遍怀有朴素的情感和理想化的认识。虽然他们看到红色文化的传承和发展既有机遇又面临挑战,但他们并没有感到忧心忡

伸,而是展现了自信的一面。

第二节　红色文化
在高校思想政治教育中面临的问题

　　红色文化宣传教育面临着脱离群众的形式问题,红色文化教育内容运陈旧,缺乏深度挖掘红色文化教育实质的好课、对红色文化教育的方式有效创新,对红色文化教育的价值认识存在偏颇,红色文化理论与实践衔接度不高,"填鸭"式讲课、灌输式教育等不适合现代大学等形式主义教育影响了红色文化育人的实践效果。

一、教育内容过于陈旧,缺乏深挖和细化

　　高校在思想政治理论课上对红色文化资源的开发和利用不足,只是一味地将书本中的知识讲授给大学生,忽视了红色文化在思政理论中的具体表现,课堂延伸内容很少,缺乏对大学生世界观、人生观、价值观的培养,没有发挥实效性的新闻体现的红色文化在实践中对大学生的思想引领作用,导致大学生思想政治教育的实效性大打折扣。首先,高校思想政治教育多采用行为管理,组织大学生开展主题活动时,红色文化主题较少,主题活动也是走过场,没有实质性的吸引力和感染力,因此教育目的无法有效实现。其次,传播红色文化教育的方法过于陈旧,没有对应的配套机制,不能发挥出红色文化特有的教育功能,课堂理论教育是主要教育形式,实践教育则不符合现今大多数高校的上课要求。有限的教学形式不能满足新时代大学生对授课形式多样化的诉求。再次,有关红色文化的教育还没有制定出教材实施的教育方案,未定制明确合理的教育目标,高校在教学和管理上也没有完善监督机制,课程体系的不健全也会导致红色文化的教育落实不到位。最后,红色文化涵

盖的大部分是革命文化,旧话语体系已经不适应时代的发展,当代大学生没有经历过阶级斗争、计划经济、"斗资防修"这一时代,如何做出新时代红色文化的创新?将红色文化所体现的关于人自由而全面发展的精神贯穿现代大学生的理想信念,是新时代红色文化育人的目标。

二、教育方式缺乏有效创新

最动听的红色故事最能震撼人心,年轻人喜欢听真故事,喜欢从故事当中学习先辈的实践经验,最动听的故事也需要最耗费时间的教学准备。高校思想政治理论课堂,大多是对历史人物和事件做单一枯燥的讲解,学生的代入感不强,兴趣和注意力容易被转移。思想政治教育对时势的关注度低,学生的参与性积极性也不高,这导致大部分学生产生敷衍抵触的心态,也降低了红色文化融入思想政治教育所能达到的效果。教师与学生的互动少,教师体会不到教学的乐趣,学生也体会不到红色文化的精神力量,进而无法转化成他们的精神动力。教学过程成了完成教学任务的时间计时器,教育者完成教学任务,受教育者完成课堂签到,教学相长的目的没有达到。这是大学教育的通病,因此也急需教育方式的创新。社会主义大学创办是为了实现人自由而全面的发展,为了提高人民的物质生活水平和精神活水平。目标是既定的,方式却可以有不同的创新。2020 年以来,在线教育蓬勃发展,红色文化也展现出多种形式,张维为讲中国道路、金灿荣讲国际关系、陈平讲政治经济、张召忠讲军事国防、郑强讲爱国主义、王东岳讲哲学、温铁军讲农村经济、金一南讲党史军史、宋鸿兵讲美国、郭继承讲传统文化,等等,都在某一侧面或多个侧面同时展现了中国红色文化的创新形式,既包括中国优秀传统文化、中国革命文化,也包括中国现代仪当中体现出的优秀创新精神,为红色文化注入新的内涵,是红色文化在新时代的创新表达。

三、对红色文化教育的价值认识存在偏颇

红色文化对高校思想政治教育的影响和作用较小,红色文化资源主要是红色精神,充分展现中华民族精神,扎根于中华上下五千年的优秀文化之中,在近代主要经历了三个伟大的历史时期,包括新民主主义革命时期、社会主

义革命时期和社会主义建设和改革开放时期,这三个伟大的历史时期前后相续,所蕴含的红色精神也代代传承,高校思政课程应讲授这种传承的红色精神所代表的中国优秀传统文化,这需要高校教师有扎实的历史功底和深厚的理论认识,并将其融会贯通于日常的教学实践中。

提到红色文化,首先想到的是革命文化,但红色文化绝不局限于革命文化。高校对红色精神研究力度弱,只有学术界有对红色精神的研究,但在红色精神之间的联系方面研究不是很多,究其原因,是因为红色精神的连续性和系统性未能得到完善和加强。我国的红色文化扎根于中华优秀传统文化之中,传承已久。在革命战争年代体现出的是以五四精神、"红船精神"、苏区精神、长征精神、红岩精神为代表的革命文化,在社会主义建设和改革时期体现的是以雷锋精神、红旗渠精神、女排精神、抗震救灾精神、载人航天精神、奥运精神、抗疫精神为代表的新时代红色精神,高校需要对时代楷模进行宣传,对历史资料进行归纳和整理,重视区位优势内的优秀人物事迹,以优秀人物为楷模,形成人人讲思政、课课讲思政、校校讲思政的红色文化育人局面。现在,大学开学典礼、毕业典礼搞得很活跃,学校领导去讲话,引起社会上较大关注。这些讲话是办学方向和育人导向的重要体现,应该鲜明体现党的教育方针,积极传播马克思主义科学理论,弘扬社会主义核心价值观。但是,从现实情况看,有的讲话品德要求多,理想信念强调得少;个性化表达多,党的教育主张强调得少;同国际接轨讲得多,中国特色强调得少。这要引起重视。大学领导是教育者,但更应该是政治家。

四、理论与实践衔接度不高

红色文化教育理论缺乏系统性。由于我国的红色文化资源起源于革命文化,而革命文化呈现出明显的地域性特点,各地区间的红色文化缺乏沟通交流,红色文化理论的整合程度不高。红色文化教育的实践流于形式。高校在红色文化教育中,以制度和精神层面的教育为主,而缺少物质层面的教育物。没有调查就没有发言权。毛泽东指出要重视理论与实践的统一,将知识应用到实际生活和工作当中,红色文化不仅是理论知识,也是实践的知识。

实践是教学活动的重要环节,想要形成从认识到实践到再认识的感性认识到理性认识的飞跃,就必须增强实践锻炼。

在理论提升方面,将红色文化作为体现中国优秀传统文化的一个系统整体进行研究,从理论方面和实践方面整理归纳总结经验和资料,通过整合开发,各高校乃至全国范围内建立一个合作交流机制与平台,实现资源共享、师资共享、学术成果共享,将包括马克思主义学院、党政机关、宣传部门、社科研究部门、学术团体及其他相关研究机构的各种力量凝聚在一起,共同参与对红色文化资源的开发和利用,早日建成一个完整的红色文化体系。在实践锻炼方面,中国有着丰富的红色文化资源,全国已经建设了数百个爱国主义教育基地,但是由于高校重视程度不够、资金不足,红色文化教育出现了重理论轻实践的问题。部分高校在实践环节大多流于形式,忽略了活动的内在价值呈现,走马观花式走过场,而没有将知行合理论与实践相结合,造成了红色文化资源的浪费。爱国主义教育基地、遗址、红色文化博物馆等场所前往往门可罗雀,得不到充分利用。要形成学习红色文化常态化、日常化,将红色文化的学习融入日常生活当中,将红色的受众扩大为全国人民。能够建立全国一体的平台,整合线下的红色文化资源,形成线上打破时空限制的随时浏览、随时学习的局面。

第三节　红色文化
在当前高校思政教学中出现问题的原因

红色文化在当前高校思政教学中出现问题有多种原因,从社会环境来看,改革开放以来思潮多元化、价值观多元化影响较大,历史虚无主义思潮愈演愈烈。从教育环境来看,红色文化教育的方式方法相对传统,高校对红色文化教育开展得不够充分,当代大学生对红色文化甄别能力不够强。

一、多元价值观的影响

改革开放以来,社会主义市场经济蓬勃发展,不同的经济和社会环境中,人们产生不同的思想和文化。不同的思想和文化也就形成了多元的价值观念,个人利益、个人自由、实现个人价值最大化,成为当今社会许多人的追求,这在一定程度上与红色文化中蕴含的共同富裕、共同奋斗、集体主义观念产生了冲突。一方面,追求个人自由、促进社会经济繁荣发展、促进资源有效配置,在一定程度上对社会发展和人民生活水平的提高带来好处,另一方面,拜金主义、极端个人主义、自私自利的金钱观造成扭曲的价值观,这些消极影响也从社会蔓延到校园,一定程度上对红色文化教育造成了冲击。

当今大学生成长的外部环境稳定安全,成长过程中没有经历过战争的冲击,随着市场经济的深入发展,人们追求个人生活水平的提高,多关注物质利益而减少精神需要,在世俗化的市场经济社会里,文化发展滋生了急功近利的趋向。马克思、恩格斯在合著的《共产党宣言》中明确指出:"一切固定的僵化的关系以及与之相适应的素被尊崇的观念和见解都被消除了,一切新形成的关系等不到固定下来就陈旧了,一切等级的和固定的东西都烟消云散了,一切神圣的东西都被亵渎了。"[1]红色文化所体现的崇高理想信念,受到市场经济浪潮的影响,无法达到真正的育人功效。新时代中国为了营造社会、学校学习红色文化的教育氛围,开发的红色旅游产业在实际推进中也没有产生理想的效果,红色文化的学习多由机关单位组织推进。单纯为了宣传红色文化精神而无法产生经济收益,使得红色文化能够广泛传播的现实并不乐观。

红色文化蕴含着对理想的坚守以及对美好生活的向往,需要一定的社会环境与之相配合、一定的社会群众与之相契合,中国的高等教育还在迅速发展,但绝大部分的人接受的是中低等教育,高等教育还未普及,大众文化制约了人们对理想和高雅文化的追求。工作时间的挤压、日常生活的压力使抖

---

[1] 马克思、恩格斯:《共产党宣言》,人民出版社 2018 年版,第 31 页。

音、快手、西瓜视频及火山小视频等短视频爆红网络,一定层面上反映了大众休闲时间的欠缺和思维能力的简单化,在虚假的快乐体验中助长了享乐主义和消费主义倾向,消解了红色文化对社会生活和人生价值的导向作用,在大学生群体中产生不利影响。

二、红色文化教育方式方法相对传统

大学生是认同红色文化的,但是对于高校开展的红色文化教育的接受程度并不高。大学生普遍存在课堂学习红色文化知识少,课外多喜欢观看带有正能量的关于红色文化的影视剧,这表明当代大学生对红色文化教育的方式不太满意。究其原因,学校施行行政管理体制,教育体制使得学校教育实行自上而下的管理体系。在学习方面,学生大多充当被动接受者,大学生的主动学习、创造精神长期被忽视,这使得大学生的创新意识和进取精神降低。高校思想政治理论课是红色文化教育的主阵地,而文化的繁荣发展有宽松的研究环境。当今社会高校教师普遍承担着很大的科研压力,学生承担着很大的就业压力,对于未来生活的不稳定性、不确定性,学生和教师群体总体呈现焦虑状态,进一步背离了大学生红色文化教育的初衷,思想政治理论课多处于学校课程的边缘地位,学生课堂表现不佳和课堂效果不理想成为思政大课的普遍现象。

高校红色文化教育一方面应服务国家和社会的文化发展需要,另一方应服务当代大学生和教师群体的客观需求。只有当高校红色文化教育实现社会、高校、教师、学生四位一体的利益需求时,红色文化才能显示出应有的信仰力量。对社会来说,红色文化教育有利于社会培养人人向善的价值导向,这需要国家、企业、社会组织定期举办关于道德模范人物的表彰和纪念活动,对国家有重大贡献、对社会道德有引领作用的优秀人物要给予资金和宣传方面的支持。对高校来说,面对教学管理人员、教师、学生等不同群体,教育方法应不同,对教学管理人员应鼓励多参加红色文化教育活动,对教师群体应注重将科研成果与教学工作量做适当转换,对学生群体应注重学生在学校的道德影响力,指标体系的改良有助于高校红色文化教育的蓬勃发展。

高校开展红色文化教学多采用课堂教学、讲座、学术会议等传统形式，传播时间、传播范围受限。红色文化的传播应跟得上时代发展，新形势下的红色文化教育不仅要通过线下讲座进行主题创作，还需要通过科学技术和网络多媒体的广泛传播进行线上的实时互动。例如，2019 年东方卫视上线的《这就是中国》节目采用"演讲＋真人秀"的模式，对当下国内外老百姓关心的一个个热点、难点时政问题进行讨论，把中国制度、中国理论、中国道路、中国文化的优势和先进性讲清楚，传达出中国红色文化教育的核心精神，值得借鉴。

三、当代大学生文化甄别能力不够强

党在社会主义革命、建设和改革时期形成的红色文化，是我国历史上不可磨灭的重要记忆。然而进入社会主义市场经济以来，历史虚无主义思潮重新泛起，以重新评价历史为由，国外势力花费重金，企图颠覆中国共产党的领导和中国社会主义建设的伟大成就，否定中国传统优秀文化，恶意歪曲历史人物的崇高品德和社会影响力，为反派人物歌功颂德。邪恶势力的直接目的是否定中国共产党的领导，走西方资本主义道路，维护极少数人的部分利益，否定绝大多数人的整体利益。否定中国人民近代以来遭受的外国侵略，而美化近代殖民主义列强对中国的侵略，历史虚无主义的思潮归根到底是按自身的需要从庞杂的历史事实中抽取只言片语进行孤立化、片面化理解的机械论思想。当代大学生要以正确的历史观和方法论对待党史和国史，将党史和国史作为当代大学生的精神家园和安身立命的根本，增强爱国意识，自觉承担建设祖国的重任，不断提高社会责任感。

当代大学生都是网络中成长的一代，一段时间以来网络教育呈现碎片化、娱乐化、低俗化的倾向。由于中国绝大部分人口接受中低等教育，高等教育的网络创作内容不能满足多数国民的需要，这对急需价值观引导的大学生群体造成了不利影响。每个人都可以通过网络选择自己喜欢的信息，自主选择引导的多元化需求使网络世界乱象纷纷，网络监管不严也使得现实社会的

主流价值观对网络世界的规范作用减弱,网络的虚拟性和隐蔽性为外国文化渗透提供了捷径,甄别能力差的大学生群体对网络世界的惯性认同会偏离对自身在社会当中的正确定位,形成错误的认知能力。网络上的不良信息也会挤压红色文化的生存空间,侵蚀红色精神家园,削弱红色文化的育人效果。因此,抓住网络世界的红色教育基地,利用网络的便利性、超越时空的有利特点,加强红色文化教育,在传播红色文化中实现红色文化育人。

第四章
红色文化融入高校思想政治教育的场域

　　讨论了红色文化融入高校思想政治教育实践的理论基础之后,接下来要解决的是红色文化融入高校思想政治教育的场域问题。对场域问题的讨论即是对"红色文化融入哪里"这一问题的答复。高校思想政治教育必须依托红色文化这一先进文化形态达成育人效果。红色文化融入高校思想政治教育的过程往往也是红色文化在高校传播、积淀、传承与创新的过程。红色文化在融入高校思想政治教育的实践中自然不会孤立地、抽象地存在,而是具体地、历史地存在于一定的载体中,融会贯通于大学生所处的教育场域内。

　　如果对场域一词进行词义上的"解构",可以看到《现代汉语词典》对"场"的众多解释中有一条解释就是:"物质存在的一种基本形态,具有能量、动量和质量。实物之间的相互作用依靠有关的场来实现。"[1]"域"则泛指某种范围。"场域理论"来自社会学领域,由法国著名社会学家布迪厄提出。布迪厄受到了黑格尔辩证法、结构主义理论和马克思主义关系理论的影响,他认为:"一个场域可以被定义为在各种位置之间存在的客观关系的一个网络

---

[1]　中国社会科学院语言研究所词典编辑室编:《现代汉语词典》第 7 版,商务印书馆 2016 年版,第 149 页。

（network），或一个构型（configuration）。"①

　　孙其昂和张建晓最早将布迪厄的"场域理论"迁移到了思想政治教育的研究中，以空间领域内的隐性教育视角讨论思想政治教育问题。布迪厄认为："在高度分化的社会里，社会世界是由大量具有相对自主性的社会小世界构成的，这些社会小世界就是具有自身逻辑和必然性的客观关系的空间，而这些小世界自身特有的逻辑和必然性也不可化约成支配其他场域运作的那些逻辑和必然性。"②可见，场域的运行是有层级之分的。社会是一个大场域，其下还包含着子场域，如经济场域、文化场域等。各场域因自身具备的逻辑必然性而相对自主独立。以高校思想政治教育的场域为例，在党的十九大报告中做出了"中国特色社会主义进入新时代"③的重大判断，这就意味着高校思想政治教育已进入新的时空场域。时空场域的变化对高校思想政治教育而言是背景性的呈现，决定着新时代的高校思想政治教育既要面对出现的新问题和新挑战，也要因时而新、不断探索解决问题和挑战的新对策。由此可见，新的时空场域是目前高校思想政治教育的总体背景，但以具体的时空场域来讲，"思想政治教育的场域是教育者、受教育者、参加者、教育环境、教育载体、教育方法及其相互关系等，构成的一定的关系网络"④。思想政治教育场域功能的发挥主要在于相关主体对大学生灌输思想、政治、道德、法律方面的知识，以帮助受教育者树立与之相匹配的世界观、政治观、人生观、道德观、法律观等。目前来看，思想政治理论课、课程思政、校园文化、传播媒介是高校进行思想政治教育活动中重要且常用的场域形态。

　　红色文化与高校思想政治教育的场域之间也存在着相互影响的内在关系。大学生对红色文化的认知与认同不会无缘无故地产生，必须是形成于特定思想政治教育的场域之下，在特定场域融入红色文化，使受教育者更好地

---

① ［法］布迪厄、［美］华康德：《实践与反思：反思社会学导引》，李猛、李康译，中央编译出版社 2004 年版，第 133 页。
② ［法］布迪厄、［美］华康德：《实践与反思：反思社会学导引》，李猛、李康译，中央编译出版社 2004 年版，第 134 页。
③ 《党的十九大报告辅导读本》，人民出版社 2017 年版，第 1 页。
④ 刘爱玲：《互联网视域下思想政治教育场域的转换与重构》，《思想理论教育导刊》2020 年第 6 期。

受到红色文化的熏陶、濡染,以知促行,不断促进红色文化教育的效果。与此同时,红色文化与思想政治教育的融合有利于营造良好的思想政治教育场域,以助力场域对受教育者人生观、价值观的塑造。因此,红色文化教育需要通过思想政治理论课、课程思政、校园文化、传播媒介平台等具体场域的融入来实现,这也是"三全育人"总体要求下全过程育人的展现。

第一节 红色文化融入高校思想政治理论课

一直以来,思想政治理论课(以下简称"思政课")作为高校思想政治教育的主渠道、主阵地,以承担马克思主义理论教育为重要职责,是高校培养大学生世界观、人生观、价值观的前沿阵地和重要途径,也是社会主义高校办学的本质特征所在。红色文化要融入高校思想政治教育,首先要实现对高校思政课的融入。

一、红色文化与高校思政课教学的内在关联

2019 年习近平总书记在学校思想政治理论课教师座谈会上发表讲话指出:"我们党立志于中华民族千秋伟业,必须培养一代又一代拥护中国共产党领导和我国社会主义制度、立志为中国特色社会主义事业奋斗终身的有用人才。在这个根本问题上,必须旗帜鲜明、毫不含糊。"[1]高校思政课以立德树人、铸魂育人为总体教学目标,要培养的是中国特色社会主义事业的建设者和接班人,要"用马克思列宁主义、毛泽东思想、邓小平理论、'三个代表'重要思想、科学发展观和习近平新时代中国特色社会主义思想武装当代大学生,是贯彻党的教育方针的具体体现,是办好社会主义大学的本质特征,是党和

---

[1] 《习近平主持召开学校思想政治理论课教师座谈会强调:用新时代中国特色社会主义思想铸魂育人 贯彻党的教育方针落实立德树人根本任务》,《人民日报》2019 年 3 月 19 日,第 1 版。

国家事业长远发展的必要保证"。① 这就要求受教育主体必须对中国共产党领导中国人民进行的革命、建设、改革的伟大实践有清晰的认知和高度的认同,只有实现这一目标,才会有更多的青年学子继承先辈足迹、汲取榜样力量、继承伟大事业,继续沿着实现中国特色社会主义的道路奋勇前进。

（一）目标的共同性:提升高校思政课的有效性

习近平总书记在学校思想政治理论课教师座谈会上指出:"我们办中国特色社会主义教育,就是要理直气壮开好思政课,用新时代中国特色社会主义思想铸魂育人,……思政课作用不可替代,思政课教师队伍责任重大。"要"推动思想政治理论课改革创新,要不断增强思政课的思想性、理论性和亲和力、针对性。"②这不仅是对高校思政课落实立德树人根本任务的理论指导,更是对高校思政课存在的根本问题的揭示。思想性、理论性和亲和力、针对性的提高是高校思政课总体有效性实现的前提,同时,改革创新不能忘本,不能改变其本质属性,高校思政课的改革创新不能离开根本思想和基本理论的指导。红色文化坚持以马克思主义理论为指导、以中国共产党的领导为根本,其马克思主义政治属性与高校思政课政治教育相一致,其指导思想与高校思政课基本理论相一致。同时红色文化是不断发展嬗变的文化形态,它以新民主主义革命时期的红色基因为原种,在国家建设和改革的道路上继续演进和发展,也就是说整个红色精神谱系的展现融于马克思主义中国化理论成果,包含于习近平新时代中国特色社会主义思想,这决定了其与高校思政课建设原则和方向的一致性。所以,提升高校思政课的思想性和理论性离不开红色文化的融入,要不断强化高校思政课的政治属性,发挥好思政课传播主流意识形态的前沿阵地作用。让红色文化精神的传播指引高校思政课始终沿着正确的道路发展,让革命先辈、时代楷模的榜样事迹促进大学生对主流价值观的认同,从而助力大学生从思想深处自觉抵制错误思潮的冲击,自觉担负起中华民族伟大复兴的历史重任。

---

① 李雅茹:《新时代高校思想政治理论课教学改革与创新》,上海远东出版社 2019 年版,第 4 页。
② 《习近平主持召开学校思想政治理论课教师座谈会强调:用新时代中国特色社会主义思想铸魂育人 贯彻党的教育方针落实立德树人根本任务》,《人民日报》2019 年 3 月 19 日,第 1 版。

　　高校思政课教学的有效开展需要有良好的亲和力,亲和力的存在不仅不会遮蔽高校思政课思想性和理论性的主导地位,相反可以在大学生兴趣和喜爱程度增长的基础上促使高校思政课思想性和政治性得到更好的彰显,加深大学生对思政课理论知识内容学习的深入探索。从目标上来讲,红色文化蕴含的红色基因和红色精神,以及道德品质和价值观念,远大于知识性传输的价值再现,使高校思政课冲破了单纯的知识性育智目标。从主体上来讲,"亲和力是人类社会运行中,个体之间基于信任、尊重和认同而形成的亲近感,体现着人与人之间思想观念的契合"①。红色文化融入高校思政课,需要借助教育者的主动介入,积极培育教育对象对红色文化产生认同感和亲近感。教育者对红色文化理论的认知和情感认同都会以知识的亲和力和情感的亲和力传递给受教育者,增强他们对红色文化精神的认同和对高尚道德品质的追求。从内容上来讲,红色文化所具有的人文性、多样性、价值性、真实性、通俗性等特点使高校思政课教学活动更加贴近现实和生活,语言更加活泼、更接地气,直观地获得受教育者的理解和喜爱。从方法上讲,红色文化的讲授方法比其他教学内容更加生动有趣,可以借助红色文化艺术作品、红色文化物质形态来增强思政课的亲和力。同时,高校思政课有效性的提高以针对性的实现为前提,思政课要针对受教育群体的客观需求来展开,要站在大学生的角度考虑思政课的针对性问题,"看看他们需要什么、期望什么,捕捉其关注点、兴奋点,尽力消除他们在思政课学习中表现出的冷漠、轻视甚至抵触等情绪"。② 红色文化融入高校思政课教学,可以鼓励和促进思政课教师对教学方式进行多样化的探索和创新,满足学生对思政课的不同需求,避免陷入"众口难调"的困境。例如,将红色文化融入思政课教学,也可以唱红歌的方式展开,也可以结合教学内容将红色经典影片引入课堂教学,这就有效抓住了学生的兴奋点,也提高了学生对思政课的参与度,在教授知识的同时兼顾了大学生的兴趣点、关注点、兴奋点。

①　袁芳、颜吾佴:《提升高校思想政治理论课亲和力的三重逻辑》,《中国高等教育》2019 年第 21 期。
②　阮一帆、武彦斌:《消除思政课"痛点"提升教育满意度》,《中国社会科学报》2020 年 3 月 12 日,第 1 版。

（二）问题指向：厘清红色文化融入高校思政课现状，体现融入必要性

改革开放以来，红色文化教育作为高校文化育人、以文化人的优质资源，伴随高校教育事业的发展取得了一定的成绩，但不可否认的是，红色文化融入高校思政课教学虽然已成为目前公认的可行方式，但具体到融入的问题依然需要我们给予高度重视，也要认清目前红色文化融入高校思政课存在的问题，以便更好地发挥红色文化的思想政治教育功能和价值。

1. 不"活"

红色文化融入高校思政课的形式单一，禁锢了课堂活力。要理直气壮地上好高校思政课就必须讲出自信、以理服人，让高校思政课真正成为传递主流声音、培育主流价值、引领主流导向的"育人金课"。要实现这样的目标，就必须辅以灵活多样的教育方式。然而，反观红色文化融入高校思政课的现状，思政课与红色文化的融合主要以理论灌输的方式进行。理论灌输对于大学生的理论教学的确有着不可代替性，但此方式的单一运行显然与高校思政课的综合性和红色文化的多样性不相匹配。从课程效果而言，单一的灌输方式降低了红色文化教育的趣味性和感染性；从教育主体而言，教学方法的简单化更容易忽视大学生主观能动性的发挥，降低了大学生对红色文化的接受度和认可度。红色文化融入思政课教学首先要丰富教学方法，将体验教学、研讨、线上线下结合教学、VR 教学等应用于日常教学中。

2. 不"深"

红色文化融入高校思政课的层次不深，阻碍了功能发挥。高校思政课不仅包括课堂教学，实践教学也是高校思政课重要的组成部分，目前红色文化融入高校思政课更多存在于课堂教学上，面向单一的知识传授，而针对实践教学环节以及第二课堂活动内容的融入较少，即使有这些方面的融入也往往关注红色文化活动形式的完成而非红色精神实质的内化。红色文化融入高校思政课不应该只体现于讲故事、看视频，如果只强调史实、故事的叙述而忽视了背后蕴含的精神实质，那么红色文化的融入也只能停留在漫无目的的观看和浅尝辄止的泛听上，影响了红色文化教育功能的发挥。

3.不"实"

红色文化融入高校思政课的效果不实,降低了融入成效。高校思政课要让教师喜欢上,学生由衷喜爱,关键在于内容的可读性。目前红色文化融入高校思政课教学,其内容的理论性往往大于可读性。要让红色文化在思政课上发挥教育功能,就要选择好融入的教学内容。在历史发展的过程中,红色文化内蕴的价值观念更具中国特色和中国风格,建党精神、井冈山精神、长征精神、西柏坡精神、雷锋精神、载人航天精神是不同时代背景下红色文化精神的具体展现。这些精神内容清晰地展现着中国共产党的民族观、国家观、理想观、爱国观,将其融入思政课程是在红色文化的感染下教育大学生树立崇高信仰、坚定理想信念、厚植爱国情怀、增强责任担当的有效路径。因此,红色文化融入思政课教学要摒弃干巴巴的理论灌输,要以红色文化中鲜活的故事和人物为依托,将红色文化精神以理论联系实际、通俗易懂、活泼有效的方式传递给受教育者,引导学生认清多元化的社会思潮对红色文化精神的冲击,更好地实现融入成效。

(三)主体关联:强调高校思政课教学的对话性

"红色文化教学与思想政治理论课实践教学都是一种主体间性的活动,参与过程的人,即教者与学者都是活动主体。它促使人们意识到自身的主体地位,从而对马克思主义理论和红色文化进行持续的自觉认知、深刻顿悟、传承创新。红色文化是文化场域中对话主体间共同建立起来的一种精神相遇关系,它以相互尊重、相互信任和相互理解为基础,以意义创造和建构完美的红色精神为宗旨,从而达到双方对理想信仰的不懈追求和精神世界的完满建构。"[1]也就是说,红色文化融入高校思政教育能够更好地促进高校思政课对话性的实现,特别是体现在思政课实践教学中。高校思政课教学活动中,教师始终扮演着教学活动的主持者角色,主导教学活动的开展、创新教学活动的方法、选择教学活动的内容。红色文化融入高校思政课教学,就是要求教

---

① 陈坤、殷莎莎:《红色文化:高校思想政治理论课实践教学的战略选择》,《思想理论教育导刊》2017年第4期。

师结合课程内容选择相应的红色文化素材融入教学活动中,促进以教师为主导、以学生为主体的双向良性互动对话的实现。

例如,在"思想道德修养与法律基础"课程第一章"追求远大理想,坚定崇高信念"的讲授中,教师可以自主选择红色故事引入理想信念教育中,并据此展开,就远大理想的不懈追求与崇高信念的坚定执守的意义进行阐释。为了让这样的讲述更具有说服力,教师还可以要求学生在课前准备好体现理想信念的红色文化内容或者素材,让受教育者在教学活动中表现出能动性和可塑性。当然,红色文化运用于实践教学中也可以体现思政课教学的对话性。以红色经典观影活动为例,教师与学生共同沉浸在红色文化的感染下,那么观影后的互动就不仅是语言上的应答,更是师生之间的相互倾听,是情感上的互相理解,是对红色文化精神的共享和内化。这就很好地体现了高校思政课教学主体间的价值平等和精神互通。只有这样的教学活动才有可能激发教育者和受教育者的创新思维,实现教育者和受教育者的视界融合。

(四)方式方法多样:凸显高校思政课教学的实践性

无论是红色文化教育还是思想政治教育,二者的方式方法都呈现多层次多样式的特点。红色文化的形成以中国共产党带领全国人民艰苦卓绝的实践经历为基础,红色文化的发展壮大伴随着社会主义建设和改革开放的实践历程。"作为中国共产党的生命之树,红色文化之所以能够常青不衰,关键在于它始终扎根于中国共产党的伟大实践之中,并且在随后的实践中不断被印证、倡导和丰富。失去了实践养料的滋润,红色文化就会老去,就会被尘封在历史的旧纸堆里。"①可见,实践性是红色文化固有的特性。高校思政课分为理论教学和实践教学两部分,其中实践教学还分为课堂实践教学和课外实践教学,具体包括课堂讨论、模拟教学、社会参观调查、阅读研究等。基于实践的教育理念和方法,红色文化融入高校思政课教学应该与教学目标和学生实际的思想情况相契合,建立适合、可行的红色文化思想政治教育实践方法。目前常见的就是利用红色文化物质内容创建实践教学基地,让学生在参观纪

---

① 马静:《增强思想政治理论课的红色文化力量》,《教育评论》2021年第4期。

念馆的同时走进革命老区、体会风土人情、增长社会阅历，实现红色文化教育内容与思想政治理论的融会贯通，并将其转化为内在的信念以指导自身外在的行为。

二、红色文化融入高校思政课课堂教学

2019 年 8 月，中共中央办公厅、国务院办公厅印发了《关于深化新时代学校思想政治理论课改革创新的若干意见》，明确指出当前形势下思想政治理论课建设存在的问题，并给予了指导意见。"面对新形势新任务新挑战，有的地方和学校对思政课重要性认识还不够到位，课堂教学效果还需提升，教材内容不够鲜活，教师选配和培养工作存在短板，体制机制有待完善，评价和支持体系有待健全。"①红色文化的融入如何促进高校思政课课堂教学效果的提升，要讨论这一问题就必须从课堂教学这一教学活动的主要场域着手，讨论红色文化对于课堂教学的融入向度和融入效果。高校思政课课堂场域是指在思政课课堂学习中，以思政课程文本为中介，以师生为主体、以课堂规范为保障的师生间的课堂交往。课堂教学一直都是高校思政课教学的主要方式，"是将授课对象根据年级、专业、选课情况分别编成班级，使每一班级有固定学生并由教师按照固定的教学时间对其进行授课的教学活动"②。课堂教学的成效取决于不同的影响因素，这些因素所形成的影响一般以教师的授课任务为依据，各因素发挥不同的作用，但共同指向完成本节课程的教学目标。对于高校思政课的课堂教学而言，教学质量的提升有赖理论因素、情感因素、艺术因素的有效控制。

（一）红色文化的融入帮助洞悉学科理论

凝聚课堂教学的理论力量理论教学是高校思政课课堂教学的主要部分，"一个民族要想站在科学的最高峰，就一刻也不能没有理论思维"。③ 思政课是政治性和学理性相统一的课程，担负着用马克思主义理论武装学生头脑的

---

① 《关于深化新时代学校思想政治理论课改革创新的若干意见》，人民出版社 2019 年版，第 2 页。
② 杨江民、潘勇：《高校思想政治理论课课堂教学评估与操作剖析》，《学校党建与思想教育》2016 年第 15 期。
③ 《马克思恩格斯选集》第三卷，人民出版社 2012 年版，第 875 页。

使命。理论的教学要具备说服力、改造力、穿透力，这样才能让当下大学生信服、认同，也才能提升理论教学的效果。红色文化的科学性和人民性在其百年发展历程中已经实现了高度统一，它记录了中国共产党带领全国人民革命、改革、建设的历史进程，也是马克思主义中国化的实践再现，赋予马克思主义超越时空的理论说服力，因而更容易得到学生的认同和拥护，红色文化融入思政课理论教学无疑有助于理论说服力的体现。同时，理论要有改造力。实践改造是马克思主义理论品质之一，红色文化将马克思主义理论与中国的革命、建设和改革实践有机结合起来，"通过中国站起来、富起来、强起来的伟大进程，展现其实践改造成果"①，充分证明了没有马克思主义理论的出场，就没有今天中国的模样。可见，红色文化的融入是理论改造力的生动描画。

在高校思政课课堂教学实践中，红色文化可以从以下两个方面融入课堂教学，凝聚课堂教学的理论力量。第一，坚定信仰理论，明确教学目标。思政课课堂教学必须坚定马克思主义信仰，明确培育社会主义事业建设者和接班人的课程教学目标。红色文化蕴含着理想信念精神，具备筑牢理想信念的思政教育功能。无论是伟大的建党实践、艰难的长征历程，还是不畏艰险的抗震救灾实践，红色文化中包含的重大事件和精神追求都以理想信念为支撑，凸显马克思主义中国化的理论成果，是思政课理论教学的有效资源。第二，深入研读红色经典，夯实教学积累。大学生要学习马克思主义基本理论就必须阅读马克思主义理论经典著作。但是，大学生群体的专业素养、兴趣爱好、现实目标相差很大，笼统地要求阅读马克思主义经典著作显然不够实际，可操作性也不强。在这样的现状下，红色文化经典著作的选读就很好地弥补了这一缺陷。对于大学生而言，选读红色文化经典著作更加具有吸引力。在阅读的过程中要让学生体会到马克思主义理论，特别是马克思主义中国化的理论成果。

---

① 洪岩：《掌控高校思想政治理论课课堂教学的四种力量》，《思想理论教育导刊》2020 期 3 期。

（二）红色文化的融入积极调配教学情感，涵养课堂教学的情感力量

恩格斯曾说："在社会历史领域内进行活动的，是具有意识的、经过思虑或凭激情行动的、追求某种目的的人"①，而没有"人的感情"，就从来没有也不可能有人对真理的追求。高校思政课具有培养青年学子价值观的育人功能，决定着情感投入对于课堂教学质量的提升具有不可替代的意义。红色文化承载着浓厚的情感价值，无论是在战火纷飞的革命年代还是艰难探索的建设时期，抑或朝气蓬勃的改革时代，红色文化都承载了一代代中国共产党人不屈不挠、前仆后继，为了人民的利益而努力拼搏的壮举，承载着前人先辈的爱国热忱和报国之志。在新的历史起点上，我们更应该高举先辈的战斗旗帜，踏着用先辈鲜血铸成的道路继续前进。所以说，思政课课堂教学要利用红色文化的融入努力增进课堂教学的情感力量，引导大学生对红色文化的情感认同，让静态的思政课程孕育出鲜活的情感温度。

从学生的角度来看，红色文化是大学生思政课学习兴趣的点燃力。身处"拔节孕穗"期的大学生对新事物、新问题具有求知欲和探索热情，但社会经验和理性思考能力的缺乏致使很多大学生并没有养成自觉自愿的马克思主义理论学习兴趣。红色文化的融入促进思政课教师可以利用可歌可泣的红色文化故事、人物榜样事迹积极地与学生开展情感沟通，甚至可以利用物质形态的红色文化让学生进入红色文化的情感体验，激发他们的学习兴趣，让大学生充分感知马克思主义理论的温度，深切理解社会问题和个人成长不可分割的联系，以此点燃他们的学习热情和理论兴趣。从教师的角度来看，红色文化增强课堂教学的情绪感染力，情绪感染力，是通过情绪的传递与交流引起别人相同的思想感情的能力。红色文化融入课堂教学，要激发学生的学习热情和对红色文化的认同热情，很大程度上受教师教学热情的感染。教师要在对红色文化理论研究的基础上将红色文化引入课堂教学，全情投入教学活动。具体到教学实践中，红色文化的融入可以营造出积极的课堂互动。总之，红色文化融入思政课课堂教学成为感染学生学习热情的推动力，让学生

---

① 《马克思恩格斯文集》第四卷，人民出版社 2009 年版，第 302 页。

在红色文化的感染下领悟理论的真谛、正视历史的更替、体会思想的碰撞、把握时代的脉搏。师生一体于红色文化的情感传递,实现红色文化精神的共融共享。

(三)红色文化的融入提升教学艺术,展示课堂教学的艺术力量

毛泽东曾说:"缺乏艺术性的艺术品,无论政治上怎样进步,也是没有力量的。"①思想政治教育艺术性是教育活动开展过程中反映社会生活和表达思想感情所体现的美好程度。结合红色文化来看,这种美好程度的表现体现在每一个红色文化实物、每一部红色文化作品给予受教育者的激励、感化、影响等作用。高校思政课课堂教学作为育人主阵地,红色文化的融入提升了教学的艺术性,让思政课教师在课堂教学中更加具备"传道有术、授业有方"的能力。

课堂教学语言需要红色文化的融入。同样的教育方法,因为语言的不同,教学效果就有可能相差很大。高校思政课教学内容具有很强的意识形态性和理论性,这就决定了课程教学的过程中呈现出语言表述鲜明的文本性,也难免使得大学生对学习产生疏离感。思政课教学要打破和转化固定文本就需要融入红色文化语言,以帮助授课教师深入浅出地表述理论的思想内涵,打通语言表述的空间,溶解晦涩的理论表述。教师在思政课课堂教学时也要注意吸收红色文化中包含的大众化语言,尝试利用适合的大众化语言开展教学。

创设教学情境需要红色文化的融入。情境认知理论认为,情境创设是学生认知和开展学习活动的基础。红色文化融入课堂语言叙述的同时还应该融入一定的教学情境,以更好地激发大学生的学习热情。红色文化也可以融入平等交流的语言情境。在课堂教学中,不应该只有教师的单方面灌输和对教学内容的认同,更要有质疑和批判相关观点或表述的自由。道理不辩不明,红色文化在问题情境中的应用就是针对质疑或批判,利用红色文化的真理性和历史性进行答疑解惑,最终深化对课堂教学内容的理解和价值观念的

---

① 《毛泽东选集》第三卷,人民出版社 1991 年版,第 870 页。

认同。

三、红色文化融入高校思政课实践教学

要实现知、情、信、意、行的统一,仅依靠单纯的课堂教学显然是不够的,必须充分发挥高校思政课实践教学的作用。高校思政课实践教学与传统的课堂理论教学有很大不同。一般包括课堂实践与课外实践两部分。如果从知识供需的视角来看,与理论灌输的传统授课模式相比,高校思政课实践教学的根本特征在于寓理论于实践,这无疑对思政课教师理论联系实际的教学能力提出了更高的要求。2017 年 2 月,中共中央、国务院印发的《关于加强和改进新形势下高校思想政治工作的意见》强调:"加强革命文化和社会主义先进文化教育,深化中国共产党史、中华人民共和国史、改革开放史和社会主义发展史学习教育。"①凝结红色精神和革命历史文化传统的红色文化可以有效转化为高校思政课实践教学的育人资源,其融入高校思政课实践教学的可行性主要表现在两个方面:第一,红色文化的内容包括物质内容与非物质内容两部分,其中物质内容是高校思政课实践教学的重要载体。第二,我国红色文化资源分布广泛,为各高校充分利用本土红色文化资源加强大学生实践教育体验提供了条件。

(一)以红色文化衔接理论教学,强化实践体验认知

实践教学是对理论教学认识的强化和提升,红色文化融入实践教学就是要让红色文化中的物质内容成为实践教学的载体,让红色文化的精神内容深化理论学习,从而有效提升高校思政课的实效。应该积极探寻红色文化与理论教学的衔接点,依托红色文化开展课堂实践教学和课外实践活动,让红色文化真正成为高校思政课的教学资源,形成红色文化传播与思政课教学的良性互动。可以带领学生开展课外实践教学,将红色文化教育融入思政课课外实践课堂,将传统课堂迁移到特定的红色文化场域,以拓展社会教育资源的方式促进"全员育人"。

---

① 《中共中央　国务院发〈关于加强和改进新形势下高校思想政治工作的意见〉》,《人民日报》2017年 2 月 28 日,第 1 版。

（二）以红色文化推动实践教学的"教材"向教学体系转化

这里讨论思政课实践教学的"教材"，主要针对思政课的课外实践教学。与理论教学相比，思政课实践教学也需要有"教材"的介入作为教学过程的基本遵循。我们可以将实践的"现场"视为开展实践教学的"教材"。红色文化融入思政课实践，就是将其构成的物质内容拓展为思政课实践的"教材"。红色文化教学现场更容易为教师所用，服务于大学生实践教学。红色文化中静态呈现的人、事、物、魂等内容都可以变成鲜活的思政课教学资源。将红色文化"教材"转化为教学体系，核心的问题在于抓住教学中能够引发学生兴趣的热点，以红色文化现场教学为抓手，将马克思主义理论、党和国家方针政策与大学生个人成长过程中的情感需要和思想困惑有机结合起来。上好思政课"会讲故事、讲好故事十分重要"。实践教学也不能因"场所""教材"的变化而变成看热闹、走过场的活动。"讲故事"是实践课堂上最重要的授课形式，应该结合红色文化场景因时、因地、因情讲述红色文化故事，使蕴含在红色场景中的事件和人物以可感知、可传递讲述的形式变成实践教学的资源，并且有效打通大学生从情感认同到理性认识的道路。

（三）以红色文化为核心激活实践教学的教育资源

丰富多样的教学形式是教学活动得以顺利完成的主要依托，结合适当科学的教学形式和方法才能够保证教学质量和教学效果。思政课实践教学包括课堂实践教学、校园实践教学、社会实践教学、网络实践教学。不同形式的实践教学涉及不同的教学方法，高校思政课教师可以利用红色文化来激活思政课实践教学的可用资源，设置思政课堂育人情境，为大学生提供以"走""访""讲""唱"为主要形式的实践课体系。

"走"是情境塑造，身临其境。可以利用红色文物、爱国主义教育基地、红色旅游景点开展实践教学，"革命遗址、红色基地等场景和情境是红色文化和革命精神的具象体现和物质载体，学生身处其中能够身临其境地感知先烈前仆后继投身革命的历史时刻、为国为民牺牲小我的精神风貌"[①]。教师可以围

---

① 马晓燕：《基于实践体验的红色文化资源育人功能探究》，《思想理论教育》2019年第2期。

绕历史与现实的时空连接设计实践教学目标、教学内容。让学生重走长征路,吸收大学生组织教育基地志愿者等,都能够很好地将学生"带入"历史的"情境"中,充分发挥学生的主体性,让学生用自己的眼睛、自己的情感、自己的直觉投入立体、鲜活的实践教学活动中去体验、去发现、去思考、去领悟,进而培养学生的实践能力、学习能力和创新能力,在此基础上配合教师的启发思考,提高他们的理性认知,进一步深化实践教学的教育效果。

"访"是采风调研,情理交融。大学生是否能够认同思政课所讲授的理论,归根结底还是取决于对中国共产党带领人民群众革命、建设、改革道路的认知与认同,归根结底还是要看到历史的中国与现在的中国之对比,归根结底还是要展现中国特色社会主义道路的来之不易和取得的伟大成就。可以利用现有的红色文化资源设计问题,可以拜访不同的红色文化群体,可以拜访红军后代和革命老人。大学生可以在同这些人物的访谈中搜集整理红色故事,掌握红色文化相关的一手资料。更重要的是,可以直观了解到革命老区历经不同时代的变迁,在党和国家惠民政策、帮扶政策和当地人民的辛勤耕耘下取得的成就和改变,搭建历史与现实的桥梁,让学生通过亲身感受明白中国共产党为什么能、中国特色社会主义为什么好。

"讲"是主体翻转,多维解读。讲故事,不仅老师讲,而且要组织学生自己讲。红色文化融入高校思政课实践课堂有助于实现教学相长、师生同研,必须利用红色文化的融入协同实现教师的主导作用和学生的主体作用。专题讨论一直是课堂实践教学常用的教学形式,思政课教师应该结合红色文化设置课程所需的专题讨论。学生在相互交流之后,教师要做最后的总结和点评,在教学效果的巩固检查中查漏补缺。可见,红色文化的融入为高校思政课实践教学中的师生关系定位提供了互动中介,在更好地发挥双方角色定位的过程中实现教师教学与学生学习的深度融合。

"唱"是经典萦绕,歌以咏志。音乐具有跨越时空的精神力量,"红色音乐符码诞生于红色革命历史时期,具有鲜明的时代特征,是突破时间与空间限制实现当代与过去相联系的重要线索之一,是红色文化实现历史整体性延续的手段之一,是意识形态具象化的表现形式之一"①。将红色歌曲融入思政课实践教学,为实践教学的开展提供了丰富的内容。红色音乐具有历史性,讲授中国共产党的成立,我们可以学唱《国际歌》;讲授改革开放,可以唱《春天的故事》。红色音乐将历史的痕迹存储在社会与个体系统之中,拉近了空间的距离。总之,思政课实践教学要利用好红色音乐这根纽带,一边向学生展现红色记忆,一边激发个体的情感认同,帮助学生将教学成果固化、内化。

第二节　红色文化融入高校课程思政

目前,"课程思政"一词频繁出现在各级各类学校特别是大学教育教学改革领域,当之无愧为网络热搜词汇。"课程思政"是新词,但其含义并非新事。在我国古代,西汉礼学家戴圣"师也者,教之以事,而喻诸德者也"的名言就是对课程思政做出的简明扼要的诠释。但是如果从对课程思政认识的深化、理念的推广和实践的落实视角来看,可以说2016年12月召开的全国高校思想政治工作会议是课程思政认识的新起点。在这次会议上,习近平总书记明确指出:"要用好课堂教学这个主渠道,思想政治理论课要坚持在改进中加强,提升思想政治教育亲和力和针对性,满足学生成长发展需求和期待,其他各门课都要守好一段渠、种好责任田,使各类课程与思想政治理论课同向同行,形成协同效应。"②这就为我们证明了课程思政的内容——品德教育、核心价值观教育、理想责任教育和课程思政的功能,形成与思政理论课教学的同向同行、协同运行。红色文化要融入高校课程思政就是要发挥其思想政治教育功能,"课程思政"与红色文化都是指向"育人"目标,红色文化的价值引领功能

---

① 陈钿莹:《意象与重构:红色文化的音乐符码表达》,《新疆社会科学》2019年第2期。
② 《习近平在全国高校思想政治工作会议上强调:把思想政治工作贯穿教育教学全过程　开创我国高等教育事业发展新局面》,《人民日报》2016年12月9日,第1版。

和内含的思想政治教育功能能够赋能课程思政实施对大学生的品德塑造、价值观养成和责任意识的影响。同时,红色文化丰富多彩的形态展现也为课程思政的施行提供多样的、有效的载体。高校推进课程思政建设不能忽视红色文化的作用,红色文化的融入为课程思政的实现提供了理论与实践保证。

一、红色文化融入高校课程思政的目标与动力

所谓课程思政,就是在专门的思政课程之外的课程(包括综合素养课和专业课)教学中融入思想政治教育。从理论视角出发,结合红色文化的思想政治教育功能,其融入高校课程思政主要体现在引领课程思政的价值目标,弥补课程思政形式和本质相分离的短板,推动高校课程思政体系建设等三个方面。

(一)红色文化的价值引领是课程思政的目标和原动力

价值是客体具有的能够满足主体需要的属性。培养什么人、为谁培养人、怎样培养人,是高校课程思政要面对的根本问题。高校课程思政建设服务于立德树人,培养社会主义建设者和接班人的重要使命。"专业素养和技能合格与政治修养和思想合格是大学生成长成才的充要条件,两者缺一不可,其中政治修养和思想合格尤其需要思政课程与课程思政同步推进、合力教育。"①红色文化融入高校课程思政,是以红色基因和红色精神为依托,培养大学生的马克思主义信仰、社会主义核心价值观,以及实现中华民族伟大复兴的梦想信心。首先,红色文化融入高校课程思政,就是要在课程思政的过程中继承中国共产党对红色基因、红色精神的传承与发展,让新时代大学生的思想信仰和专业思维持续接受红色基因的浸染和红色精神的熏陶。其次,高校课程思政建设要以树立大学生马克思主义理想信念为核心。课程思政的推行就是要求专业课教师、通识课教师摒弃在课堂上以课程内容讲授为核心的传统做法,要在课堂教学的过程中利用有效的红色文化资源,引导学生了解新中国成立的艰难曲折,认清目前我国社会的主要矛盾、认同中国特色

---

① 邓艳君:《红色基因融入课程思政建设的三重路向》,《思想教育研究》2021 年第 2 期。

社会主义道路的正确性,将个人的人生理想、价值实现同国家的发展繁荣、民族的伟大复兴联系起来,为实现共产主义伟大理想而不懈奋斗。最后,是否对党和人民忠诚是衡量青年学子能否成为合格建设者和接班人、能否承担民族复兴大任的关键。红色文化体现着中国共产党人对党和人民的赤胆忠诚,以爱党爱国为核心的红色精神贯穿红色文化的始终。在课程思政中融入红色文化,就是将赤胆忠诚的红色基因播撒于学生成长成才的道路上,培养他们忠诚担当的道德情操。

(二)红色文化的内容融入是课程思政"形塑"完善的推动力

高校课程思政的实践与落实,首先是以课程"形"的变化为展现。"形"具体是指课程思政的形态与形式。课程思政的形态,是课程思政在开展过程中所表现出来的外在样态,是课程思政存在状态与外部特征的体现。课程思政的形式,是课程思政在实施过程中所运用的基本方式,是课程思政运行状态与组织方式的体现。回顾思想政治教育的发展历史,这种以规范人的道德行为、影响人的思想价值观念为目标的教育实践活动经历了从自发到自觉、从生活化到制度化、从经验化到科学化的形态转变。可以说,"对思想政治教育的发展过程、演进规律与本质属性的揭示,如果缺少了对思想政治教育现象尤其是形态的理论言说,就必然会在'证据链'与'逻辑链'上产生不同程度的断裂"[1]。可见,课程思政的提出与思想政治教育形态的发展是紧密相关的,正是对思想政治教育重要性、功能性的深刻认识和思想政治教育课程形态的不断发展和成熟,催生课程思政的提出和运行,它是课程形态进步的产物,其所承载着的不仅是思想政治教育的理念和方法,也包括思想政治教育形态的变革。

红色文化的内容融入促进了高校课程思政形态的变革。"'课程思政'契合'隐性思想政治教育'的育人功能,彰显'隐性思想政治教育'的'隐性'特点,促进'隐性思想政治教育'的内容构建。"[2]也就是说,课程思政形态的变

① 杨威、陈毅:《思想政治教育形态问题初探》,《思想理论教育》2020年第1期。
② 巩茹敏、林铁松:《课程思政:隐性思想政治教育的新形态》,《教学与研究》2019年6期。

革主要体现在显性教育向隐性教育的延伸,是全员育人、全程育人、全方位育人的一种形态。我国思想政治教育领域的学者提出了隐性思想政治教育理论。文化对人的教育可以是"显露"的,也可以是"隐藏"的,红色文化思想政治教育功能的体现也不例外,其更多表现为隐性育人的实践范式。红色文化对高校课程思政形态变革的作用主要体现在三个方面。第一,发展与同化。将红色文化作为高校思政课隐性教育形态的资源,可以让受教育者从红色文化中内含的榜样人物、优秀品质、家国情怀、党性修养中汲取精神动力,也可以依托红色文化的直观呈现让大学生近距离感受中国共产党带领全国人民革命、建设、改革的艰难历程,从而发展受教育者素质和心理,同化他们的行为观念。第二,情感与熏陶。红色文化隐性思想政治教育功能的发挥可以促使课程思政实践通过情感陶冶的方式感染学生。建立有效实用的教学方式,发挥红色文艺作品的情感渲染功能,以春风化雨、自觉参与的方式来感染学生。第三,行为的制约。任何课程的讲授都应该向受教育者传递真善美的情怀。可以利用红色文化引导、影响受教育者树立积极而理性的行为观念,让学生明善恶、辨是非,学以致用,知行统一。例如,可以将邱少云严格遵守纪律,在烈火中永生的红色经典故事与当下社会中的负面事件做对比,让学生对职业精神、道德情操产生深刻的理解。

红色文化的内容融入促进了高校课程思政形式的多样。"课程思政是一种同知识传授和专业教学实现深度融合的思想政治教育形式。这种思想政治教育形式首先不同于专门的思政课程形式,不能简单地、生硬地将思政课程的形式套用在课程思政中。"[1]分科教学是高校课程思政的教育形式,因为课程思政要面对不同专业和学科特点进行设置,要寻找科学可行且便于操作的实施路径,就必须结合学科的特点和课程教学的要求。但是,我们不能因此就将高校课程思政认为是单纯的分科教育形式,实际上,高校课程思政也应该在分科教学的基础上将不同课程、不同专业进行整合和协同,让高校课程具备综合性教育的功能。红色文化的融入为课程思政的实践形式提供了

---

[1] 杨威、汪萍:《课程思政的"形"与"质"》,《马克思主义与现实》2021 年第 2 期。

更多有效的载体,有利于打破专业隔阂与学科壁垒,有效打通专业教学与思政教育的协同育人模式。

二、红色文化融入高校课程思政的具体类型

打通红色文化与各专业学科课程的互动是实现红色基因、红色精神实际融入高校课程思政的实践向度,是高校人才培养注重育人与育才同步推进的必然要求。红色文化本身蕴含着马克思主义理论、政治学、历史学、教育学、社会学、艺术学等多专业学科的内容,以各学科专业课程的特点、类型、思维方法和价值理念为基础,挖掘思政元素,将红色文化有机融入各类专业建设和实际教学中,既可以丰富教学内容、提升专业课程的亲和力和说服力,也可以促使教师在专业课程的学习中潜移默化地对学生进行思想政治教育,以达到专业能力水平与人文修养、思想素质同时提高的目的。

（一）红色文化融入人文类课程

人文类课程在高校的设置大体上分为两个部分。

一是高校开设的人文通识类课程,设有基础课程,如"大学语文""中国文化史"等课程,也有选修课程,如"诗词鉴赏""美学通史"等课程。高校设置人文通识类课程是着眼于大学生人文知识的学习、文化情怀的熏陶、价值观念的判衡和文明生活的创造,让学生在人文濡染中提高人文素质和品德修养,因此人文通识类课程具有其他课程无法替代的作用。红色文化融入通识类课程可以结合多种形式进行,进一步活跃课堂氛围,调动学生参与课堂学习的积极性,突破普遍大班授课的人文通识课方法单一、内容单调的教学瓶颈。具体做法主要有以下几个方面。第一,人文通识类课程的讲授一般离不开文学载体。以"大学语文"为例,教师可以结合教学内容选择经典革命诗词、红色散文、小说戏剧作为课程育人的脚本。同时也可以在授课过程中加入对作品中的人物原型故事、红色作家创作经历等内容的讲述,用其中的革命精神、品格追求教育学生、启迪学生、激励学生成长。第二,发动学生主体力量,开展红色经典课堂诵读、红色故事宣讲等活动。教师可以选择教学的内容,但是教学效果评价离不开学生的参与与认可。人文通识类课程的教学应该以

红色文化为依托,设计更多的教学活动,让不同专业背景的大学生群体参与到课堂教学中来,润物无声地开展思想政治教育。第三,鼓励学生在学习之余开展正能量作品的创作。人文通识类课程的学习更关注对学生文化情怀的熏陶和高尚生活的营造。教学可以引导和鼓励学生以红色文化为依托,在课后进行创作实践。这些方式都是实现红色文化在通识课教学中创新融入的有效手段。

二是红色文化融入人文类专业课程。红色文化与思想政治教育专业、历史专业、旅游专业都有着天然的联系。相比人文通识类课程的融入,红色文化的融入要更加深入和更有针对性。从课程设置来讲,可以联系本专业需求设置与红色文化相关的专业课程。从教学方法来讲,可以利用当地红色文化资源开展现场教学,强化实践教学。"现场教学将课堂从室内延伸到室外,将书本上的文字和历史实际紧密联系起来,扩展了教学方式,弥补了单一教学课堂说教由于实践不足的缺陷,深化了学生对课堂所学知识的理解,使学生学有所思,思有所得,得有所用,以教学促实践,以实践助教学,教学相长,十分有益。"[1]

(二)红色文化融入理工类课程

一提到理工类专业,人们马上想到的是严密的逻辑推理、复杂的数学运算,想到的是理学、工学两大学科门类所培养的那些工程技术人才,而这些领域的相关专业课程似乎和"课程思政"没有联系,和红色文化更是不相关联。事实上,理工类专业课程的确存在课程思政创建的难题。"现今不少高校课程思政的短板和难点仍多集中于理工类课程方面,解决理工类特别是工科类专业在课程思政建设中的实际操作问题显得迫在眉睫。"[2]如何将红色文化融入理工类专业课程,落实课程思政呢? 最重要的是从两个方面入手。第一,要旗帜鲜明讲政治。讲政治不是简单的政治理论灌输,对于理工类专业课程的讲授,单刀直入地讲政治显得突兀而不合时宜,很难让学生的接受和认可。

① 王炳林、张泰城主编:《高校红色文化资源育人发展报告2016》,人民出版社2017年版,第120页。
② 孙志伟:《理工类专业课程开展课程思政建设的关键问题与解决路径》,《思想政治课研究》2019年第1期。

理工类专业课程讲政治关键在于引导学生明确"大我"与"小我"的关系,树立爱国情怀。如果结合授课内容,讲一些老一辈科学家为祖国建设放弃国外优越生活、隐姓埋名投身科研的故事,播放一些相关影像视频,似乎更容易被学生接受,从而激发他们的爱国情怀和良好的职业精神、职业责任感和社会责任感。第二,理工类专业设置有许多实验、实践课程,要在这些课程的学习中融入马克思主义理论与红色文化中的艰苦奋斗攻难关、开拓创新、勇往直前、迎难而上、科学求是的红色精神,"在课程教学中坚持把马克思主义立场观点方法的教育与科学精神的培养有机结合起来,坚持把求真务实、百折不回的红色精神传承与实践能力的培养结合起来"①。只有这样,才能使大学生在实验实践课程的学习中磨炼耐心,知行统一,提升理性地、科学地认识问题、分析问题和解决问题的能力。

(三)红色文化融入艺术类课程

红色文化融入高校艺术类专业课程,发挥其思想政治教育的功能从两个方面入手。第一,高校要积极利用当地红色文化资源打造艺术类专业特色课程。艺术类专业师生要整合当地红色文化,将红色建筑、革命实践、红色文物等珍贵而丰富的资源融入艺术创作和教学实践中,打造本校特色课程。第二,要结合专业所学,创建红色文化艺术品牌。艺术类专业具有很强的实践性,在课程教学中融入红色文化元素不仅是为了赓续红色血脉、传承红色基因,也是课程思政效力成果的转换。例如,近年来,艺术设计类专业的学生为当地红色纪念馆、红色景区设计了集红色文化色彩元素、装饰元素、图案元素于一体的红色公共家具、红色旅游纪念品等;绘画类专业的学生依托红色文化,选取红色文化中的典型人物进行设计,通过幽默化的表现手法融合巧妙的设计排版,将红色人物成功"转化"的插画人物就"因有较高的辨识度,所以能更好地传递红色文化元素的属性",②不仅提高了专业课程的趣味性,而且在学生自主创新的过程中实现了课程思政的育人功效。

---

① 邓艳君:《红色基因融入课程思政建设的三重路向》,《思想教育研究》2021 年第 2 期。
② 姜夏旺、罗方妍、李洁,等:《基于红色文化的革命类纪念馆文创产品设计研究》,《家具与室内装饰》2021 年第 5 期。

（四）红色文化融入体育类课程

"体育是提高人民健康水平的重要途径,是满足人民群众对美好生活向往、促进人的全面发展的重要手段,是促进经济社会发展的重要动力,是展示国家文化软实力的重要平台。"[1]高校承担着培养"德智体美劳"全面发展的社会主义事业建设者和接班人的历史重任,高校体育教育是通过体育运动锤炼学生意志、塑造奋斗精神、健全人格品质的有效途径,在"五育并举"的育人体系中发挥着非常重要的作用。高校体育课程思政建设的本质,"是将'育'社会主义接班人之'体'和'铸'马克思主义之'魂'融入到各级各类体育课程教学体系之中"[2]。红色文化中包含着的红色基因与红色精神是体育专业开展课程思政活动的重要元素,天然地关联着大学生体育品德的养成和体育精神的培养。可见,高校体育课程思政的建设离不开红色文化的融入,红色文化融入体育类课程不仅可以有效促进高校体育教学途径与方式的转变,而且为体育课程教学实现强化大学生理想信念意志和奋斗进取精神提供了丰富而宝贵的教学资源。

从教学实践上来讲,红色文化要与运动实践紧密结合。可以依托红色文化实现运动实践方式的多样化。例如,井冈山大学将红色文化融入大学体育教学,以野外特殊技能训练、徒步拉练、野外战斗训练、生存训练等形式拓展了运动实践的方式,在提高大学生参与体育课堂锻炼积极性的同时代替了传统模式下的身体素质练习,可谓一举多得。从大学生体育品德的养成来讲,体育运动"本身具有的身心层面的挑战性,往往需要学生付出巨大的体力消耗和心理承受才能完成,这也是体育教学的特质之一"[3]。学生进行体育锻炼的同时也培养了顽强拼搏、超越自我的体育精神。红色精神是中国共产党人不畏流血牺牲、报效祖国人民的优秀品质的高度凝结,高校体育课程思政建

① 习近平:《在教育文化卫生体育领域专家代表座谈会上的讲话》,《人民日报》2020年9月23日,第2版。
② 赵富学、焦家阳、赵鹏:《"立德树人"视域下体育课程思政建设的学理要义与践行向度研究》,《北京体育大学学报》2021年第3期。
③ 赵富学:《中国共产党百年红色精神融入高校体育课程思政建设研究》,《武汉体育学院学报》2021年第7期。

设需要这样的精神素材作为动力支撑。

第三节　红色文化融入高校校园文化

校园文化是高校发展软实力的体现,也是高校办学的灵魂所在。校园文化是学生成长成才的人文土壤,对于学生的品格塑造和价值观念的养成具有不可估量的影响。2016年12月,在全国高校思想政治工作会议上,针对高校校园文化的建设,习近平总书记指出:"加强高校思想政治工作,要更加注重以文化人以文育人,广泛开展文明校园创建,开展形式多样、健康向上、格调高雅的校园文化活动。"①校园文化建设关注学生兴趣与需要,拓展活动形式和载体内容是符合形式多样要求的具体途径,坚持马克思主义理论指导和社会主义核心价值观导向是符合"健康向上"要求的实践方针,把握校园文化风格与基调不媚俗、不低俗,有文化、有内涵是符合"格调高雅"要求的基本保障。可见,高校思想政治教育离不开校园文化建设的发展,二者看似独立存在,实际彼此交叉、互相补充,对于高等教育事业的发展发挥着不可替代的作用。所以说,不断促进校园文化建设与思想政治教育的深度融合具有重要的现实意义。然而,许多高校目前存在着校园文化建设与思想政治教育相分离的状况,具体表现在思想政治教育单调施行、校园文化建设意蕴不强。校园文化更多表现在对物质类文化建设的重视而对精神类文化建设的相对轻视,校园文化活动更关注娱乐性而忽视深层次的文化导向。高校校园文化建设以思想政治教育为主导,从总体上讲,校园文化建设要服务于立德树人的根本目标和社会主义大学的办学方针,校园文化建设要围绕培养社会主义时代

---

① 《习近平在全国高校思想政治工作会议上强调:把思想政治工作贯穿教育教学全过程　开创我国高等教育事业发展新局面》,《人民日报》2016年12月9日,第1版。

新人而展开,为的是要用先进的思想开发大学生的智能、启迪大学生的思想,以实现人的全面发展为最高指向。只有在思想政治教育的主导下才有可能发挥校园文化的育人功能,实现其价值目标。高校思想政治教育需要校园文化做有效载体。"校园文化犹如无形之手,引领着大学生朝着健康的方向发展,无论学生愿意与否,只要长期置于其中,就会在不知不觉中受到校园文化所倡导的精神、所形成的氛围的熏陶和感染,于是在潜移默化中内化为个人的思想意识和行为,从而实现以德育人的思想政治教育工作目标。"①校园文化需要以多种形式展现,其既是对高校长期形成的育人理念、优良作风和价值追求的继承,也是对各种先进文化的融合吸收。红色文化作为社会主义先进文化形态,是校园文化建设吸收、融合的必然选择,校园文化是红色文化融入高校思想政治教育实践的重要场域。

从可行性来讲,"校园文化实际上就是指校园物质文化与校园精神文化的总和"②,这是对校园文化最广义上的理解,也充分证明了作为一种特殊的文化形态,校园文化内容需要物质文化形态与精神文化形态作支撑。红色文化具有丰富的物质文化资源,同时更蕴含着多样的精神内涵,红色文化融入高校校园文化主要是作为一种精神品质和价值借鉴来影响大学生的思想动态与行为习惯,红色文化与校园文化的协调发展是高校思想政治教育的有效途径。从现实需要来讲,红色文化融入高校校园文化,可以其丰富的精神内涵有效弥补高校校园文化建设注重物质文化而忽视精神文化的问题,可以其多样的表现形态突出校园活动的文化导向,以有效促进思想政治教育与校园文化建设的深度融合。

一、红色文化融入校园物质环境建设

校园文化的物质载体是指校园的物质文化,它是整个校园文化的外在表现,是客观的物质存在,所以给予学校师生感官和感知的直接触及,具有显性教育的功能,必然对学校师生产生潜移默化的影响。良好的校园物质文化建

---

① 宋向华、张学书:《思想政治教育视角下的高校校园文化建设》,《中国教育学刊》2013年第11期。
② 侯长林:《校园文化略论》,贵州教育出版社1991年版,第12页。

设能够有效增进大学生的身份认同,进而影响思想政治教育融入校园文化的效果。红色文化融入高校校园是实现思想政治教育与校园文化建设有效对接的现实载体,其融入并非一蹴而就,不可能直接实现将内蕴的红色精神融入校园文化,依托校园物质文化载体是红色文化融入高校校园文化的必经之路。红色文化不仅要融入校园物质景观建设,而且要融入校园建筑设计,特别是要加强与校史馆、文化广场、雕塑、长廊等建筑物的衔接,同时也要关注室内设计中红色文化元素的融入。这样的规划可以促进高校物质文化建设对外展现良好形象和红色底蕴,对内赓续红色基因、凸显红色文化符号,在师生接受红色文化熏陶的过程中,不断以正能量的影响促进正确价值观念的构建。

（一）红色文化让校园物质文化形神兼备,体现校园人文精神

提到校园物质文化,首先我们想到的是诸如北京大学的红楼、清华大学的清华学堂、剑桥大学的博德利图书馆等知名建筑物。实际上,校园物质文化的范畴是十分广泛的,从自然环境来讲,包括高校所处的地理环境和地形地貌;从校园建设来讲,各类建筑、教学科研设备和生活设施也包括在内;从环境布局来讲,校园园林、草地、道路、花坛等都是校园物质文化的组成部分。

红色文化要融入高校物质文化的讨论不是指将其覆盖进高校物质文化的方方面面,而是寻找能够呈现红色文化的物质载体,巧妙地将二者融为一体。

第一,红色文化要融入校园景观建设中。"校园物质文化景观是一种特殊的物质文化景观,其独特之处就在于它是专门的育人场所。育人的意向性要求景观本身是一个包容丰富教育意义与教育价值的文本。校园物质文化景观积淀着历史、传统、文化和社会的价值,蕴含有巨大的潜在教育意义。"[1]红色文化融入校园物质景观主要是指塑造一批展现红色文化内涵的物质载体。可以是石刻雕塑,也可以是名人雕像。例如,北京大学的李大钊塑像,就

---

[1] 周光礼:《校园物质文化景观的教育学断想——兼谈隐性课程的实现》,《教育理论与实践》1999年第 1 期。

是以无声的建筑形象展示这位中国共产主义的先驱和伟大的马克思主义者。除此之外,红色文化也可以融入高校园林设计之中,高校比较常见的做法是将草坪、树木修剪成五角星、国旗、党旗等红色文化符号的形状,努力创造优美和谐的校园物质环境,陶冶大学生的审美情趣,并且在与校园物质环境的无声沟通中领悟和解读其中暗含的思想政治教育意蕴。

第二,红色文化融入校园物质文化的主要物质载体要面向校史馆、纪念馆、文化广场等,因为这些场所能够集中而系统地展现红色文化及其内含的精神价值。有些学校自身因为历史的积淀与许多革命人物、榜样楷模、历史事件有着相关性,以此为基础成立的纪念馆更加具备说服力和真实性。临沂大学的校史馆(红色馆)是临沂大学的沂蒙精神红色教育的特色展馆,博物馆内建成了全国范围内第一个红色非物质文化遗产展馆,用大量的革命历史文物和一手资料,展示了革命岁月里的感人故事和真实案例,体现了临沂人民用沂蒙精神办大学的办学宗旨,是学校进行红色精神宣传、红色文化传承的重要平台。

(二)红色文化让校园物质文化匠心独运,凸显思想政治教育生活化

红色文化融入校园物质文化不仅要着眼于校园景观物质和校园建筑设计,而且应该从小处着手,将红色文化融入细致精巧的校园设计中,可以说,校园的任何细小空间都可成为蕴含红色文化元素的创意载体,在展现高超的设计智慧的同时,还要体现高校的人文关怀。具体而言可以从几个方面入手。第一,校园公寓楼、道路规划可以利用红色文化中的人物、事迹起名,在潜移默化中传递红色文化信息。第二,校内公园、校园广场可以从形态上"复制"具有代表性的红色文化场所,为学生提供身临其境的感受体验。第三,不能忽视公寓内文化建设对红色文化的吸收与借鉴。要以培养社会主义核心价值观为落脚点,构建宿舍红色文化体系。公寓是大学生活动、生活的重要场所,公寓内的阅览室、自习室、研讨室都可以融入红色文化的因素,在阅览室展览红色文化书籍,在研讨室举行红色文化读书会等都是将红色文化与宿舍文化融为一体的积极途径。

总之,校园物质文化一般表现在教学相关建筑、人文环境以及基础设备

上，这些是校园文化所需的基本物质载体，也是构建文化校园的重要前提和基础。红色文化的融入促进了学生的文化自觉在对物质文化的感知过程中被唤醒，赋能校园物质文化展现真、善、美与向上的内涵，不仅体现了以文化人的精神要旨，也对师生的身心成长起到激励与振奋的作用，达到"物教"与"人教"的互动结合。

二、红色文化融入校园文化活动建设

校园文化要以特有的精神环境和文化氛围塑造人，需要以文化活动为载体。"校园文化活动等以其参与人数多，开展范围广，持续时间长，产生影响深远，逐步发展成为学校思想政治教育的重要渠道，并以其潜隐性、渗透性和自我性等隐性教育的特点，弥补了显性思想政治教育之不足，成为高校思想政治教育的重要载体。"①有学者指出："在我国全面建设小康社会的关键时期，一方面，我们距离实现中华民族伟大复兴中国梦越来越近，文化自信越来越强，同时，我们也比以往任何时候更深刻地感受到建设新的文化形态的紧迫性。"②这样的情况无疑也存在于高校校园文化的建设中，体现于当代大学生文化活动的过程中。从目前高校的校园文化活动建设情况来看，具有时代感召力、符合大学生身心成长规律、活泼有趣的校园文化活动更能激发大学生的参与热情。但同时也存在高校文化活动重娱乐性、轻教育性，重形式、轻实效，重学术性、轻思想性的问题。"比如各种文娱体育活动往往是大家热闹一阵就收场，活动中没有教育的因素、可供学习的资源，即使有，活动完了由于没有相应的总结工作，有的也变没有了……高校经常举办各类学术讲座，但绝大部分学术味太浓，结合实际进行思想教育的则较弱，导致的直接后果是学生厌烦听讲座，教育者的初衷完全没有实现。"③对于红色文化融入校园文化活动的实践似乎在各个高校都已开展，但实际成效并不显著，更多是一种程式化的表现。以红色文化纪念日为例，许多高校每年都会组织清明烈士

---

① 迟淑清：《论蕴含于高校校园文化活动中的隐性思想政治教育》，《黑龙江高教研究》2014 年第 2 期。
② 王帅：《论新时期高校校园文化活动的组织与管理》，《思想政治教育研究》2018 年第 1 期。
③ 宋向华、张学书：《思想政治教育视角下的高校校园文化建设》，《中国教育学刊》2013 年第 S4 期。

墓地祭扫活动、五四青年节纪念活动、抗战胜利纪念活动等,但形式陈旧单一、缺乏新意、模式固定乏味、按部就班是这些文化活动的通病,无法提高大学生的参与度,甚至让学生以为红色文化纪念活动的开展只是走过场,通过活动加强思想政治教育的目的更是无从谈起。

校园文化活动对促进大学生的健康成长和全面发展的作用是不可忽视的,"要大力加强大学生文化素质教育,开展丰富多彩、积极向上的学术、科技、体育、艺术和娱乐活动,把德育与智育、体育、美育有机结合起来,寓教育于文化活动之中"[1]。实现这样的目标必须借助优质的教育资源。作为一种文化存在,红色文化以厚重的历史积淀、深刻的内涵蕴意、多样的形式表征承载着马克思主义中国化历程中中国共产党人和人民群众的集体智慧和结晶,其特定的价值旨归和生成逻辑发挥着促进情感认同、宣扬主流价值、规范个体行为等功能,是校园文化活动不可或缺的优秀资源,其融入也是校园文化活动促进思想政治教育、实现文化育人的有效手段。红色文化融入高校校园文化活动,主要通过仪式活动、文艺活动、社会实践活动三个方面加以实现。

(一)仪式活动:凝聚红色文化传承发展的组织强化

仪式是校园文化活动的重要组成部分,许多高校的仪式活动都具有固定性,例如,升旗仪式、毕业典礼仪式等是师生全员参与的校园文化活动。对于仪式活动目的的探讨,涂尔干曾有过一段精辟的表述,他认为:"全部典仪唯一的目的,就是要唤醒某些观念和情感,把现在归为过去,把个体归为群体。"[2]由此可见,高校仪式活动的特质在于通过一定的情境设置,凝聚参与者群体的情绪,突出情绪的渲染力和情绪调动力在教育中的作用。

红色文化承载着革命、改革、建设等各个阶段的重要节庆日、榜样人物、历史事件,将红色文化融入校园仪式活动是为当代大学生展现了历史时空的印记。而依托遗址遗迹、纪念馆等红色文化的物质载体又是从空间角度拉近了当代大学生与红色往事、革命人物的距离,是引导学生追忆先烈、接受革命

---

[1] 《中共中央　国务院发出〈关于进一步加强和改进大学生思想政治教育的意见〉》,《人民日报》2004 年 10 月 15 日要闻。

[2] 〔法〕爱弥尔·涂尔干:《宗教生活的基本形式》,渠东、汲喆译,商务印书馆 2011 年版,第 521 页。

传统教育的有效形式。可以"在反复的操演中自发生成对长征精神、延安精神、铁人精神、红旗渠精神、抗洪精神等崇高精神的真诚敬仰与深厚怀念,并形成对红色文化的记忆习惯"①。红色文化融入校园仪式活动要树立两项基本认识。第一,要明确红色文化仪式活动的鲜明主题。红色文化仪式活动总体上要坚持马克思主义理论的指导地位,以宣传主流意识、激发爱国热情、培育社会主义核心价值观、夯实政治认同为基调。但是也要结合红色文化的具体情况细化仪式活动的主题。也就是说,丰富的红色文化在不同地域、不同时间段体现不同的内涵,不同人物事迹、不同榜样人物也表达着不一样的红色精神。第二,要强化红色文化仪式活动的教育实效。红色文化仪式活动的建设要一改以往活动形式单一、组织形式松散、价值指向不突出的弊端,明确其活动的价值指向和目标要求,不断强化组织形式,发挥团建、党建引领作用。当然,突出价值取向和强化组织形式往往会带来形式化的问题,以至于造成参加者的排斥感,因此红色文化仪式活动要考虑大学生群体的现实需求,以生活化的教育唤醒红色记忆,巩固仪式活动,带领学生化被动为主动,自觉认识红色文化的深厚内涵,学习红色文化精神,增强红色文化传承发展的主动性,让仪式活动展现"以文化人、以情感人"的教育成效。

（二）文艺活动:构建红色文化传承发展的情感认同

红色文化因其内涵而具有政治性、严肃性,但红色文化表现形态多种多样,将红色文化融入校园文艺活动就是要搭建红色文学艺术作品与大学生校园活动的桥梁,让红色文学艺术作品内含着的红色文化精神感染大学生群体,夯实大学生对红色文化的情感认同,促使他们自觉成为红色文化的传承人。

一是高校文艺活动要注重红色文艺经典的融入。红色文艺经典以文学艺术的方式记录了中国共产党带领人民大众创造的丰功伟业和做出的巨大牺牲,是书写中华民族站起来的伟大壮举的载体,是讴歌中国人民在党的领导下挺直了脊梁的情感历练和精神记忆。红色文艺经典是红色文化的艺术

---

① 胡继冬:《论红色文化的社会记忆建构——基于符号学的视角》,《广西社会科学》2018 年第 2 期。

符号,自身积淀着的红色基因和文化基因如能在高校有效传播,即是在大学生的内心中种下红色种子,是用红色精神力量鼓舞大学生成长成才。将红色文艺经典融入高校文艺活动要注重大学生的参与度,用红色文艺经典长久的艺术生命力影响更多新时代的青年人。二是丰富红色文艺活动的操演形式。校园红色文艺活动的举办"要符合活动目标、活动环境以及活动参与者的需求,采取'自上而下'或'自下而上'的组织形式"①,积极开展诸如文艺会演、艺术展览、辩论会、读书会等形式多样的文艺活动。例如,同济大学还借助图书馆丰富的藏书和数据资源,调动师生对红色文化作品阅读的积极性,每年举办"超星杯"红色经典共读主题系列活动,活动以线上共读、辩论会、知识竞赛、观影活动等形式展开,可谓是利用一系列红色文艺活动的举办构建红色文化传承发展的情感认同,实现育人效果的规模化和持续化。

(三)社会实践活动:培育红色文化传承发展的个体自觉

"社会实践是途径,目标是育人。'受教育、长才干、作贡献'是大学生社会实践活动的宗旨,首位、基本的是受教育,也就是进行思想政治教育。"②要提高红色文化在大学生群体中的接受度,就必须将其融入社会实践活动中,让大学生在实践中实现情境感知、互动参与的体验。从总体布局来讲,红色文化精神是大学生社会实践的精神指南。社会实践就是要"引导大学生走出校门、深入基层、深入群众、深入实际,开展教学实践、专业实习、军政训练、社会调查、生产劳动、志愿服务、公益活动、科技发明和勤工助学等,在实践中受教育、长才干、做贡献"③。应该用红色文化中吃苦耐劳、自力更生、艰苦奋斗等精神指导大学生的社会实践,并在具体实践活动中将红色精神加以运用与传承。从具体落实来讲,要创建红色文化与社会实践相融合的活动方式。例如,近年来在许多高校实行的以红色文化为主题的研学旅行实践活动,就是

---

① 王帅:《高校校园文化活动过程设计探究》,《学校党建与思想教育》2017 年第 19 期。

② 洪晓畅、毛玲朋:《高校思想政治理论课与社会实践活动的协同优化研究》,《思想理论导刊》2020 年第 10 期。

③ 中宣部、中央文明办、教育部、共青团中央:《关于进一步加强和改进大学生社会实践意见》(中青联发〔2005〕3 号)。

将红色文化与社会实践深度结合的典型活动范式。研学旅行借助红色旅游资源让大学生离开课堂讲解,通过参观、聆听、模仿、学习等调动身心的认知方式提高学生道德认知水平,以学生的主动参与和体验代替传统的说教形式,在红色文化的习染中获得更多积极正向的情感体验。通过红色文化与社会实践活动的融合,让大学生感受红色文化熏陶,强化实践锤炼,在红色文化传承中发展个体自觉。

三、红色文化融入高校校风学风建设

校园文化虽有物质文化与精神文化之分,但其核心内涵是精神文化因素。精神文化作为高校校园文化的内核,渗透在广大师生的意识形态中,是世界观、人生观、价值观的集中体现,主要表现为高校的校风与学风。良好的校风、学风能够培养大学生积极乐观、勤奋求学、健康向上的意志品质,能够指引高校教师塑造志存高远、爱岗敬业、忠于职守、乐于奉献的教师风范。红色文化以红色精神为主要内容,其蕴含的理想信念、艰苦奋斗、团结统一、迎难而上、科学求实等精神文化因素与高校校风、学风内涵的精神价值追求一脉相承、同向同行。将红色文化融入高校校风、学风建设,是不断充实校园文化精神内核的需要,也是新时代红色文化教育在高校推行的必然选择。

(一)红色文化融入高校校风

既然红色文化融入高校校风是现实需要的必然选择,那么对融入的讨论首先应该从明确校风的真正含义开始。校风,是指一所学校在一定的历史发展过程和长期的教育实践中,经过全体成员共同努力而逐步形成的、相对稳定的精神状态和思想作风,学校校训、校歌、校徽等都应该属于校风的范畴。

校训是高校办学传统、治学理念、育人特色、文化积淀的高度凝结,是高校展示自我风采的名片。把红色文化与高校校训相结合,是依托校园精神文化激活高校思想政治教育的创新。回溯历史,红色文化可谓与高校校训有着天然的联系,国内许多高校都是从革命战争年代走来,红色文化滋养其大学校训的生成。典型的就是北京理工大学,其前身是1940年中共中央在延安成立的"延安自然科学院",是党创立的第一所理工类高等学府。"2010年,北京理工大学在建校 70 周年之际,将校训正式确定为'德以明理,学以精工'。这一校训在继承和尊重学校的红色历史和革命传统中积蓄力量,传承了学校'延安根,军工魂'的红色基因,凸显了学校的学科背景和师生个性,蕴含着学校的历史使命和时代责任。"①除此之外,上海交通大学校训中的"爱国荣校"、中国人民大学校训中的"实事求是"等都是红色文化基因、红色文化精神在校训中的再现。立足新时代,校训文化既需要传承,也需要创新与优化。红色文化融入高校校训核心功能在于将爱国主义、集体主义情操融入校训文化,这种融入不是简单地将校训内容进行变化或者修改,而是在校训传播内涵的解读和校训的传播方式中依托红色文化精神的融入进行创新,赋予校训新的内涵。

　　除此之外,红色文化也是高校校歌、校徽的创作源泉。校歌以听觉传达为特质,校徽则偏向于视觉传达。高校创作校歌不仅是为了净化师生心灵、陶冶情操、提高审美,更主要的是发挥其歌以载道的功能,在歌曲的传唱中树立崇高理想,体现学校精神风貌。红色精神、红色基因一直都是高校校歌的创作元素。例如,创作于 1938 年的《兰州大学校歌》至今已有八十多年的历史,当时正值抗战时期,战火已蔓延至西北边陲,校歌以动员兰大师生的抗战热情为主线,展现了兰大师生以天下为己任、勇赴国难的英雄气魄和自强不息的伟大精神。红色文化对校歌创作的影响也一直传承下来,在当下校歌的创作中依然可以发挥积极的作用。大学校徽借图像传递意蕴,是言、象、意的结合体,在很大程度上代表了学校的精神与追求,是整个学校办学理念、办学历史、人文精神的外在体现,是大学文化的集中表现形式。红色文化主要通过图式的融入体现大学精神的内涵。例如,延安大学的校徽就非常具有代表性,校徽中核心图式为红色的宝塔山,寓意延安大学在革命圣地延安办学,传承和践行延安精神是学校不变的宗旨。再如,井冈山大学的校徽以五座红色山脉的图像为核心,寓意井冈山革命圣地的红色本质,也犹如一团红色火焰,传递着星星之火点燃心中希望的含义。红色文化元素融入校徽设计,使得高

---

① 张尔葭:《在高校校训文化中传承并发扬延安精神》,《中国高等教育》2020 年第 19 期。

校校徽更具有文化性和历史性,体现了红色文化价值意蕴与高校人文精神的外显与延伸。

(二)红色文化融入高校学风

高校学风的形成可以说是从一种群体行为逐渐固化,最后成为一所高校的传统或者说风格。"一般来说,关于学风的概念有两种含义,一指学校的治学精神、治学态度、治学原则;二是指学生的行为规范和思想道德的集中体现,是学生在学习过程中所表现出来的精神风貌。有时也特指学生的学习态度和学习风气。"①在实际应用中,我们往往将学风片面地理解为以学生为主体而形成的精神形态,忽视了以学校为主体的治学精神、态度、原则等内容也是校风建设不可缺少的一部分。红色文化融入高校校风,一要将红色文化精神与高校的治学精神、治学态度、治学原则融为一体。红色文化是科学的社会主义先进文化形态,以马克思主义理论为指导,尊重和促进人的全面发展。高校治学精神和态度既要尊重大学生身心的客观发展规律,也要尊重教育活动的发展规律,这与红色文化内蕴的人的全面发展目标相吻合。同时,高校办学是教育与科研的统一,应该将红色文化中迎难而上、科学求实的精神融会贯通于高校教学与科研的实践活动中。此外,高校教学理念、科研成果需要结合社会发展要求不断创新、服务社会,红色文化中解放思想、实事求是的思想精髓对于融合促进高校办学理念、成果创新具有积极的效应。二要将红色文化融入以大学生为主体的学习精神风貌中。一方面,可以更好地激励大学生在学习上刻苦钻研、顽强拼搏,在生活上勤俭节约、艰苦奋斗。另一方面也可以更好地培养大学生知恩感恩、追比先贤、树立高尚理想信念的精神品质。让他们真切感受到革命成果的来之不易,感受到先辈创业的艰辛历程,脚踏实地学习文化知识和本领,践行作为一名新时代的守业人将社会主义伟大事业传承下去的责任与担当。

---

① 品墨主编:《好教风 好学风 好校风》,新华出版社2017年版,第1—2页。

第四节　红色文化融入高校传播媒介

传播是人类社会交往的纽带,"人们为了彼此传达思想,交换意见,表达情感、需要等目的,运用语言符号而实现的沟通"①就是交往。传播是人类实现交往关系的主要手段,人类因传播创造了文化并不断推动社会的进步,无论何种文化形态都需要通过传播才有可能为其他人所了解、认可和学习。也就是说,"文化行为模式不完全是本能,而是被赋予了一种意义,它能超越刺激/反应行为模式,能跨越时间和空间。而且,文化是一个日积月累的、开放式的批判和修正经验见解的求知过程。文化在这种意义上完全依赖符号传播体系"②。红色文化作为一种特殊的文化形态,要实现文化成果的传承,要实现对更多受众的影响,同样需要依赖符号传播体系。更为重要的是,传播使得人类社会系统具有心理的与精神的联系性,人类社会创造出了一系列的语言、文字、符号及多种非本能的通信方法。这些符号及通信方法,反过来又大大加强了人们之间精神上的互动与联系。红色文化内蕴丰富的精神内容,需要通过各种通信方法完成传播,实现精神价值的传递与互动。

媒介是利用媒质存储和传播信息的物质工具。伴随科学技术的不断发展和社会需求对传播提出的更高要求,传播媒介更新换代、推陈出新,从口口相传的传播形式到文字媒介的出现,再到纸质媒介、电子媒介、网络媒介,传播媒介实质上是人类超越自然、超越自身的时空征服手段。媒介通过对眼前事物的超越,使个体超越了具体经验的世界而进入扩展了的时间与空间领域。高校是意识形态工作的主阵地,以传播主流文化为己任。高校传播媒介

---

① 时蓉华主编:《社会心理学》,上海人民出版社 1986 年版,第 276 页。
② [英]加汉姆:《解放·传媒·现代性:关于传媒和社会理论的讨论》,李岚译,新华出版社 2005 年版,第 4 页。

也伴随媒介的整体发展而发生了日新月异的变化,既包括传统传播媒介,也包括现代传播媒介。高校传播媒介作为宣传思想教育的战略资源,是青年学生宣传思想工作的重要意识形态阵地,也是影响思想教育实效性的关键因子。红色文化要融入高校传播媒介,就是要以传承红色基因、传播红色精神为主题,让这一先进文化形态占领高校宣传思想工作的主要平台。下面就以高校传统传播媒介和现代传播媒介为划分,讨论红色文化融入高校传播媒介这一场域的相关问题,以明确传统的传播媒介和现代传播媒介在红色文化传播与宣传活动中的差别与特征,以期横向上整合红色文化教育的职能和资源,纵向上拓宽传播媒介的思想政治教育辐射能力,为打造统筹协调的红色文化宣传渠道打下基础。

一、红色文化融入高校传统传播媒介

高校传统传播媒介是相对于现代网络新媒体传播媒介来讲的,一般情况下,常用的高校传统传播媒介主要由学校报刊、校园广播、校园电视、橱窗海报等宣传媒介组成。

红色文化融入校报校刊。高校的校报校刊主要存在两类形式:第一类是学校主办的正式刊物,具有专业刊号,具备专业编辑部门和发行部门,在全国范围内统一发行的校报校刊。第二类是由学校某部门主办,依靠学生团体和教师力量创办的,没有刊号,没有采编和发行团队,容量较小,传播范围也以本学校为主的校报校刊。其作为学校的内部刊物,虽未正式发行,却时常引领校园文化风尚,在校园里的影响力依然不容小觑。一直以来,校报校刊在高校都承担着宣传教育、信息传递的桥梁作用,是学校的主要舆论阵地。红色文化融入校报校刊,首先应该面向学校正式出版发行的社会科学类期刊,可以在期刊开设与红色文化研究相关的栏目。例如,《井冈山大学学报(社会科学版)》从 2010 年起就依托期刊创设红色文化资源研究栏目,这些专栏的设置不仅推动了高校学术话语体系的创新,而且对传播红色文化、弘扬红色基因起到了积极的作用。其次,可以创办红色文化研究专业刊物。例如,赣南师范大学于 2017 年创办的《红色文化学刊》就是由国家相关部门正式批准

的专业学术期刊,创刊至今已成为国内红色文化研究学者开展学术交流的重要平台。最后,红色文化也要融入学校内部创办的校报校刊。这类期刊虽未广泛发行,但是因期刊编辑与运行以学生为主体,他们更熟悉大学生的生活和语言,更容易得到大学生受众的关注和喜爱,也更容易贴近大学生的学习生活。在这类期刊中要经常性地刊登一些红色故事、榜样人物事迹,也应该设立红色文化专栏,吸引和鼓励大学生积极写稿投稿,从而让大学生主体既成为红色文化教育的接受者,也在不知不觉中成为红色文化的传播人。

红色文化融入校园广播。"校园广播是学校重要的舆论宣传阵地,在信息传播媒介、信息传播时效以及信息传播时间、信息传播的针对性等方面都具有独特的传播优势,信息是学校思想政治教育中不可或缺的重要手段和作用方式。"[1]声音是校园广播的传播媒介,与图书报刊、网络新媒体相比较,声音传播不会受到地点、设备等因素的影响。课余时间学生在室内外可以快速通过校园广播这一渠道得到信息。可以将红色歌曲、歌剧,红色小说、诗歌等内容编排进校园广播进行连续性的播送,让校园广播成为大学生持续学习红色文化的有效途径。校园广播具有用信息填补学生空闲时间的优势。学生思想政治教育不能局限于正常教育教学范围内的理论课灌输和学校组织的活动,要取得良好的思想政治教育效果,必须深入实际,深入学生的生活,填充大学生用餐、运动、劳动的时间进行思想政治教育宣传是校园广播具备的一大优势。红色文化内容丰富,表现形式多样,是校园广播"见缝插针"的优质载体。将红色文化融入校园广播,可以提升广播节目对学生的吸引力,有效开发和利用广播系统的思想政治教育功能。同时,校园广播的信息编辑具有得天独厚的群体优势。校园广播因隶属于高校宣传部门而直接受到管理和约束,可以传递所在高校思想政治教育的意图。从内容选择、节目编排到录制传播,都以学生参与为主。红色文化的融入要抓住校园广播的学生主体,让学生对红色文化选材进行编辑创新。如邀请红色文化研究学者、榜样人物作为嘉宾参与广播节目的录制,并开通听众热线让大学与嘉宾进行交

---

① 汤雪峰:《信息传播视野中校园广播的思想教育功能及其优化》,《教学与管理》2011 年第 3 期。

流;安排学生播音员朗诵红色经典著作,让听众点评互动等。这些举措既凸显红色文化融入校园广播的必要性,也从一定的程度增强了校园广播思想政治教育的功能性与针对性。

红色文化融入校园电视、橱窗海报。校园电视是学校投资创建,以学校为传播范围,以师生员工为宣传服务对象的电视媒介。"校园电视是高校意识形态的重要阵地,是加强大学生思想政治教育的主渠道之一。"①红色文化融入高校校园电视,有利于打造校园主流媒体平台,整合内容丰富且有价值的红色文化教育资源,发挥好校园文化思想育人和文化育人的积极作用。首先,红色文化融入校园电视,要坚持不断探索电视节目创新的思路。调动学生记者的制作热情,制作红色文化相关的特色节目,可以是 DV 展示,可以是人物访谈,可以是革命博物馆等实景拍摄,也可以是"四史"讲座等文化节目。其次,要加强典型宣传。通过校园电视报道"红色文化人物""百年党建人物""时代楷模人物",甚至也可以延伸报道一些红色文化传承保护人的事迹经历,以红色人物带动和感染青年学子奋发图强、立志报国。最后,利用校园电视持续发布与红色文化相关的图文信息,可以通过每天滚动播出的形式进行,也可以利用学生用餐、娱乐、运动的时间段播放红色经典文艺作品。橱窗展板、海报可以说是典型的传统意义上的传播媒介,是通过视觉传达的效果,依赖艺术设计的手段有目的、有计划地传播自己想要表达的信息。虽然商业展板、海报在我们的生活中随处可见,但其很早之前就是政治宣传的工具。"宣传海报大多是官方为影响公众而组织创作的,以动员社会资源和争取民众支持,往往反映的是社会的主流意识形态,因而成为人们了解历史事件和社会现象的极好载体。"②可以说,在现如今的高校,时代的推移并不能遮蔽展板、海报这样的传统媒介的政治宣传功能,有学者经实证调研后发现,橱窗展板、海报等媒体虽然属于典型的平面纸媒,但被学生使用的可能性均高于校园广播电视和报刊。导致这一现象的原因可能是校园橱窗展板、海报等媒体

---

① 覃川、戚天雷:《校园电视的育人功能与创新实践》,《学校党建与思想教育》2012 年第 15 期。
② 陈仲丹:《宣传海报及其证史功用浅议》,《历史教学(上半月刊)》2013 年第 7 期。

大多布局在校园醒目位置,覆盖面较广,较电视、报刊等更能够吸引学生的关注。所以,在橱窗展板、海报的设计中加入红色文化的元素有利于学校开展有针对性的思想政治教育活动。特别是可以结合重要的历史纪念日进行整版设计宣传。例如,2021 年,为庆祝中国共产党成立 100 周年,鲜艳的红色展板、红色海报在校园里随处可见,许多高校在校园内都设计了专题式红色文化展板,吸引了许多学生和老师的注意,他们伫立展板前阅览、交流,于无形中发挥着展板、海报对观众心理、思想及行为的影响力。

二、红色文化融入高校网络新媒体传播媒介

高校大学生的学习生活处处离不开互联网的干预和影响,互联网已经成为他们发表言论、获取知识、社交互动的重要渠道,也是他们学习生活的"新空间"。从高校的角度来讲,互联网也已经成为高校传播主流意识形态、进行知识传递、实施教学管理的主要平台。依托互联网技术存在的校园网站、微信微课、视频影像等新媒体传播媒介对高校思想政治教育实践的开展日益发挥着重要的作用。2017 年 2 月,中共中央、国务院印发的《关于加强和改进新形势下高校思想政治工作的意见》强调:"要加强互联网思想政治工作载体建设,加强学生互动社区、主题教育网站、专业学术网站和'两微一端'建设,运用大学生喜欢的表达方式开展思想政治教育。"①面对日新月异的互联网技术,让红色文化搭上互联网迅速发展的高速列车,无疑是红色文化占领网络宣传阵地、发挥网络红色文化思想政治教育功能的重要途径。一方面,红色文化融入高校网络新媒体传播媒介能够有效应对互联网时代高校思想政治教育面临的新挑战,主要表现在对利用网络平台进行西方资产阶级意识形态渗透行为的有效遏制。另一方面,高校网络新媒体也为红色文化思想政治教育功能的实现提供了便利条件,除了对红色文化教育的受众进行扩大之外,还主要表现在互联网拥有的海量信息资源丰富了红色文化教育的素材,网络新媒体便捷、快速的传播速度提升了红色文化教育的实际效果,网络新媒体

---

① 《中共中央　国务院印发〈关于加强和改进新形势下高标思想政治工作的意见〉》,《人民日版》2017 年 2 月 28 日,第 1 版。

所表现出的立体化感官体验加强了红色文化的吸引力、传播力、感染力。

1. 红色文化融入校园网站

高校校园网站与现今社会上较为常见的企业网站和电子商务网站相比有着根本区别,主要表现在:"创办网站的目的不同,绝大多数大学网站并不以盈利为主要目的,而更加注重教育功能的发挥和体现;网站的服务对象不同,大学网站的主要服务对象是大学生,而大学生正处于世界观、人生观、价值观形成的关键时期,大学网站内容必须充分考虑大学生的全面而健康的成长;网站的品位不同,大学网站的文化品位是和大学的性质和特点紧密相关的。大学网站更强调高雅、权威、可信,而不是为了吸引人的眼球低俗、炒作、造假。"①也就是说,校园网站除了担负着传播信息、提供教学平台、展示校园风貌等任务外,最主要的是承担着大学生思想政治教育的任务。虽然红色文化的传播渠道因网络时代出现的更多传播媒介而日益丰富,但高校范围内,校园网站以及成立的主流红色文化网站依然要成为红色文化传播的主要网络阵地。但就目前红色文化融入校园网站的情况来看,还是存在着传播内容、传播手段和表现手法与时代要求、技术发展脱节的情况。一是红色文化的融入应该依靠现有的校园网站平台,主要是要融入校园门户网站,包括即时发布红色文化动态信息、创办红色文化主题栏目等。校园门户网站除校级网络平台之外,还包括其他二级学院和党政部门的网络平台,红色文化的融入符合校园网站内容导向性的要求,除校级红色文化宣传新闻和网络栏目外,各个二级网络平台可以借助校园网展示各自红色文化教育的情况,开办有特色的红色文化专题栏目。还要注意将红色文化转变为网络平台设计元素,例如,用红颜色设计栏目主色调,用典型的红色文物、红色圣地图标来体现网站布局与风格。这样一方面渲染了红色文化教育基调,从整体上吸引受众,引导受众浏览网络内容,另一方面更好地展示了校园网站的独特风格和魅力。二是红色文化的融入要依靠高校校园网建立红色文化网站,集思想性、知识性、服务性于一体,对高校师生开展爱国爱党教育和革命传统教育。

---

① 铁铮、沈静:《应适时建立大学校园网站评价体系》,《中国高等教育》2009 年第 Z3 期。

2. 红色文化融入微信、微博

近年来,微信、微博已经成为数字化传播媒介的新代表,大学生群体是使用这些数字化传播媒介的重要群体。"微博、微信的低门槛、低资费、方便性、公开性与及时性等特点恰恰满足了高校大学生的需要。他们通过微博、微信在网络上积极地表达自我、展现自我,参与到网络生活中。同时,微博、微信的风靡也悄悄地改变着高校大学生们的价值观、思维方式、行为模式与思想道德。"[1]针对这一现状,许多高校的信息部门也逐步将微博、微信这些使用范围极广的传播媒介应用延伸到学校的信息化建设中。红色文化融入微信、微博传播媒介,要紧随时代发展而不断创新,让"微渠道"红色文化育人与大学生微信、微博利用率同向增长。首先,高校要树立红色文化"微传播"的理念。具体地说,就是一改之前红色文化教育"大水漫灌"的传播理念,利用"微技术"实现红色文化教育的"精准滴灌"。也就是说,要转变红色文化的传播方式,利用微博、微信大众化的特点关注受众的个人需求和接受程度。例如,借助微信平台,教育者可以掌握大学生对红色文化信息阅读后的留言与分享轨迹,从而判断他们对红色文化认知和理解的真实状态,有针对性地调整传播方案,以发挥红色文化的思想政治教育功能为大学生群体答疑解惑,帮助他们走出生活和学习中的困难与疑虑,让红色文化真正起到渗透思想、启迪灵魂的作用。其次,要开通红色文化"微渠道",提升红色文化传播影响力。传播渠道的完善与整合会对红色文化的传播起到事半功倍的作用。高校宣传部门应该牵头组建红色微博、红色微信等公众平台,积极拓展和优化红色文化的传播渠道。最后,要利用微博、微信技术开设红色文化专题微课。微课是以小视频的形式对教学重点难点进行讲解,红色文化专题微课的开设应该以学生为主体,让他们去寻找红色文化视频资料在课堂上分享。例如,许多高校就将新华社上线播放的纪录片《红色气质》作为学校微课资料来源。也可以发动学生去拍摄相关红色文化主题视频在课堂上展示,供大家学习。

---

① 张明明:《微博、微信网络环境下高校思想政治教育研究》,《思想理论教育导刊》2014 年第 4 期。

3. 红色文化融入网络直播软件

网络直播是基于互联网平台运作的媒介,特点是实时同步,即在线搭建传授双方同时在场的虚拟交流平台,复现线下面对面交流的场景,使传授双方得以在便利的技术条件下参与、互动。网络直播受到大学生群体的欢迎是必然的,一则他们是互联网和智能手机的"忠实用户",二则以图片、视频、符号为内容的交流形式更符合当今大学生的交流喜好,三则网络直播满足了大学生交流的心理需求,对追求个性、喜欢表现的大学生来讲具有很大的吸引力。红色文化融入高校网络直播平台,是将红色文化以新颖的表现手法展现在大学生面前,红色文化这个"星星之火"要在高校达到"燎原之势",就必须融入网络直播这样的新传播媒介,搭建具有主流话语渠道的直播平台。首先,要鼓励学生结合当地红色文化资源,制作微视频影像。其次,学校信息管理团队要利用红色文化提升直播平台信息的规范性和真实性。高校网络直播平台要利用校园网制度和信息管理团队规避自媒体运营低门槛的特点,坚决抵制自媒体空间中对红色文化历史、红色文化人物的错误解构。应该有选择地将红色文化信息融入自媒体平台,树立红色文化的权威性和政治性。最后,红色文化融入高校直播平台,为高校师生提供了新的交流方式。直播平台易激发学生的参与热情和主动性,其针对红色文化的视频、图像、符号的传递必然加强师生互动。学生制作短视频并在直播平台上播放,这一过程看似没有教师的参与,实际上离不开教师的引导和督促,若没有这一点,很难有高质量的短视频作品在高校传播。因此,教师要持续关注学生对红色文化短视频的评论与转发,必要时要在点赞评论区留言并陈述自己的观点,以引导校园舆论导向,提高学生对红色文化的认同感。

第五章
红色文化融入高校思想政治教育的路径

　　文化是社会意识的重要组成部分,可以为社会发展提供精神动力。中华民族在长期的历史发展中形成了博大精深的中华文化,这为中华民族的生生不息提供了强大的精神支撑。党的十八大以来,中国特色社会主义进入新时代,面对国内外形势变化所提出的新的时代课题,我们需要坚定"四个自信",其中,文化自信是更基本、更深沉、更持久的力量。文化自信不仅包括对中华优秀传统文化的自信,还包括对红色文化和中国特色社会主义文化的自信。红色文化植根于中华优秀传统文化的沃土,形成于革命实践的洪流,发展于社会主义建设和改革的浪潮,具有重要的历史意义和时代价值,应该加以传承和弘扬。高校肩负着人才培养、文化传承创新的重要使命,需要高度重视红色文化资源在思想政治工作中的运用。当前,"许多高校已积极开展红色文化资源育人实践,但由于红色文化资源与高校思想政治教育是两个具有自身独立性、互不统属的系统,红色文化资源在融入高校思想政治教育时常表现出种种不适应"①,存在融入难题,因此,有必要进一步研究并创新红色文化资源融入高校思想政治教育的路径,以提升高校思想政治教育的实效性。

---

① 王炳林、张泰城主编:《高校红色文化资源育人发展报告2017》,人民出版社2018年版,第16页。

第一节　发挥红色文化
在思政课堂授课中的重要作用

　　高校肩负着人才培养、科学研究、社会服务、文化传承创新等重要使命。高校的教育教学活动是一项纷繁而复杂的工作,其中,课堂教学是学校教育活动的主体部分。课堂教学是指"在一定的课堂情境中,教学主体与教学主体之间以共同客体(主要是课程和教材等教学文本)为中介,借助于言语或者非言语符号系统而实现的一种以建构学生完满的精神世界为目标的实践活动"①。课堂教学的主体包括教师和学生,课堂教学的客体是指教学主体共同面对的认识对象,比如以文本形式呈现的教学内容(教材)。课堂教学作为一个系统,是由诸多要素构成的。一般认为,课堂教学的要素包括教师、教学内容、教学方法、学生等。课堂教学的根本目的是促进学生发展,既要求学生掌握相关的专业知识、锻炼思维,又要引导学生树立正确的价值观。课堂教学等学校教育活动坚持德育为先,五育并举。关于思想政治工作的重要性,中共中央、国务院印发的《关于加强和改进新形势下高校思想政治工作的意见》指出,加强和改进高校思想政治工作,事关办什么样的大学、怎样办大学的根本问题,事关党对高校的领导,事关中国特色社会主义事业后继有人,是一项重大的政治任务和战略工程。立德树人是高校思想政治工作的中心环节。

　　思想政治理论课是高校落实立德树人的关键课程,承担着"培养什么人、怎样培养人、为谁培养人"的重任,思政课堂是对学生进行思想政治教育的主阵地。2015 年中宣部、教育部联合印发的《普通高校思想政治理论课建设体系创新计划》把思政课定位为"是巩固马克思主义在高校意识形态领域指导

---

① 　周成海:《课堂教学原理与方法》,中国轻工业出版社 2015 年版,第 7 页。

地位,坚持社会主义办学方向的重要阵地,是全面贯彻落实党的教育方针,培养中国特色社会主义事业合格建设者和可靠接班人,落实立德树人根本任务的主干渠道,是进行社会主义核心价值观教育、帮助大学生树立正确世界观人生观价值观的核心课程"①。2019 年 3 月,习近平总书记在学校思想政治理论课教师座谈会上强调,我们办中国特色社会主义教育,就是要理直气壮开好思政课,用新时代中国特色社会主义思想铸魂育人,引导学生增强中国特色社会主义道路自信、理论自信、制度自信、文化自信,厚植爱国主义情怀,把爱国情、强国志、报国行自觉融入坚持和发展中国特色社会主义事业、建设社会主义现代化强国、实现中华民族伟大复兴的奋斗之中。思政课堂教学的实效性离不开师生的共同努力,也需要优质教学资源的支撑。红色文化蕴含着中华民族宝贵的精神财富和优质的文化基因,红色文化教育有利于学生树立正确的世界观、人生观和价值观,因此,思政课课堂教学应积极融入红色文化,推进教师队伍建设、教学内容和方法等方面的综合改革创新,给学生以人生启迪和精神力量。

一、红色文化融入思政课教师队伍建设

教师是立教之本,是课堂教学活动的发起者、组织者和引导者,在课堂教学中起主导作用。习近平总书记在学校思想政治理论课教师座谈会上强调,办好思想政治理论课关键在教师,关键在发挥教师的积极性、主动性、创造性。思政课教师要给学生心灵埋下真善美的种子,引导学生扣好人生第一粒扣子。教师作为实施课堂教学实践活动的主体,需要具备一定的能力结构,比如坚定的政治立场、正确的价值观、丰富的学科知识、过硬的教学能力等。2014 年 9 月 9 日,习近平总书记在同北京师范大学师生代表座谈时号召全国广大教师要做有理想信念、有道德情操、有扎实知识、有仁爱之心的好老师。2019 年 3 月,在学校思想政治理论课教师座谈会上,习近平总书记对广大教师寄予殷切期望,提出"六要"要求,即政治要强、情怀要深、思维要新、视野要

① 《中央宣传部　教育部关于印发〈普通高校思想政治理论课建设体系创新计划〉的通知》,《中华人民共和国教育部公报》2015 年第 9 期。

广、自律要严、人格要正，为加强思政课教师队伍建设指明了方向。教育者要先受教育，讲信仰者自己要有信仰。高校要利用红色文化这一优质的教育资源育人，培养有理想、有本领、有担当的时代新人，必须首先加强思政课教师队伍建设，注重用红色文化加以引领。只有这样才能不辜负党的嘱托、人民的期待和学生们的期盼。

（一）利用红色文化加强师德师风建设

广义的师德即教师的道德，是对教师道德的全面要求，包含教师职业道德、社会公德和家庭美德等方面。狭义的师德是指教师的职业道德，即教师在从事教育活动时必须遵守的道德规范和呈现出的道德情操、道德观念等。师风可以理解为教师的工作作风以及教师整体的行业风气。师德师风建设关乎教师队伍素质和高校立德树人根本任务的落实。2018年5月2日，习近平总书记在北京大学师生座谈会上的讲话中强调："评价教师队伍素质的第一标准应该是师德师风。师德师风建设应该是每一所学校常抓不懈的工作，既要有严格制度规定，也要有日常教育督导。我们的教师队伍师德师风总体是好的，绝大多数老师都敬重学问、关爱学生、严于律己、为人师表，受到学生尊重和爱戴。同时，也要看到教师队伍中存在的一些问题。对出现的问题，我们要高度重视，认真解决。"①为全面提升教师思想政治素质和职业道德水平，教育部等七部门于2019年12月15日印发《关于加强和改进新时代师德师风建设的意见》，明确了师德师风建设的指导思想、基本原则、工作目标及任务举措，强调"充分发挥文化涵养师德师风功能"②。红色文化是涵养师德师风的优质资源，因此，新时代高校应深入挖掘红色文化的精神内涵，激励广大思政课教师进一步坚定理想信念、提高理论素养，以德立身、以德立学、以德施教，做"四有"好老师。红色文化融入师德师风建设可以从以下方面入手。

其一，定期开展红色文化培训，用红色文化铸魂。思政课教师要讲信仰，

---

① 习近平：《在北京大学师生座谈会上的讲话》，《人民日报》2018年5月3日，第2版。
② 《教育部第七部门印发〈关于加强和改进新时代师德师风建设的意见〉的通知》，《中华人民共和国教育部公报》2019年第12期。

自己首先要坚定理想信念,在大是大非面前保持政治清醒。坚定的理想信念是教师教书育人的指路明灯。中国的改革开放走过了四十多年的历程,取得了举世瞩目的成就,但随着市场经济的发展,在物质利益面前,有些教师过分注重个人利益的满足,发生了理想信念的动摇。高校定期组织思政课教师参加红色文化学习培训,接受红色文化的熏陶、洗礼,有利于广大思政课教师坚定理想信念,增强对中国特色社会主义的政治认同、思想认同、理论认同和情感认同,在育人实践中做到以心育心、以德育德、以人格育人格。2014 年 9 月 9 日,习近平总书记在同北京师范大学师生代表座谈时强调,好老师要有"捧着一颗心来,不带半根草去"的奉献精神,自觉坚守精神家园、坚守人格底线,带头弘扬社会主义道德和中华传统美德,以自己的模范行为影响和带动学生。①

其二,经常组织红色文化活动,提升思想觉悟和道德情操。从学术活动来看,高校可以举办红色主题的学术讲座和学术研讨会,邀请知名专家学者宣讲红色传统、红色精神,增强思政课教师对红色文化的认同,激发思政课教师宣传红色文化的自觉性。此外,高校还可以利用一些重大节庆日、纪念日举办形式多样的红色校园文化活动,如组织思政课教师参加红色经典诵读活动,组织红色文化知识竞赛,组织唱红歌活动等,提升教师的思想觉悟和道德情操。近年来,全国各地陆续建立了许多各具特色的红色教育基地,如井冈山精神研究中心、大庆师范学院的大庆精神研究基地、大别山红色文化研究中心等。高校定期组织教师到红色教育基地培训,通过现场体验式教学、激情教学、沿途教学等形式,加深思政课教师对红色精神的认识,增强思政课教师讲好红色故事、传承红色精神的自觉性和使命感。

(二)利用红色文化丰富教师的知识结构

教师作为教学实践活动的主体,其能力结构的一个重要组成部分就是系化的学科知识。"才高八斗""学富五车"是传统中教师的典型特征。教师所拥有的学科知识,从量上来讲应当是大量的、丰富的,从质上来讲应当是系统

---

① 习近平:《做党和人民满意的好老师》,《人民日报》2014 年 9 月 10 日,第 2 版。

化的。苏联教育家苏霍姆林斯基曾经说过："教师所知道的东西，就应当比他在课堂上要讲的东西多十倍、多二十倍，以便能够应付自如地掌握教材，到了课堂上，能从大量的事实中选出最重要的来讲。"①随着社会的发展、文化的进步，教师也要通过不断学习进而丰富、完善自己的知识结构，改变长期以来形成的教师"教书匠"的刻板印象。习近平总书记在学校思想政治理论课教师座谈会上指出，思政课教师"视野要广，有知识视野、国际视野、历史视野，通过生动、深入、具体的纵横比较，把一些道理讲明白、讲清楚"②。思政课教师要通过拓展知识结构、改善学科背景来夯实知识基础，红色文化就是可资利用的宝贵资源。

定期举办红色文化专题教育培训是丰富教师知识结构的重要途径。思政课教师要通过课堂传播红色文化，解码红色基因，就需要自己先充分认识红色文化的内涵和精神实质，在真学、真懂的基础上才能将红色文化的种子播撒进青年学生的心里。思政课的课程内容涵盖面广，涉及政治、经济、哲学、法律等诸多方面，以马克思主义理论教育为主要内容，包括马克思主义哲学、马克思主义政治经济学、科学社会主义等马克思主义基本原理，马克思主义中国化的理论成果，中国社会主义现代化建设过程中的一系列现实问题等。思政课教师大多有不同的学科背景，对红色文化也有不同程度的研究领悟，因此，有必要定期举办面向思政课教师特别是青年教师的红色文化专题教育培训，进一步提升广大思政课教师的红色理论素养。此外，在新的时代背景下，随着国内外形势的变化，社会上出现了历史虚无主义等错误的社会思潮，否定历史真相，否定英雄，抹黑历史人物。要抵制历史虚无主义等错误思潮，就迫切需要进一步加强对思政课教师的红色文化教育培训，建设一支致力于为党育人、为国育才的可信、可靠的思政课教师队伍。

（三）在红色文化教育中创新教师的教学理念

教学理念是教师对教学活动的基本态度和观念，是教学实践的先导，可

---

① 转引自周成海：《课堂教学原理与方法》，中国轻工业出版社 2015 年版，第 36 页。
② 习近平：《用新时代中国特色社会主义思想铸魂育人　贯彻党的教育方针落实立德树人根本任务》，《人民日报》2019 年 3 月 19 日，第 1 版。

转化为具体的教学行为。教师树立科学先进的教学理念,有助于增强教学的实效性。在全国高校思想政治工作会议上,习近平总书记提出思想政治理论课要坚持在改进中加强,提升思想政治教育亲和力和针对性,满足学生成长发展需求和期待。目前思政课教学质量总体上呈现不断提高的良好态势,同时也还有很大的努力空间。2018年度的调查显示,有近两成(19.6%)大学生对思政课教学评价"一般",在日常教学中,照本宣科、内容陈旧、方法呆板、简单重复,或应付差事、空洞说教等现象依然存在,影响着思政课的"到课率""抬头率",更影响着思政课"入脑率""走心率"。① 思政课教学质量有待进一步提高。思政课教学质量的提高需要教师教学理念的创新。红色文化教育融入思政课堂,最终是要唤起青年大学生的情感认同,为他们成长为堪当民族复兴大任的时代新人提供精神动力。因此,红色文化教育融入思政课堂,需要改革以教师为中心的旧的教学理念,打破课堂教学"满堂灌"的传统模式,更加注重因材施教,更加注重全面发展,更加注重知行合一。红色文化教育中教师教学理念的创新,需要遵循习近平总书记在学校思想政治理论课教师座谈会上提出的"六要"和"八个相统一"的要求。习近平总书记"六要"要求中的"思维要新",即"学会辩证唯物主义和历史唯物主义,创新课堂教学,给学生深刻的学习体验,引导学生树立正确的理想信念、学会正确的思维方法"②。比如,在红色文化教育中,教师注重培养学生的历史思维能力,教育学生知古鉴今,运用历史眼光认识发展规律并指导现实生活。习近平总书记还强调,推动思政课改革创新,要坚持政治性和学理性相统一、价值性和知识性相统一、建设性和批判性相统一、理论性和实践性相统一、统一性和多样性相统一、主导性和主体性相统一、灌输性和启发性相统一、显性教育和隐形教育相统一。③ "八个相统一"深刻阐释了思政课教育教学的规律,为思政课教师

① 沈壮海:《讲出思想政治理论课应有的精彩》,《求是》2019年第16期。
② 《用新时代中国特色社会主义思想铸魂育人 贯彻党的教育方针落实立德树人根本任务》,《人民日报》2019年3月19日,第1版。
③ 习近平:《用新时代中国特色社会主义思想铸魂育人 贯彻党的教育方针落实立德树人根本任务》,《人民日报》2019年3月19日,第1版。

将红色文化融入课堂教学、落实立德树人根本任务提供了理念和方法。广大思政课教师要努力践行习近平总书记的要求,推民为学生真心喜爱、终身受益、毕生难忘的优秀课程。新时代思政课持续改革创新,要打造"金课",努力把思想政治理论课建设成为学生喜爱、终身受益、毕生难忘的优秀课程。

二、红色文化融入思政课教学内容

教学内容是贮存于一定媒介中有待加工转化为教学目标的信息,是教师和学生共同认识的客体,是教学过程中"教什么"的问题。按照马克思主义哲学的观点,内容与形式是对立统一的关系,内容决定形式,形式反作用于内容。在教学过程中,教师要更加注重教学内容,传播知识、传播思想、传播真理,反对形式主义。高质量的教学内容是高质量教学效果的基础和保障。长期以来,许多人习惯片面地将教学内容等同于教材,而实际上教材只是教学内容的一部分,是教学内容的主要载体。除了教材之外,教学内容还涉及课程设置、课程计划等,它们都是教学内容的具体化。红色文化融入思政课教学内容可以从以下方面入手。

(一)开设红色文化特色课程

从思政课课程的设置来看。课程设置是为了实现培养目标而对课程进行的总体规划,包括选择课程内容、确定学科门类和教学时数等。科学、合理的课程设置有利于加强思政课教学的实效性。随着时代的发展,思政课课程设置经历了几次较大的调整——"85 方案""98 方案"和"05 方案"。"05 方案"继承了原有课程体系的科学性,同时也减少了重复性,精炼了内容,把原有的七门课调整为四门,即"原理""概论""纲要""基础",同时也开设"形势与政策"必修课和"当代世界经济与政治"等选修课程。[①] 2015 年,教育部《关于印发〈高等学校思想政治理论课建设标准〉的通知》对高校思政课的课程设置进一步加以规范,强调:"按照本、专科生思想政治理论课'05 方案',研究生思想政治理论课新方案(2011 年秋季开始实施)的规定,根据学校培养人才

---

① 冯刚:《理直气壮开好思政课——把握新时代思政课建设规律》,人民出版社 2019 年版,第 110 – 111 页。

层次,落实课程和学分及对应的课堂教学学时,无挪用或减少课时的情况。"①经过上述调整,原先思政课门数多、内容分散的问题得以解决,思政课课时得到保障,改善了思政课的教学状况,增强了思政课教学的实效性。习近平总书记在学校思想政治理论课教师座谈会上提出了"八个相统一"的要求,强调增强思政课的思想性、理论性和亲和力,"要坚持统一性和多样性相统一,落实教学目标、课程设置、教材使用、教学管理等方面的统一要求,又因地制宜、因时制宜、因材施教"②。其中涉及课程设置的统一性与多样性问题。思想政治教育涉及思想、政治、道德等方面的内容,致力于教育学生树立正确的世界观、人生观、价值观,坚定政治立场,提升道德素养,养成科学思维习惯。"05方案"调整后的"四门课"("原理""概论""纲要""基础")和"形势与政策"课各有侧重。"原理"课重点讲授马克思主义的世界观和方法论,"概论"课重点讲授中国共产党把马克思主义基本原理与中国实际相结合的历史进程,"纲要"课重点讲授近现代中国社会发展和革命发展的历史进程及其内在规律性,"基础"课主要开展马克思主义世界观、人生观、道德观和法制观的教育,"形势与政策"课主要开展党的路线、方针和政策的教育。各门思政课既各司其职,又相互配合,共同致力于帮助学生树立正确的世界观、人性观、价值观,坚定理想信念,树立高尚的道德情操,形成思政课育人的合力。课程设置的优化在一定程度上纠正了思政课重知识、轻价值的倾向。随着时代的发展,思政课教学还应因时而进、继续改革创新。习近平总书记在主持中共中央政治局第十三次集体学习时指出:"对历史文化特别是先人传承下来的价值理念和道德规范,要坚持古为今用,推陈出新,有鉴别地加以对待,有扬弃地予以继承,努力用中华民族创造的一切精神财富来以文化人、以文育人。"③因此,思政课在注重政治教育、思想道德教育的同时,还应注重对大学生进行文

① 《教育部关于印发〈高等学校思想政治理论课建设标准〉的通知》,《中华人民共和国教育部公报》2015 年第 12 期。

② 《用新时代中国特色社会主义思想铸魂育人 贯彻党的教育方针落实立德树人根本任务》,《人民日报》2019 年 3 月 19 日,第 1 版。

③ 习近平:《把培育和弘扬社会主义核心价值观作为凝魂聚气强基固本的基础工程》,《人民日报》2014 年 2 月 16 日,第 1 版。

化素质教育,以文化人、以文育人,提高大学生的综合素质,促进大学生的全面发展。

红色文化是中国特色社会主义文化的重要组成部分,是优质的思政课教育资源。"受限于授课内容和授课时间,高校思想政治理论课程对红色文化资源的融合有限,不能完全展现、挖掘红色文化资源的内涵,发挥其育人功能。"①因此,可以单独开设红色文化特色课程。目前许多高校已成功开发了一批红色文化精品课程。为使沂蒙精神融入思想政治理论课,临沂大学专门开发了具有本土特色的必修课"沂蒙精神与沂蒙红色文化",该课程已开发出《案例教学——沂蒙精神代代传》《研究教学——沂蒙文化与沂蒙精神》《拓展教学——基于沂蒙精神育人的社会主义核心价值观》等系列配套教材,并成为临沂大学最有活力、最受学生欢迎的课程之一。② 此外,百色学院开设了系列"红微课",深受学生的欢迎。复旦大学还开设了面向本科生的通识教育核心课程"治国理政的理论与实践。

(二)推进红色文化融入教材体系建设

习近平总书记在哲学社会科学工作座谈会上强调:"培养出好的哲学社会科学有用之才,就要有好的教材。"③高质量的教材可以更好地助力教学活动的开展,为高质量的教学奠定基础。教材是课堂教学内容的主要载体,是教学的基本依据。教师在教学过程要尊重教材,但又不能照本宣科。"教师不是教材的执行者,而是教材的开发者。"④在尊重教材的基础上,教师根据学生的具体情况和实际需要,创造性地对教材进行调整和拓展,能够显著地提升教学效果。因此,教师应充分发挥自己的积极性、主动性和创造性,努力参与教材体系的建设。鉴于思想政治教育的政治性,思政课教材已被纳入中央马克思主义理论研究和建设工程集中统一编写,以确保其导向性和权威性。

---

① 王炳林、张泰城:《高校红色文化资源育人发展报告(2017)》,人民出版社 2018 年版,第 114 页。
② 周华、彭景晖、王焕全:《临沂大学:把沂蒙精神融入育人体系》,《光明日报》2016 年 12 月 14 日,第1 版。
③ 《习近平谈治国理政》第二卷,外文出版社 2017 年版,第 345 页。
④ 周成海:《课堂教学原理与方法》,中国轻工业出版社 2015 年版,第 46 页。

2020年5月,教育部等八部门印发《关于加快构建高校思想政治工作体系的意见》,强调按照"八个相统一"的要求,"扎实推进思想政治理论课建设思路创优、师资创优、教材创优、教法创优、机制创优、环境创优"。思政课建设中的教材创优,要践行习近平总书记的要求,在使用本科四本统编教材的同时,加快思政课教材体系建设,实现统一性与多样性相统一。

从思政课教材体系的建设来看。2015年,中央宣传部、教育部印发了《普通高校思想政治理论课建设体系创新计划》的通知,强调以统编教材为基础,"编写教师参考用书、学生辅学读本、教学指导资料和理论普及读物等教学系列用书,构建面向教师和学生不同对象,辐射本专科生、研究生各个层次,涵盖纸质和数字化等多种载体,体现思想性、科学性、可读性相统一的立体化教材体系"。在构建立体化教材体系的过程中,红色文化资源作为优质教育资源可以融入其中。以教材内容为基础,不断挖掘教材本身所蕴含的红色文化并不断加以丰富,或者在教材内容之外增加红色文化素材以丰富教学素材,并使之呈现在与统编教材相配套的教师参考书、学生辅学读本、教学案例解析等教学用书中,这是红色文化"进教材"的主要途径。思政课四本统编教材各有侧重,推进红色文化进教材需要具体问题具体分析,避免不同教材、不同课程采用一种模式、"一刀切"。"纲要"教材本身蕴含着丰富的红色文化,因而广大思政课教师需要充分调动自己的积极性、主动性,运用专业知识和聪明智慧,侧重挖掘教材本身所蕴含的红色文化,创造性地使用教材,实现教材体系向教学体系的转化,知识体系向价值体系的转化,坚持知识性和价值性相统一。"原理"教材理论性强,教师应侧重在教材内容之外增加红色文化素材以丰富教学素材、完善教学内容,比如,将"红船精神"、长征精神、"两弹一星"精神、西迁精神等融入教材第一章关于"学习唯物辩证法,不断增强思维能力"以及第三章"社会意识的相对独立性"等。"概论"和"纲要"课在增加红色文化素材时,可侧重讲好革命英雄人物的探索历程及其高贵的精神品格,讲好红色故事,增强教学的生动性和吸引力,让学生更好地感知红色故事背后的价值力量。

三、红色文化的融入促进思政课教学方法的创新

教学方法是教师为了实现教学目标而采用的手段,解决"怎样教"的问题,包括教师的工作方式、学生的活动方式和教学手段的运用。教学方法是教学系统中必不可少的要素。教学有法,教无定法,贵在得法,合适的教学方法才能保证教学目标的实现。教学方法的运用在于引起学生的注意,激发学生的学习兴趣,满足学生的学习需要。教学方法贯穿课堂教学的全过程,包括启动环节(导入新课)、展开环节(内容呈现和拓展)、结束环节(复习、作业、考试评价)。思政课作为立德树人的关键课程,需要教师采用合适的教学方法,调动学生的积极性,增强其亲和力和针对性,使教学内容真正入耳、入脑、入心,提高教学的实效性。广大思政课教师应积极探索教学方法改革,优化教学手段,找到"既遵循教学规律,又有个性色彩的教学方法"①。习近平总书记在学校思想政治理论课教师座谈会上提出的"八个相统一"的要求,为思政课教学方法的创新提供了基本遵循。"八个相统一"蕴含着三个层面的内在逻辑:坚持政治性和学理性相统一、坚持价值性和知识性相统一、坚持建设性和批判性相统一,三者是从思政课课程价值论层面而言的;坚持理论性和实践性相统一、坚持统一性和多样性相统一,二者是从思政课课程建设原则层面而言;坚持主导性和主体性相统一、坚持灌输性和启发性相统一、坚持显性教育和隐形教育相统一,三者是从思政课教学方法论层面而言的。② 红色文化是优质的教育资源,为思政课教学提供了深厚力量。"红色文化融入思政课教学意义重大,有利于引导学生坚定理想信念、厚植爱国主义情怀、提升道德素养。但在红色文化融入思政课教学过程中,还有亟待改进的方面,比如,把英雄榜样人物讲得过于完美,就会影响大学生对榜样的认知和态度。"③因此,为了提高教学的实效性,思政课教学需要创新红色文化融入的方式方法,推动红色文化教育贴近大学生的生活实际,贴近时代,让红色文化真正成为

---

① 刘建军:《怎样才能上好高校思想政治理论课》,《求是》2019 年第 8 期。
② 冯刚:《理直气开好思政课——把握新时代思政课建设规律》,人民出版社 2019 年版,第 3 - 6 页。
③ 肖灵:《当代大学生红色文化传播研究》,中国社会科学出版社 2015 年版,第 93 页。

铸魂育人的精神动力。近年来,高校思政课教师积极探索出了许多有影响的
教学方法,如案例教学、互动式教学、实践性教学、探究式教学等。这些教学
方法既充分调动了思政课教师的积极性、主动性和创造性,又突出了学生的
主体地位和主体作用,有利于形成教师认真教、学生积极学的良好氛围。红
色文化融入思政课教学,需要继续践行习近平总书记提出的"八个相统一"的
要求,进一步增强思政课教学的亲和力和针对性。

（一）坚持主导性和主体性相统一,创新讲授法

思政课教学实践是以教师为主导、学生为主体的,即教师是教学活动的
组织者、实施者,在课堂教学中处于主导地位,学生是学习的主体。"要坚持
主导性和主体性相统一,思政课教学离不开教师的主导,同时要加大对学生
的认知规律和接受特点的研究,发挥学生主体性作用。"①思政课教师在课堂
教学中的主导地位,主要体现在知识传授、思想传播、价值引领等方面。就教
学方法而言,最能体现教师在课堂教学中主导地位的是讲授法。讲授教学法
是指由知识渊博的教师面向知识不够渊博的学生进行的传递信息的谈话。
这是最为传统、应用最广泛的一种教学方法,其优点是可以使学生在较短时
间内了解较多的系统连贯的知识,其缺点是容易出现学生"被动学"的局面。
随着时代的发展,教师在思政课堂教学中的主导地位没有变,但教师的主导
性可以通过运用新媒体手段、变换具体的教学设计而实现创新。就讲授法而
言。从课堂导入环节来看,"良好的开端是成功的一半",导课质量直接影响
整堂课的教学效果。红色文化融入思政课教学,需要教师在广泛搜集材料的
基础上,找到红色文化与四门课知识的融合点,巧妙而非生硬地融入。导课
的具体方法可以是红色歌曲导课、红色故事导课、红色影视作品导课等。以
红色歌曲、视频等学生喜闻乐见的形式可以化解理论的沉重感,活跃课堂气
氛,调动学生学习的积极性,提升教学效果。从课堂展开环节来看,教师需要
精心设计教学内容,恰当融入红色文化。比如可采用红色案例教学法。教师

---

① 习近平:《用新时代中国特色社会主义思想铸魂育人 贯彻党的教育方针落实立德树人根本任
务》,《人民日报》2019年3月19日,第11版。

结合教材内容,将红色人物故事、历史事件等作为教学案例加以呈现,引发学生思考,触动学生心灵。这样学生既掌握了相关知识点,又接受了红色文化的熏陶。从课堂结束环节来看,教师可结合教材内容布置红色文化相关的作业,比如学唱红歌、学讲红色故事、写红色影片观后感等,以加深学生对红色文化的认知和感悟。

(二)坚持灌输性和启发性相统一,探索探究式教学法

思想政治理论课具有明显的灌输性和启发性。灌输性是思想政治理论课的功能体现。教师通过思政课堂系统地将马克思主义理论灌输给青年学生,有助于巩固马克思主义在意识形态领域的指导地位,有助于帮助学生坚定政治立场、提升理论素养。同时,思政课还要注重启发性,结合社会热点和学生的需求,注重培养学生的问题意识,增进学生的学习兴趣,增强学生的思维能力。习近平总书记在学校思想政治理论课教师座谈会上强调:"要坚持灌输性和启发性相统一,注重启发性教育,引导学生发现问题、分析问题、思考问题,在不断启发中让学生水到渠成得出结论。"①为践行习近平总书记的要求,思政课教学既要发挥教师主导作用,又要发挥学生主体作用。思政课教师要积极探索教学方法的创新,注重探究式、启发式教学,避免"填鸭式"教学。探究式教学法是指教师通过创设问题情境,引导学生通过自主学习探索答案,实现对课程内容的深入理解,进而锻炼思维能力的教学方法。与传统的讲授法不同,探究式教学法不是直接把知识、答案塞入学生头脑,而是引导学生自己搜集、整理、分析资料,开展讨论,进而解决问题。也就是说,传统的讲授法侧重教师和教学内容,而探究式教学侧重学生和教学内容。红色文化融入思政课教学的过程中,教师需要积极探索运用探究式教学法,调动学生的积极性、主动性。首先,教师要结合教材内容创设问题情境,将知识转化为问题,以问题引导学生,激发学生探究的兴趣。其次,教师要引导学生围绕问题进行探究,学生可以独立完成,也可以小组合作完成,学生的主体性充分得

---

① 习近平:《用新时代中国特色社会主义思想铸魂育人 贯彻党的教育方针落实立德树人根本任务》,《人民日报》2019 年 3 月 19 日,第 1 版。

以体现。最后,学生经过探究得出结论后,教师要及时归纳、总结并加以拓展,引导学生明辨是非。比如,在"原理"课教学中,可将红色精神融入课堂教学。结合第一章和第三章内容,教师可提出问题"革命精神与当代大学生",引导学生分组讨论。学生通过回顾历史事件,概括出精神内涵和实质,思考该精神对自己的启示。在此过程中,学生获得了深刻的学习体验,学生的主体地位得以体现。教师的引导启发有助于学生树立正确的世界观、人生观、价值观,使学生在接受红色文化教育中提高理论思维能力,增强了致力于成为堪当民族复兴大任的时代新人的使命感。

第二节　实践教学中
实现高校与地方红色资源的常态化联系

实践教学有广义和狭义之分。广义的实践教学包括课内的实践教学、校园实践教学和社会实践教学三种形式。其中,课内的实践教学包括学生自学、讨论、演讲、辩论等;校园实践教学包括各种校园文化活动,如知识竞赛、演讲比赛、文体活动等。狭义的实践教学专指"社会实践教学,包括课程实习、假期社会服务、实地考察等方面"①。本节实践教学是从狭义上理算的,专指社会实践教学。关于实践教学,2015 年 1 月,中共中央办公厅、国务院办公厅印发《关于进一步加强和改进新形势下高校宣传思想工作的意见》指出:"立足学生全面发展,努力构建全员全过程全方位育人格局,形成教书育人、实践育人、科研育人、管理育人、服务育人长效机制,增强学生社会责任感、创新能力和实践能力,全面落实立德树人根本任务,努力办好人民满意教育。"②

---

① 郭水兰:《实践教学的内涵与外延》,《广西社会科学》2004 年第 10 期。
② 《加强和改进新形势下高校宣传思想工作》,《人民日报》2015 年 1 月 20 日,第 1 版。

思政课实践教学是实践育人的主要形式,是课堂教学的延伸和有益补充,有利于突破课堂教学偏重理论讲授的局限,增强思政课教学的亲和力和实效性。中共中央、国务院印发的《关于加强和改进新形势下高校思想政治工作的意见》指出:"要强化社会实践育人,提高实践教学比重,组织师生参加社会实践活动,完善科教融合、校企联合等协同育人模式,加强实践教学基地建设,建立健全国家机关、企事业单位、社会团体接收大学生实习实训制度,开设创新创业教育专门课程,增强军事训练实效,建立健全学雷锋志愿服务制度。"①习近平总书记在学校思想政治理论课教师座谈会上强调,要坚持理论性和实践性相统一,用科学理论培养人,重视思政课的实践性,把思政小课堂同社会大课堂结合起来,教育引导学生立鸿鹄志、做奋斗者。这为加强思政课实践教学指明了方向、提供了根本遵循,有利于提升实践教学的地位,落实立德树人的任务要求。我国各地不乏丰富的地方红色文化资源,既包括物质形态的革命遗址、名人故居、烈士陵园、博物馆、纪念馆(文物文献)等,也包括非物质形态(精神形态)的科学理论、革命精神、英雄事迹、人物故事等。高校应利用好学校驻地的各种红色资源,建立红色教育基地、改进教学形式,积极将地方红色资源融入思政课实践教学,增强教学的实效性。

一、地方红色资源融入高校思政课实践教学的必要性

红色是中华人民共和国的底色,在这片红色热土上,形成了各具地方特色的红色文化资源。地方红色资源是中国共产党领导中国人民在当地进行革命、改革和建设的过程中形成的宝贵的历史遗存和精神财富,它们都是我国红色资源必不可少的组成部分。地方红色资源包括物质形态和非物质形态,可以界定为"在革命战争中遗留的作战场所、烈士陵园,用于革命宣传的标语、口号等,这些红色遗址、遗迹、革命精神是红色文化资源的主要内容"②。在中国共产党领导中国革命的过程中,涌现出了许多以地方命名的

---

① 《中共中央 国务院印发〈关于加强和改进新形势下高校思想政治教育工作的意见〉》,《人民日报》2011年2月28日,第1版。

② 兰奎:《地方红色文化资源在加强大学生理想信念教育中的路径探析》,《传承》2014年第12期。

革命精神,如"军民团结、艰苦奋斗"的井冈山精神,"改变作风、提高素质"的延安精神,"谦虚谨慎、戒骄戒躁、艰苦奋斗"的西柏坡精神①,"爱党爱军、开拓奋进、艰苦创业、无私奉献"的沂蒙精神等。这些各具地方特色的红色故事以及蕴含其中的地方革命精神使得红色文化更为鲜活、生动,更容易引起人们情感的共鸣,是可以利用的优质教育资源。习近平总书记到各地特别是革命老区考察调研时经常实地缅怀革命先烈,参观纪念场馆,并强调"讲好党的故事、革命的故事、根据地的故事、英雄和烈士的故事,加强革命传统教育、爱国主义教育、青少年思想道德教育,把红色基因传承好,确保红色江山永不变色"②。

地方红色资源具有鲜明的地域性和实践性。就地域性而言,中国红色文化与地方红色资源是共性与个性的关系,共性存在于个性之中,个性包含和体现着共性。中国红色文化和红色精神在抽象和提炼的过程中离不开各个地方生动的革命实践的支撑。某一地域的红色文化是在各个地方支持和参与全国革命的过程中形成的,是各个地方以不同的方式发动组织群众支持全国革命的理念和实践的体现。中华大地幅员辽阔,每一地域的人民群众在生产生活实践中都要受到当地地理环境、历史文化传统、民俗民情等因素的影响,由此形成不同的生活方式和思维观念。革命实践也是如此,因而形成了各具地方特色的红色文化,涌现出了不同的英雄人物和英雄事迹,演绎出了带有乡音乡情的红色故事。"如中国东部、西部、北方和南方在革命年代发展过程中都有不同的历史积淀,区域民族性差异使得各地红色文化资源在自然风光、文物古迹、风俗民情、文化形态呈现等方面各具特色。"③"由于历史文化和政治地理的差异,一个东北或西南的县市的人民,不一定都能感同身受地去理解基于东南或西北一个县市的革命之艰难,而气候、山水、语言、文化地

---

① 赵月枝、沙垚:《地方红色文化的当代意义》,《红旗文稿》2019 年第 20 期。
② 习近平:《用好红色资源,传承好红色基因　把红色江山世世代代传下去》,《求是》2021 年第 10 期。
③ 文欢欢:《高校思想政治教育中地方红色文化资源的运用研究——以江西为例》,江西师范大学硕士学位论文,2020 年。

理等因素的差别,都会在一定程度上阻碍大家的理解和想象,尤其是认同的情感。"①

就实践性而言,实践性是中国特色社会主义文化的重要特征。地方红色文化作为中华优秀传统文化的重要组成部分,具有较强的实践性,渗透到当地人民群众生产、生活的方方面面。实践性是地方红色文化的重要特征,也是其具有强大生命力的源泉。地方红色资源本身来源于中国共产党领导人民群众革命、改革和建设的实践,它从实践中来,在实践中接受检验、得以宣传和弘扬并随实践发展而不断发展和完善,最终服务于革命、改革和建设的实践。比如,革命圣地延安,曾是我们党的指挥中心和战略后方,孕育了伟大的延安精神。延安精神根植于延安时期党领导人民群众经过血雨腥风的洗礼、经受军事包围和经济封锁的考验、争取民族独立和人民解放的实践。习近平总书记强调,延安是中国革命的圣地,老一辈革命家和老一代共产党人在延安时期培育形成的延安精神是我们党的宝贵精神财富。弘扬延安精神,对于推进中国特色社会主义事业、实现中华民族伟大复兴具有重要意义。再如,作为党中央解放全中国的"最后一个农村指挥所"的西柏坡也孕育了宝贵的西柏坡精神。西柏坡精神来源于党中央在西柏坡时期革命斗争的辉煌实践和成功经验,其核心内容是"两个务必"。习近平总书记强调:"西柏坡我来过多次,每次都怀着崇敬之心来,带着许多思考走。对我们共产党人来说,中国革命历史是最好的营养剂。多重温我们党领导人民进行革命的伟大历史,心中就会增添许多正能量。"②

鉴于上述地域性和实践性特征,地方红色文化资源具有许多独特的育人功能,更适合思政课实践教学。思政课实践教学主要是通过组织学生广泛参与社会实践活动,加深学生对马克思主义理论体系的认知和理解,在实践中唤起学生的情感共鸣和价值认同,进而促使学生将理论知识内化于心、外化于行,实现思政课立德树人的目标。地方红色文化资源作为思政课实践教学

---

① 赵月枝、沙垚:《地方红色文化的当代意义》,《红旗文稿》2019 年第 20 期。
② 《习近平总书记在河北、兰考两地调研指导党的群众路线教育实践活动报道集》,人民出版社 2014 年版,第 3 页。

的优质资源,其育人功能主要体现在对学生知识、情感、意志和行为等方面的影响。从知识的获取和理解来看,课堂教学侧重知识的讲授,理论知识比较抽象,历史故事也多以文字表述的方式加以呈现,而地方红色资源作为中国红色文化的具体体现,其物质形态的呈现方式更加鲜活,往往是以革命遗址、遗迹、革命人物故居、纪念馆等形态存在,因而克服了只通过静态的形式将知识灌输给学生的局限,拉近了历史与现实的距离,拉近了红色资源与青年学生的时空距离。对青年学生来说,红色文化不再是抽象的存在,而是变得可触摸、可感知,通过学生的直观感受和亲身体验,红色文化在"入眼、入耳"的同时可以更好地"入脑、入心",真正达到铸魂育人的效果。从情感的升华和认同以及意志品质的锻炼来说,青年学生作为实践和认识活动的主体,是知、情、意相统一的整体。主体的情感和意志是主体实践活动的精神因素,在获取一定知识的基础上,主体的情感体验和意志努力对实践活动的开展和实践能力的发挥起着重要的调节和控制作用。在思政课红色文化育人的过程中,教师不应局限于让学生了解当地的历史人物、历史事件和历史故事等知识,更为重要的是要通过组织学生参观革命遗址、现场体验式教学等,使学生切身感受革命先烈、英雄人物的大无畏的革命精神和无私奉献的高尚品格。红色场馆中一个个感人的故事、一幕幕振奋人心的情景都可以激发青年学生对红色资源的情感体验和认同,发挥红色文化潜移现化的激励、规范和导向作用,引导学生树立正确的世界观、人生观、价值观,达到润物无声、滋养心灵的效果,提升学生思政课的获得感。在情感认同的基础上,红色资源所包含的价值观念、道德情操、行为规范等可以转化为青年学生坚定的理想信念和强烈的爱国情怀,为青年学生的成长提供信念支撑和精神动力。从行为的涵养来说,思政课的教学实效最终要通过学生的行为来检验。地方红色资源融入思政课实践教学过程,学生在身临其境、亲身体验中深化了对红色文化的认知并将其内化于心,激发起情感的认同和共鸣,进而可以把红色文化中英勇、乐观、奉献、进取的精神同自己的学习、生活结合在一起,切实感受这些精神对自己成长的意义。在实践中学生就会树立这样的人生态度,将其外化为自己的行为习惯和日常实践,在实践中锻炼担当和肩负起社会责任感,努力成为中国特色社会主义共同理想的坚定信仰者、社会主义核心价值观的忠实践行者和社会和谐稳定维护者。

二、地方红色资源融入高校思政课实践教学的路径

中国各地丰富的、各具特色的红色资源是思政课实践教学可以利用的优质资源,通过适当的教学路径和方式将其融入思政课实践教学,可以提高教学的亲和力和实效性。

(一)打造一支精干的红色文化素养高的教师队伍

教师是思政课实践教学的设计者和直接组织者,在实践教学中处于主导地位,发挥主导作用。教师的实践教学组织能力、对实践教学的认识水平等都直接关系到思政课实践教学的质量和实效。因而,地方红色文化融入思政课实践教学,需要打造一支精干的红色文化素养高、适合红色文化实践教学的教师队伍。教师的红色文化素养主要表现为拥有"深厚的红色文化知识力、突出的红色文化传播力、娴熟的红色文化实践力、扎实的红色文化研究力"[1]。"师者,所以传道、授业、解惑也。"就知识力而言,教师作为知识的传递者,其教学能力和教学效果需要以深厚、广博的知识为基础。教师要给学生一杯水,自己要有一桶水,惟其如此,才能真正赢得学生的信任。思政课教师在对学生进行红色文化教育的过程中,需要克服知识面窄、只专不博的情况,需要具备深厚的红色文化知识储备,对红色人物、红色故事、红色精神等都了然于心。而深厚的红色文化知识储备离不开大量的时间投入和专业训练,需要阅读和实践加以保障。思政课教师首先要提高自身的阅读力,成为真正的阅读者,要多读红色经典,做到真学、真懂,提升自身的红色文化知识素养。此外,思政课教师需要经常参加高质量的理论培训和实践研修,多维度增加知识容量。就传播力而言,教师的传播力是指"教师使用多种传播渠道,在多元化的教学场域中,面向受众所进行的各类知识传播的综合素质"[2]。

---

① 陈静、王婉伊:《新时代高校思政课教师红色文化素养修炼路径》,《教书育人(高教论坛)》2019 年第 27 期。
② 冯雅颖、刘福成:《高校教师传播力的构建研究》,《哈尔滨学院学报》2016 年第 1 期。

在红色文化教育的过程中,思政课教师作为红色文化的传播主体,需要将搜集到的红色文化资料进行去粗存精、去伪存真并进行整理加工和建构,提取有效信息,进而将知识传播出去,得到学生的接受和认可,使红色文化知识得以传播、扩散和传承。就实践力而言,"教师实践力是指身处教育情境中的教师以策略性思维驾驭教育实践并与之协调、持续发展的职业能力、教育的建设力"[1]。在红色文化育人的过程中,思政课教师要在深厚的红色文化知识储备基础上,利用实践研修的机会,实地考察红色革命遗址、纪念场馆等,用红色精神铸师魂,坚定理想信念、坚守道德情操,对红色文化真懂、真信、真用。换言之,教师要在实践中加深对红色文化的认知,将红色精神内化于心,再在实践中将其转化为自身有效教学的能力,传播红色文化,传承红色基因。就研究力而言,教师研究力是指教师提出相关教育问题、思考问题并解决问题的能力,体现了教师的创造性劳动、学科研究能力和教学能力。在开展红色文化教学的过程中,教师要结合自身的专业特长积极开展地方红色文化研究,合作编写地方红色文化系列教材等,参与合作教研、集体备课活动,并将红色文化学术研究成果积极融入实际教学中,以切实提高教学的实效性。

(二)建立地方红色文化实践教学基地

红色文化教育基地"真实记录了中华民族悠久的历史文化,展现了近代中国人民英勇奋斗的壮丽篇章,反映了中国共产党人的丰功伟业和社会主义现代化建设的丰硕成果"[2],是以各类纪念馆、博物馆、烈士纪念设施、革命战争中重要战役、战斗纪念设施、历史遗迹等为主要载体,激发人们爱国热情、培养民族精神、凝聚人民力量的重要阵地,是陶冶道德情操、提升品德修养的重要场所,了解祖国灿烂文明、掌握历史知识的重要课堂。全国各地的各类红色文化教育基地都是高校可资利用的优质教育资源和实践教学平台,是对学生进行红色文化教育、爱国主义教育、引导广大青年学生树立正确理想信

---

① 曲中林:《教师实践力研究论纲》,《当代教师教育》2012 年第 1 期。

② 《中宣部 中央文明办 国家发展改革委 教育部 民政部 财政部 文化部 全国总工会 共青团中央 全国妇联关于加强和改进爱国主义教育基地工作的意见》,《中华人民共和国教育部公报》2004 年第 11 期。

念、人生观、价值观的重要场所。中宣部等十部门曾于 2004 年联合印发《关于加强和改进爱国主义教育基地工作的意见》，强调加强和改进爱国主义教育基地工作，"更好地为爱国主义教育、弘扬和培育民族精神服务，为青少年思想道德建设服务，为实现全面建设小康社会的奋斗目标服务"①。2019 年 9 月，习近平总书记在河南参观鄂豫皖苏区首府革命博物馆时强调："革命博物馆、纪念馆、党史馆、烈士陵园等是党和国家红色基因库。要讲好党的故事、革命的故事、根据地的故事、英雄和烈士的故事，加强革命传统教育、爱国主义教育、青少年思想道德教育，把红色基因传承好，确保红色江山永不变色。"②2019 年 11 月，中共中央、国务院印发的《新时代爱国主义教育实施纲要》再次强调："广泛组织开展实践活动……组织大中小学生参观纪念馆、展览馆、博物馆、烈士纪念设施，参加军事训练、冬令营夏令营、文化科技卫生'三下乡'、学雷锋志愿服务、创新创业、公益活动等，更好地了解国情民情，强化责任担当。密切与社区、农村、企业、部队、社会机构等的联系，丰富拓展爱国主义教育校外实践领域。"③这些文件和讲话精神是新时代加强和改进红色文化教育基地建设的根本遵循，也为高校红色文化实践教学基地建设指明了方向。各地丰富的、具有地方特色的红色文化资源为高校设立红色文化实践教学基地提供了良好的基础。高校应充分利用好学校所在地的红色文化资源，就近取材，对相关红色资源教育成果加强推广和应用，与本地的博物馆、纪念馆等红色文化教育基地建立常态化联系，使之成为高校思政课教学长期稳定的实践教学基地和校外实践平台，充分发挥红色文化教育基地在高校思政课实践教学中的作用。目前许多高校已纷纷与本地的博物馆、纪念馆、烈士陵园、烈士故居等签订长期合作协议，成为红色文化教育基地的挂牌高校。比如，兰州理工大学积极利用各种红色教育资源，确立了八路军驻兰州办事

---

① 《中宣部　中央文明办　国家发展改革委　教育部　民政部　财政部　文化部　全国总工会　共青团中央　全国妇联关于加强和改进爱国主义教育基地工作的意见》，《中华人民共和国教育部公报》2004 年第 11 期。

② 习近平：《坚定信心埋头苦干奋勇争先　谱写新时代中原更加出彩的绚丽篇章》，《人民日报》2019 年 9 月 19 日，第 1 版。

③ 《新时代爱国主义教育实施纲要》，《人民日报》2019 年 11 月 13 日，第 6 版。

处、甘肃省博物馆等多个校外实践基地。河北师范大学马克思主义学院与国家级爱国主义教育基地西柏坡纪念馆建立长期战略合作关系,将西柏坡纪念馆作为思政课实践教学基地。东北石油大学建立了稳定的校外教育基地,学校同"铁人"王进喜生前所在的 1205 钻井队联合建立了校外教育实践基地。合肥工业大学充分挖掘和利用安徽,特别是大别山革命老区的红色资源优势,先后在皖南事变烈士陵园、安徽名人馆、淮海战役双堆烈士陵园等地挂牌设立 40 余个红色文化资源育人基地。西南大学为充分利用重庆的红色文化资源,已与重庆红岩革命历史博物馆签订合作协议,将其作为学校思政课社会实践教学基地。山东大学与威海市刘公岛管委会签累了全面合作框架协议,自 2010 年以来每年都组织新生到刘公岛爱国主义教育基地接受爱国主义教育,上好开学第一课。临沂大学充分利用沂蒙革命老区丰富的红色文化资源,与孟良崮战役纪念馆、115 师司令部旧址纪念馆、新四军军部旧址纪念馆等签订了合作办学协议,并将其作为大学生的社会实践基地。

高校与地方红色文化教育基地建立常态化联系,可以实现二者的优势互补、资源共享。以高校为依托,地方红色文化可以更好地得到研究、传播和弘扬,实现创造性转化、创新性发展。同时,红色文化教育基地可以为高校思政课教学提供鲜活、生动的教学素材和便利的校外实践平台,有利于高校实现对学生知识的普及、心灵的震撼、精神的激励和思想的启迪,有利于红色基因落地生根、红色文化开花结果。

（三）探索地方红色文化实践教学模式

思想政治理论课实践教学是在教师的指导下,在课堂理论教学的基础上,依据预定的实践教学目标、内容和要求,以组织和引导大学生主动了解、参与实际生活和社会实践、获得思想政治道德方面的直接体验为主要内容,以提高大学生综合素质为目标的多种教学方式或教学环节的总和,是思想政治理论课教学的重要组成部分和重要环节。地方红色文化资源为高校思政课实践教学提供了优质的资源和平台,有利于学生在校园以外的场所进行社会实践锻炼,而如何将其充分利用并转化为教学的实际效果,离不开高校对实践教学模式的创新和探索。高校应立足自身特色,充分利用本地独特红色文化资源优势,探索切实可行的红色文化实践教学模式。为充分调动青年学生的积极性、主动性,促进学生的全面发展,许多高校经过不懈努力和实践探索,形成了访谈式教学法、体验式教学法、实践锻炼法等相对稳定的实践教学模式。

1.访谈式教学法

思政课访谈式教学是指在思政课教学过程中,围绕特定的教学内容或主题,通过教师或学生与受访者的交谈,满足学习者对相关知识的渴求,实现对学习者情感的感染和熏陶,达到坚定学习者理想信念、涵养行为习惯的一种教学方式。思政课访谈式教学包括课堂访谈和实践访谈等形式。在思政课实践教学中,实践访谈主要体现为学生或教师对革命后代或英雄模范人物的访谈,倾听革命后代或英雄模范人物真情讲述革命先烈或英雄模范人物催人奋进的英勇表现和可歌可泣的感人事迹。思政课访谈式教学融合了探究式教学、互动式教学、辩论式教学等多种教学方式的优点,可以增强思政课的针对性、吸引力和感染力,让学生在积极参与中有更多的获得感,提高学生的综合素质,有利于学生的全面发展。

在进行访谈式教学设计时,教师首先要在"选"上下功夫,包括教学内容的选择和教学目的的设定。教师要围绕与课程内容密切相关的人物来选择受访者(革命后代或英雄模范人物),并围绕课程内容设计相关话题。教师或学生都可以作为访谈者,且教师应多鼓励学生主持访谈。在访谈前的准备阶段,教师或学生要围绕教学内容,提前查阅相关资料,做好知识方面的铺垫和准备,并选择恰当的访谈话题,以便在访谈环节更好地引导受访者围绕相关话题展开交流,达到教学目的。实践访谈可以极大地调动学生的主动性,发挥学生的主体性作用。

2.体验式教学法

体验式教学法是指在一定的情景中,学生通过身临其境、亲身经历获取知识,获得充分的情感体验和感悟,实现全面发展的一种教学方式。体验式教学包含三个构成要素,即情景、体验和发展,其中,一定的情境是教学的基本条件,学生的亲身体验是教学手段,学生的全面发展是教学目标。体验式教学可以激发学生的学习兴趣,促使学生主动而非被迫参与学习过程,真正落实教学过程中以教师为主导、以学生为主体的原则。思政课是落实立德树人根本任务的关键课程,在思政课红色文化育人的过程中,体验式教学方式的运用有利于激发学生的学习兴趣和情感投入,促进学生知、情、意、信、行的转化,从而提高教学的实效性。

情境是体验式教学的基本要素,地方红色文化资源在物质形态上体现为博物馆、纪念馆、革命遗址、名人故居等,它们恰好可以作为思政课体验式教学的情境。《中共中央宣传部教育部关于进一步加强高等学校思想政治理论课教师队伍建设的意见》(教社科〔2008〕5 号)强调,要探索实践育人的长效机制,提供制度、条件和环境保障,确保不流于形式。各类博物馆、纪念馆、展览馆、烈士陵园等有教育意义的场所,要对开展思想政治理论课实践教学实行免票。教师要充分利用好高校所在地的红色资源,就近有计划地组织学生前往实地参观。红色纪念场馆内逼真的情境可以达到重现历史人物、还原历史事件的效果。在参观过程中,学生直接感知获得了相关信息,加深了对相关历史人物和历史事件的认识,因而,书本上的知识变得不再抽象,历史变得可感知、可触摸,这些鲜活、生动的素材在加深学生对知识理解的同时,又可以触动学生的心灵,激发学生情感上的认同。通过亲身体验就近接受本土的红色文化教育,学生在致敬先烈的同时强化了自身的责任担当,有利于爱国之情的培养、强国之志的砥砺,有利于学生化爱国信念为力量,从而实践爱国之行,争做有理想、有本领、有担当的时代新人,切实提高思政课教学的亲和力和实效性。

3. 实践锻炼法

"所谓实践锻炼法,又称实践教育法,是指在教育者的指导下,通过有目的、有计划、有组织的实践活动,训练和培养受教育者的优良品德和行为习惯的方法。"[1]实践锻炼法与理论灌输法相对应,是思想政治教育的基本方法,其实质是通过改造客观世界的实践,更加深入地改造受教育者的主观世界。实

---

[1] 张国政、岳影:《思想政治教育方法之实践锻炼法》,《世纪桥》2009 年第 7 期。

践锻炼法具有主体性、参与性、综合性等特征。就主体性和参与性而言,实践锻炼法注重大学生的亲身实践参与和自我探索,有助于大学生在实践体验和感悟中加深对理论知识的认识,树立正确的世界观、人生观、价值观,增强社会责任感。就综合性而言,实践锻炼法不仅关注学生对相关知识的理解和掌握,而且注重对学生相关技能、态度、价值观等综合素质的提高,提高大学生的实践能力,达到"真学、真会、真用",实现思政课立德树人的目标。

实践锻炼法的具体形式多种多样,包括志愿服务、社会考察等形式。在思政课红色文化育人的过程中,组织学生参加志愿服务是经常采用的一种实践教育形式。例如,利用节假日、重大活动纪念日等时机,教师可以组织学生到红色场馆开展志愿服务活动。学生可以就近到红色场馆、红色旅游景点等场所担任兼职红色文化讲解员,通过熟悉讲解词以及现场讲解,学生积极主动地学习、传承、传播红色文化,增强了对红色文化的情感认同。与此同时,地方红色文化资源为思政课实践教学提供了鲜活的素材,为大学生提供了实践平台。教师还可以带领学生参与地方红色文化资源的整理和研究。在实际工作过程中,学生能够获得红色文化相关的一手资料,更好地把红色文化、红色精神转化为情感认同和行为习惯,在实践中不断提升综合素质,强化奉献精神和担当意识,努力成长为符合社会需要的高素质人才。

地方红色文化实践教学的具体形式多种多样,除了上述形式,还有激情教学、现场教学和社会调研等多种形式。但不论采用何种形式,实践教学最终都应坚持以学生为主体的原则,应充分了解学生的需求,找准学生思想上的兴奋点,充分调动学生的积极性、主动性和参与性,以鲜活、生动的素材和便利且富有特色的实践平台激发学生情感的认同,活化红色基因,传承红色文化。此外,高校还应加强教师队伍建设、完善制度保障、加大资金投入,确保红色文化实践教学的实效性。

(四)构建红色文化融入高校思想政治教育实践的"四化格局"

一直以来,红色文化融入高校育人活动都存在着重视社会价值而忽视大学生成长规律、融入方法与大学生身心发展不相适应、教育方式多依赖行政推动、教育内容不吸引受教育者等问题。因此,构建红色文化融入育人实践的规范化格局、生动化格局、生活化格局和社会化格局,对红色文化融入高校育人活动意义深远。

1.赋能规范化格局

红色文化融入高校育人活动必须做到两个规范。一是实现价值取向、教育内容与教育方法的规范化。主要是指红色文化教育的价值取向关乎高校立德树人根本目标的实现,要着眼于高等教育的导向性和理想性,弱化高等教育的效益性和功利性。红色文化融入思想政治教育是以大学生精神品德的塑造为逻辑起点。诚然,红色文化育人对政治、经济、文化的发展有着相当的影响力,但任何将满足外在需求为红色文化教育价值取向的教育实践活动都有本末倒置之嫌。红色文化教育内容与方式的规范主要体现在与大学生成长规律和身心发展规建的相适应,与思想政治教育的客观规律相适应。"人们要想得到工作的胜利即得到预想的结果,一定要使自己的思想合于客观世界的规律性,如果不合就会在实践中失败。"①红色文化教育内容与方式的选择要与大学生的要求、接受程度、心理需要相适应。不能仅关注红色文化的政治属性,将红色文化学习变成枯燥无味的"政治学习",将红色文化中的榜样人物变成完美化、模式化的英雄代表。思想政治教育的发展规律是指:"人的思想品德是在主体社会实践的基础上,在客观外部环境的影响与主观内部因素的相互作用、相互协调和主体内在思想矛盾运动转化的过程中产生、发展和变化的。"②红色文化教育要尊重思想政治教育的规律,将红色文化融入客观外部环境影响大学生的主观意识,将红色文化通过灌输、濡染等方式逐步渗透大学生思想深处,从认知到认同,再到理解和践行,切不可急功近利、强加于人,以免引起大学生对红色文化的排斥和质疑。二是实现红色文化教育活动的规范化,克服时间节点的"一阵风"热潮和活动组织的随意性,对高校红色文化教育活动要实现整体性的规划和安排。活动载体对于红色文化融入高校思想政治教育起着非常重要的作用,为此各高校在实践过程中

---

① 《毛泽东选集》第一卷,人民出版社 1991 年版,第 284 页。
② 陈万柏主编:《思想政治教育学原理》,中国人民大学出版社 2013 年版,第 217 –218 页。

都会以各种各样的活动形式承载红色文化的教育内容。这样的做法本无可厚非,但更多时候表现出在建党节、建军节等特殊时间点组织红色文化演出、演讲、展览等活动,这段时间过去便"偃旗息鼓""无人问津"。这样的做法无疑割断了大学生与红色文化的"持续交往",不利于红色文化价值在高校这一重要领域的重塑与释放。因此,高校应该将红色文化教育活动由相关部门在每年末都做出相应的计划,针对来年的特殊情况可以增加或减少一些对应的活动,而对于持续的、有本校特色的红色文化主题活动应该坚持举办,树立学校红色文化育人品牌。例如,针对 2021 年建党 100 周年这样特殊的年份,学校对红色文化相关活动的安排就可以围绕建党庆祝、建党精神等内容开展,那么该年度红色文化教育活动的计划制订就可以增加相应的经费投入和活动场次。

2. 创新生动化格局

红色文化融入高校育人实践需要在教学氛围和教学内容上不断实现生动化和趣味性。一是无论是教学氛围的营造还是教学内容的选择,都需要发挥教育者的主体作用。"红色文化往往包含丰富的历史内容和社会内容,教育对象感受到的情感大多是从教育者身上传达出来的,这对教育者自身的表达能力、情感投入程度提出了较高的要求。"[1]在教学氛围的营造上,教育者应该借助红色文化多样的表现形式,选择红歌、历史影像资料等红色文化元素的介入来烘托课堂气氛。从教学内容上来讲,也可以利用红色文化相关的慕课、视频来增加红色文化教学的吸引力,提高学生对思想政治教育课程的参与度。从教学方法上来讲,可以依托红色文化创新教学模式。例如,从 2018 年起,国防大学政治学院在新开课程"坚持党对军队绝对领导"专题研究的教学实践中,一体化设计了基于红色资源的"翻转课堂"教学模式,有机融合"学讲研练考"各环节,对传承红色基因、永葆初心本色发挥了积极作用。[2] 二是对于红色文化教学内容的选择要注重与课程内容相联系,更要注重信息传递

① 秦在东、庄芩:《论增强高校红色文化育人的实效性》,《学校党建与思想教育》2021 年第 11 期。
② 王炳林、张泰城主编:《高校红色文化资源育人发展报告 2018》,人民出版社 2020 年版,第 272 页。

的方式方法,讲好红色故事。红色故事的讲述要尊重历史逻辑,要实事求是地讲,要言之有据地讲。要将历史和事实真实地展现在大学生面前,调动他们的主观能动性做出判断和选择。红色故事的讲述要遵循情感的逻辑演绎,要"以跌宕起伏的情节吸引人、以精致微小的细节触动人、以真情实感的讲授感染人"①。红色故事的讲述还要注重理论的融合,"要从历史的维度讲清楚红色故事产生的背景及过程,又要站在理论的高度解释红色故事背后所反映的理论,揭示故事深度,达到寓理于事、以事明理的目标

3.稳固生活化格局

红色文化记载着中国共产党带领全国各族人民革命、建设和改革的奋斗历程,对于现今的大学生来讲,难免存在一定的一时代感,甚至有些学生已经将红色文化认定为"过时"的文化。我们要清楚地看到,当代大学生自我意识、独立意识较强,较之于前辈,他们对红色文化有自己的认识和判断,对革命英雄、榜样模范有自己的看法和理解。如果我们还是将传统的红色文化教育理念运用到对当代大学生的思想政治教育,那么难免会犯"张冠李戴"的错误。为此,红色文化在高校的教育实践必须稳固生活化格局。对于红色文化的介绍要尊重历史事实,既不能夸大红色文化对历史的贡献,也不能抹杀红色文化对革命、建设和改革所起到的重要作用。就以红色文化中的榜样人物来讲,在对他们进行宣传和讲解时,教育者一定要避免"政治化""完美化"的介绍,让我们的大学生认识到英雄不是完美的指代,他们也有血有肉、有情感有弱点,具有很生活化的一面。同时也是告诉大学生以英雄模范为榜样并不是在做可望而不可及的"傻事",更是一种内在价值追求的表达。此外,稳固生活化格局的实现还要紧紧抓住红色文化时代性的特点,多挖掘现实生活中真实生动的红色文化精神和榜样人物,揭示继承红色基因、传承红色文化的行为本质。例如,女排姑娘顽强拼搏、勇攀高峰的奋斗精神,白衣天使舍生忘死、命运与共的奉献精神,黄大年老师的实干精神等,都是红色文化在新时代的再现与继承,用生活中的这些真实事例教育和鼓励大学生,必定更容易获

---

① 王岩、赵爱霞:《讲好"红色故事"应遵循的五重逻辑》,《马克思主义与现实》2019 年第 6 期。

取他们的认同和赞赏。

4.夯实社会化格局

社会主义高校培育的是中国特色社会主义事业的建设者和接班人,大学生最终还是要离开高校走向社会,为社会发展服务、为人民群众服务。而让红色文化在中国大地上继续传播创新,继续发扬光大也是青年一代担在肩上的责任和使命。因此,红色文化融入高校思想政治教育活动的开展要尽可能为大学生提供面向群众、走向社会的机会。高校红色文化挖掘和传播不仅依靠校内力量,也应注重社会效益。分布于高校中的红色文化博物馆、陈列馆、展示馆已经从重视"物的收藏"向重视"为人服务"的社会职责转化,对于促进社会文明进步发展的作用越来越大,教育的重要性也随之提高。例如,许多高校在新生入校、毕业生离校时会向学生家长和亲友提供免费参观校史馆、博物馆的机会,让更多的人感受学校历史、红色文化的熏陶,并将自己接收到的教育信息传递给更多的人,这样也有利于红色文化在社会教育中的渗入。同时高校要同当地的爱国主义教育基地加强联系,选派大学生义务地为参观者提供引导、讲解、设计等服务,也可以结合所学专业为基地的设施维修、文物保护贡献自己的力量。还有一些高校在"五育并举"教育理念下将红色文化融入高校劳动教育,带领大学生去革命老区参观学习,参与当地的劳动实践。以自己的实际行动体验战火连天的岁月里中国共产党和人民群众坚持斗争、自力更生的艰难困苦,让他们将过去的艰辛与当下的生活做对比,更加珍惜劳动的成果与幸福的生活。

(五)打造红色文化融入高校思想政治教育的"三大高地"

敬教劝学,建国之大本;兴贤育才,为政之先务。高等教育是培养时代新人的关键环节,对提升公民素质具有非常重要的作用。高校作为高等教育的重要平台,既是教育者与受教育者的集聚地,也是高等教育资源、教育经验的集聚地。具有深厚思想政治教育价值的红色文化,能起到坚定政治立场、培养坚韧意志、塑造健全人格、提升党性修养的教育功能。红色文化融入高校思想政治教育是对大学生马克思主义意识形态教育的重要一环,也是新时代中国高校立德树人的本质要求。高校应该从红色文化资源整合、红色文化研究创新、红色文化传播发展等渠道着力打造红色文化融入高校思想政治教育的"三大高地",让红色文化的思想政治教育价值在高校领域内落地生根。

1. 打造红色文化资源高地

这里的红色文化资源主要强调在高校思想政治教育实践的过程中可以利用和分享的教育资源。打造红色文化资源高地,首先就是要对这些有益的教育资源进行整合。红色文化在我国的分布本就十分广泛,而且某一地域内的红色文化又呈现出分散的特征。这就使得高校所掌握或者说拥有的红色文化资源分为当地区域内的红色文化和全国知名度较高的红色文化资源两种。如井冈山红色文化、延安红色文化等耳熟能详的红色文化资源。因此,在全国范围内建设高校共享的红色文化资源库就显得非常有必要了。当然,这样的一项工作并非一所或几所高校能够完成,可以先以省为单位,建立省级红色文化资源库,让全省范围内的每一所高校都发挥自身的地缘优势、历史优势以及办学特色,结合红色文化育人实践中的经验总结,筛选相应的红色文化教育资源为资源库的建设添砖加瓦。对于红色文化资源库的内容务必要实现多样化和创新化。也就是说,各地、各高校选送入库的红色文化资源既可以是红歌小调,也可以是歌剧舞蹈;既可以是红色文化教育案例展示,也可以是学术研究成果。总之,不能拘泥于一种表现形式,要以展示当地红色文化和本校红色文化思想政治教育特色为基本目标。还要注意的是,红色文化资源库经过省级高等教育主管部门的审核后,可以发挥红色资源应用平台的作用,在省内高校先行分享和使用,各高校要有专门的机构和人员关注并检查红色文化资源库在学校教育教学活动中的使用情况,一来督促优质教育资源使用的广泛化和规范化,二来总结使用情况,对使用率高、普遍受师生欢迎的红色文化资源可以借助其他传播媒介在全省范围内进一步推广,发挥辐射效应,拓展红色文化教育资源的社会教育功能。

2. 打造红色文化研究高地

除培养专门人才外,发展科学知识研究也是高校的一项重要职能。打造红色文化研究高地需要在红色文化研究的深度和广度上下功夫。要建设专业的红色文化研究团队,明确研究主题,吸引资深的研究人员加入其中。要深入挖掘红色文化的精神财富,思考如何在红色文化资源中挖掘出更多的革命历史、革命传统和革命精神,进而更好地传承红色文化。从广度上讲,不能局限于对红色文化价值功能的研究,要将研究视角触及更多与红色文化相关的领域。例如,红色文化是党史教育的重要依托,这一点已达成共识。那么红色文化与党史教育的契合性究竟体现在哪里?是内容上的契合、方式上的契合还是共同作用的表现?这些问题的研究成果就略显匮乏,可以成为今后研究的新视角和新方向。从深度上讲,红色文化研究方兴未艾,但从目前的研究成果上来看,对红色文化的研究未成体系,理论分析和精神拓展是近年来红色文化研究的热点,但所研究的问题不够深入,研究结果也存在重复、缺少创新等问题。要深入红色文化的研究需要进一步挖掘新的红色文化资源,比如对新的红色文化史料的挖掘就是正确的方向。从研究形式来讲,要在关注整体性研究的同时也不忽视案例研究。例如,可以选择一所红色文化教育具有本校特色的高校进行案例研究,深入探索教育过程中的问题以及学校解决的途径和方法,从个案中看到红色文化融入高校思想政治教育要解决的共性问题。从研究活动的组织上来讲,要加强高校同地方政府的合作与交流,依托高校构建高水平的红色文化学术研究平台。例如,当地革命博物馆、爱国主义教育基地等单位在承担参观服务的同时也应该转变思路与高校一同展开相关的科学研究,共同为红色文化的传承、文化资源的开发进行深入探索。

3. 打造红色文化传播高地

红色文化要融入高校思想政治教育活动并实现红色精神走入学生内心,就必须面向大学生喜爱的网络新媒体平台,打造红色文化传播高地。第一,要实现红色文化传播的话语转换。红色文化在高校的传播以大学生群体为主要受众,他们习惯于在网络虚拟空间进行交流交往,所形成的网络语言包括他们生活的方方面面,既有着对当下时代的自我表达,也有在交往互动中形成的极具亲和力的网络特色语言。所以红色文化的话语传播面临话语语境相关性式微、话语内容生活性不足、话语交往平等性欠缺等问题。红色文化传播话语要与现代语境相对接,要结合网络文化的发展,对红色文化精神、红色文化经典故事等内容进行整合,从话语表达上进行凝练与提升。例如,可以将红色文化凝练成简短的视频、音频、口号等,满足大学生碎片化学习的需要。红色文化传播要进行"二次元"叙事话语的转化,以弥补红色文化传播话语生活性不足、交往平等欠缺等问题。把红色文化所蕴含的故事原型用动画、动漫、短视频等"二次元"叙事话语进行转换,使红色文化更贴近大学生的日常生活,让红色文化的传播实现与大学生群体的对等性。第二,树立红色文化宣传媒介一体化思路。宣传媒介一体化思路就是要以媒体融合的理念来促进红色文化的传播。具体地讲就是在分析红色文化高校传播发展需求和学生对红色文化认识现状的基础上,针对学生的需要和传播媒介的功能,将两者进行细化,将各种媒介形态(包括传统媒介和新型媒介)与红色文化教育的内容、红色文化教育的价值、红色文化教育的职能、红色文化传播的理念等进行深层次的融合,"切实将青年学生变为思想教育的主动参与者和合作者,将宣传的灌输特性转型为传播特性,实现从单向到双向交互式的传播"[1]。在媒介融合的理念下,红色文化在高校的传播应该在传播内容、传播流程和传播载体等方面进行创新,面向大学生的需求开发出更多、更好的以红色文化为内容的思想政治教育方面的优秀作品。通过传播流程的设置和更新,不断提高红色文化在高校的传播力和引导力。通过传播载体的发展,实现双向联动的红色文化传播方式。第三,创新红色文化传播形式。宣传形式的创新依然要以网络新媒体为支撑。"以网络、手机等为代表的新媒体是大学生学习知识、获取信息、交流互动的日常生活工具。新媒体与红色资源开发、思政课教育教学三者有机结合,不但具有信息容量丰富性、时空联络及时性、交流即时互动性、操作简单便捷性等优势,而且对当代大学生的思想政治教育具有明显的实效性和时效性,从而成为思政课教育教学创新的有效路径选择。"[2]针对这一情况,我们应该利用5G技术,以及增强现实、虚拟现实等形式来创新红色文化的传播,以实现与手机、网络等新媒体的融合。例如,可以设

---

① 王艺:《青年学生思想教育宣传媒介一体化发展战略研究》,《教育理论与实践》2015年第16期。
② 占毅:《红色资源融入高校思想政治理论课教育教学探究》,《思想教育研究》2016年第1期。

计开发更多的红色动漫、红色网游,在促进红色文化创意产业发展的同时激发更多的大学生对红色文化产生兴趣和求知欲。第四,成立红色文化传播团队。在高校成立红色文化传播团队,既要注重组成人员的专业性,也要强调成员选择的大众性。重视专业性是因为红色文化借助网络新媒体平台的传播离不开专业人士的技术贡献、科学规划和规范管理,这是营造风清气正的红色文化传播环境的基础保障。此外,对传播团队人员的组成要坚持以学生为主体,同时也要在高校教师、科研人员、班主任、辅导员中广泛吸纳对红色文化宣传有情怀、有兴趣、有特长的人员加入团队,使红色文化更好地融入高校师生的脑、心、行。

第三节　培育大学生
自主学习红色文化资源的能力

自我教育是指把自身视为教育客体,根据社会发展的现实诉求和自身发展的身心需要,以自我选择、自我内化、自我调控、自我管理等方式,有目的地改造和提升个人素质与业务能力,使自身成为社会所需之才的过程。马克思主义理论认为,人的本质属性是主体性,"主体始终是意识或自我意识"[1],人能够使得"自己的生命活动本身变成自己意志的和自己意识的对象"[2]。因此,发展人就必须发展人的本质属性。马克思在《1844 年经济学哲学手稿》中论述的关于人的主体性思想,为红色文化资源自我教育的开展提供了科学依据。

新时期,我国在开展思想政治教育时也强调要秉持教育与自我教育相结

① 《马克思恩格斯文集》第一卷,人民出版社 2009 年版,第 204 页。
② 《马克思恩格斯文集》第一卷,人民出版社 2009 年版,第 162 页。

合的原则,充分调动大学生的积极性和主动性,引导他们自我教育、自我管理、自我服务。引导大学生运用红色文化资源开展自我教育是解决红色文化资源育人动力问题的重要举措。一则红色文化资源育人中的自我教育能够弥补"灌输"教育的缺陷,打破"灌输"教育时空限制的同时化解其带来的枯燥感,提升大学生学习和认知红色文化资源的兴趣与动力。二则良好的自我教育能够给予育人主体以积极正面的反馈,提振育人主体开展红色文化资源育人时的精神风貌。

一、红色文化资源与大学生自我教育之间的契合性

新时代的大学生思想积极健康、心态乐观向上、组织能力强。他们对习近平新时代中国特色社会主义思想笃信不疑,对中国共产党的执政能力倍感信心,对马克思主义理论和中国梦的理论认同、情感认同、政治认同不断深化。但同时也需看到,由于改革开放后国外不良社会思潮的涌入及少许高校的思想政治教育工作成效不佳,部分大学生的政治信仰淡化、理想信念模糊、价值取向偏离社会主义轨道、社会主人翁意识缺乏、艰苦奋斗精神弱化等问题频现。新时代背景下加强和改进大学生思想政治教育工作,在立德树人的过程中培养出社会主义所需的时代新人,意义深远。

大学生运用红色文化资源开展自我教育,能够熏陶爱国主义情怀、陶冶情操,亦有助于他们坚定正确的理想信念和政治方向,努力克服自身的缺点,确保他们茁壮成长。红色文化资源的先进性决定了其具备思想引领性、道德教化性,加上物质形态红色文化资源展现出极强的真实性,使其能够成为大学生开展自我教育的优秀资源。从思想引领性来看,红色文化资源中的红色精神和红色优良传统是党在波澜壮阔的社会革命以及社会建设史中行为范式及其精神层面的高度凝练,蕴含着红色人物的坚定信念和崇高理想。红色文化资源对引导新时代大学生形成正确的世界观、人生观、价值观具有重要意义。从道德教化性来看,无数革命先烈和英模人物的先进事迹中所蕴含的艰苦奋斗、锐意进取、舍己为人、勇于牺牲等崇高精神折射出他们不屈的奋斗历程和耀眼的人格魅力。这些崇高精神是社会主义核心价值观的重要来源,

能够强化大学生的道德自觉,激发他们效法践行红色优良传统。从真实性来看,物质形态的红色文化资源内涵丰富,如革命遗址、会议旧址、伟人故居、纪念馆等,可观、可触的客观实在性是它们的共同特性。这些物质形态的红色文化资源记录了党领导人民奋斗的光辉历程,成为历史与现实连接的黏合剂。大学生自主前往红色圣地,这些显性的红色物质存在能够让大学生在耳濡目染中净化心灵。

此外,大学生运用红色文化资源开展自我教育,也是红色文化资源通过个体的途径得以传承和弘扬的重要表现。所谓"不积小流无以成江海"。如若作为独立个体的大学生都能够通过自我教育对红色文化资源产生浓厚的兴趣,便更加容易在校园乃至社会范围内营造出"爱红""懂红""信红""行红"的良好氛围。

总而言之,红色文化资源为大学生开展自我教育提供了优秀且丰富的素材,大学生的自我教育行为提升了红色文化资源的存在感,放大了其教育的功能和价值。

二、大学生运用红色文化资源开展自我教育的路径

一是大学生的自我意识需要时刻突出"红色"这根主线。习近平总书记在北京大学师生座谈会上指出:"青年的价值取向决定了整个社会的价值取向,而青年又处在价值观形成和确立的时期,抓好这一时期的价值观养成十分重要。"①大学生在开展自我教育的过程中,要积极利用好红色文化资源,"扣好人生的第一粒扣子",积极领会红色文化资源中蕴含的内涵与精神,坚持正确的价值观念。唯物辩证法认为,内因在事物变化发展的过程中始终起决定性作用。红色文化资源自我教育要想取得成效,需要大学生立足个体身心发展规律的基础上,结合不同红色文化资源的背景,全面客观地领悟红色文化资源的意义。大学生要充分利用思维意识中红色主线的引导作用,以不同红色文化资源中蕴含的红色精神和红色优良传统作为学习和生活过程中

---

① 《习近平谈治国理政》第一卷,外文出版社 2018 年版,第 172 页。

自我评价、自我调控的依据,规范行为举止,进一步激发学习、工作中的积极性和主动性。

二是自主开展红色主题的社会公益服务活动,积极前往红色革命圣地游历。实践决定认识,认识来源于实践。红色文化资源最终要想被大学生内化,关键一环仍在于实践。红色文化资源中蕴含的舍己为人、奉公廉洁等全心全意为人民服务的思想,需要大学生在没有外在力量推动的前提下自主开展方能更好地内化于心。例如,大学生自主开展文明交通秩序维护、校园卫生清扫、服务社区空巢老人等,都能够加深其社会责任感和为人民服务的意识。对于红色革命圣地来讲,大学生通过对其的游历、身临其境、闭目联想、用心体悟每一件红色文物、每一处红色遗址所映射出的革命先烈的爱国主义情怀和崇高理想信念,在见贤思齐中让情感受到陶冶,让心灵受到启迪。

三是善于利用新媒体自主学习红色文化资源。新媒体为大学生开展自我教育提供了更为广袤的平台,使红色文化资源有了更为多样的呈现方式,也能够让大学生之间便捷、自由地探讨红色文化资源。如今不少高校在新媒体平台中开辟了宣传红色文化资源的专栏,大学生可以在相关的微信公众号、校园官微、抖音等平台自我认知和感悟红色文化资源,体验红色文化资源的魅力。此外,大学生还可以在班级 QQ 群和微信群中分享关于红色文化资源的内容,主动开展线上学习交流与研讨,提升红色文化资源在线上的活跃度及传承度。

第六章

红色文化融入高校思想政治教育的
保障体系建构

第一节　促进基于有效实现育人价值的
红色文化资源开发

　　任何事物的发展道路都是前进性与曲折性的统一。事物在变化发展的过程中总会面临各种各样的问题,为了尽可能地规避这些问题对事物发展进程造成迟滞,保障体系的建构就显得尤为迫切。红色文化育人的保障体系,是指红色文化资源育人的各有机系统对育人实践过程进行"防护"与"保卫",避免红色文化资源育人陷入低效、无效境地,并实现创新和可持续发展的各种保障措施的总和。具体来说,红色文化资源育人的保障体系分为内部保障和外部保障两大范畴。内部保障包括促进基于有效实现育人价值的红色文化资源的开发、设立红色文化资源育人的指导机构、红色师资和人才队伍建设等;外部保障包括健全制度保障、推动环境协助等。它们共同构成了红色文化资源育人的"安全阀"。

一、开发红色文化资源

在开发利用红色文化资源并以其开展育人实践的过程中,育人实践只是沟通育人主客体的介体。红色文化资源在价值关系中是利用客体,育人主客体在价值关系中是利用主体。作为利用客体的红色文化资源,其育人价值的实现,并不是简单机械地作用于利用主体。育人主体需要根据育人客体的内心诉求对利用客体也就是红色文化资源的结构、属性和功能进行深入细致的挖掘,再以恰当的育人途径将其中蕴含的内涵、价值传递给育人客体,使红色文化资源育人的价值最大化。在此过程中,作为利用客体的红色文化资源以其所固有的属性或功能反作用于利用主体,使育人主客体的思维观念、价值理念和道德品行不断趋于红色文化资源所蕴含的特征,实现客体主体化。因此,高校在红色文化资源育人的过程中,为了使红色文化育人实践取得较好的成效,必须对作为利用客体的红色文化资源进行开发和改造,积极开发和运用符合时代发展主题、教学主题以及大学生心理发展诉求的红色文化资源,有效促进红色文化资源育人价值的实现。

(一)红色文化资源的开发需要突出思政育人的政治价值取向

一定阶级的教育必然要符合阶级统治的利益,红色文化资源育人的首要特性就是鲜明的意识形态性。在社会主义制度范围内开展育人实践,必须旗帜鲜明地坚持社会主义意识形态。列宁曾说:"轻视理论,对待社会主义意识形态躲躲闪闪、摇摆不定,就必然有利于资产阶级意识形态。"[1]新时代红色文化资源育人的政治价值取向就是在育人的过程中体现以人民为中心的发展思想。目前部分高校教师在开展红色文化资源育人时,只是把红色文化资源作为政治说教的工具,以枯燥机械的方式"灌输"给大学生,缺乏对红色文化资源内涵深度的挖掘、提炼与表述,对红色史实的还原度不够,对红色精神和红色优良传统的践行度不高,不注重开发利用符合大学生内心成长需要的红

---

[1] 《列宁全集》第六卷,人民出版社1986年版,第362页。

色文化资源,极大地阻碍了育人价值的实现。

在红色文化资源开发的过程中,需要从精神形态和物质形态两个层面对红色文化资源的开发做到坚持政治价值取向。从精神形态的红色文化资源开发运用来看,育人主体要重视开发具有时代特色的红色文化资源,如抗疫精神、卫国戍边精神等。把红色文化资源与马克思主义中国化的最新成果结合起来,使新时代大学生明白社会主义现代化建设的坎坷与曲折,让他们在面对社会发展过程中的重大事件和热点问题时,真信、真学、真懂、真用红色文化资源。此外,育人主体要全面正确陈述不同红色文化资源中蕴含的优秀的社会主义政治观念、道德情操、价值取向、心理品格等,以此培育大学生的爱国主义和优秀的思想道德素质。从物质形态的红色文化资源开发运用来看,其育人价值一般通过校园文化建设予以体现。在此过程中,育人主体必须保证红色文化资源的庄严、神圣、肃穆、朴实,要让开发利用的红色文化资源充分展示其文化底蕴,还原其历史风貌,凸显英雄先烈和模范人物为了争取民族独立、国家富强所展现出来的不怕牺牲、艰苦奋斗、团结协作、锐意进取的坚定理想信念和崇高人格魅力。不论是哪种形态的红色文化资源,只要运用到育人中,就必须坚持正确的政治立场,使之成为培育社会主义时代新人的"营养剂"。

(二)红色文化资源的开发需要突出客观性和真实性

红色文化资源的历史性决定了其具有稀有性、独特性和不可再生性等特点,这些特点决定了红色文化资源内涵的确定性,红色文化资源内涵的确定性又决定了红色文化资源育人信息的不可随意变更性。红色文化资源的稀有性、独特性等特征一旦发生变化,其育人的说服力和可信度就会大打折扣。红色文化资源是融情入理的宝贵历史资源,只要开发利用得当,就能够在高校中赢得大学生的青睐,形成强大的宣传气场。育人主体在开发红色文化资源的过程中,要力守客观性、真实性的原则,确保红色文化资源的内涵及其育人信息不能发生变化,提高红色文化资源育人的可信度。

一要确保物质形态红色文化资源的原有样貌。鉴于原生红色文化资源的珍贵性,它们在被开发之后往往被保护得很好,高校在运用红色文化资源打造红色校园文化景观和进行课堂理论教学时,一般只能采取复刻的形式将原生红色文化资源的风貌大致相同的"迁移"到课堂教学和校园文化建设之中。在复刻的过程中,育人主体必须"原汁原味"地保留红色文化资源的原有风貌,才能最大限度将其中蕴含的历史信息、教育信息完整、准确地保存下来,让大学生在直观感受和耳濡目染中受到激励和鼓舞。就校外实践来说,如今各大高校纷纷与社会文物管理部门合作建立爱国主义教育基地,这就要求育人主体与社会文物管理部门协商,对于开发利用为爱国主义教育基地的红色革命圣地、名人故居、纪念馆和博物馆等类似场所,其修缮和保护要能够准确反映红色历程,再现红色历史场景。如今部分地区的文物管理部门盲目追求经济效益,对建筑类的红色文化资源拆改新建,大学生在知晓其翻建的情况下,参观拜谒的兴致锐减,难以发挥其育人的功效。二要确保精神形态红色文化资源的原有内涵与品格。红色文化资源的历史性决定了其在产生的过程中必定打上了时代的印记,而在不同时代主题下,精神形态的红色文化资源一定具备不同的内涵、特征与价值。育人主体在开发红色文化资源时,务必做到实事求是,不能为了达到育人目标而主观上对红色文化资源的内涵肆意渲染和扩大,让红色精神的内涵失真,使红色优良传统的可信度降低。失去大学生信任的红色文化资源育人,注定事倍功半。

(三)红色文化资源的开发需要突出时代性和亲和力

红色文化资源会随着中国共产党执政的不断深化衍生出新的形态和内容,这是红色文化资源所具备的时代性的体现。恩格斯在《自然辩证法》中指出:"每一时代的理论思维,从而我们时代的理论思维,都是一种历史的产物,在不同的时代具有完全不同的形式,并因而具有非常不同的内容。"[1]红色文化育人只有与时俱进才能增强育人的亲和力和吸引力,满足大学生身心成长的诉求和社会发展的需要。因此,红色文化资源的开发既要尊重史实,也要渗透时代性的色彩,并在育人的过程中做到历史性和时代性相结合,既要以传统的红色文化资源正本清源,也要以充满时代元素的新型红色文化资源活

---

[1] 《马克思恩格斯全集》第二十卷,人民出版社 1971 年版,第 382 页。

跃教学氛围,培育大学生亲近红色文化资源的情感。具体要做到以下三点。

首先,物质形态红色文化资源的开发要在呈现方式上表现出时代性。在充分还原红色史实的基本前提下,可以通过艺术的手段提升红色纪念馆、博物馆、展览馆外观设计的文化档次和审美舒适度,提升他们对红色文化资源的期待感。此外,育人主体和文物管理部门可以积极利用现代科技手段,比如综合运用影像、音频和电子图鉴等再现红色历史,让大学生在充满时代气息的环境中感受红色文化。其次,育人主体要积极拓展充满时代特色的红色文化育人的参与途径。就校外实践来说,以往大多是参观红色遗址、名人故居、纪念馆、博物馆和展览馆这些实体建筑类的红色文化资源,但同样的地方多次参观就会令大学生产生审美疲劳、内心烦倦和主观抵触。育人主体可以积极开发红色文化资源的体验项目,如"重走长征路""红色经典村落调研""红色主题社会公益活动"等,让大学生在内化红色文化资源的同时,强筋健骨、锤炼体魄、砥砺品格。此外,可以结合生态资源、民俗资源开发红色文化资源,通过让大学生体验民风民俗、感受优美生态环境,提升红色文化资源的吸引力。最后,育人主体需要会同相关职能部门推动红色文化资源相关文艺作品的时代性创作。要扩大红色文化资源的影响力和宣传功效,就必须突破时空的限制,积极创新创作形式。例如,发行红色文化资源相关的书籍刊物、推动优秀红色影视剧集的制作、提高红色主题文艺汇演的频率、举办红色文化资源的线上线下会展、打造红色文化资源相关的周边商品等,积极延展红色文化资源的传播介体,提升红色文化资源的存在感。

二、设立红色育人的专业指导机构

高校红色文化育人的专业指导机构分为关于红色文化本体的专业性研究机构和开展育人实践的指导机构两大组成部分。高校关于红色文化本体的专业性研究机构发挥着明确和凝练红色文化的具体研究方向、聚合相关研究领域内的人才资源、打造红色文化品牌等功能。而开展育人实践的指导机构,其功能是关注和研究大学生接受心理的发展趋向,因地制宜地拓宽育人平台。通俗地说,前者能够丰富红色文化育人的素材,解决"用什么育人"的问题;后者能够创新红色文化育人的形式,解决"怎么育人"的问题。内容与途径,缺一不可。

（一）成立关于红色文化育人的本体性研究机构

新时代的大学生思维活跃,能够在选择和排斥教学内容的过程中积极发挥主观能动性。因此,不论采用何种理论教育途径,都必须结合大学生的心理,采用迎合社会发展主题且"传唱度"高的红色文化资源,以占据大学生的心理"高地"。高校应按照横向和纵向相结合的模式,以红色历史发展的时间脉络和主题建构红色文化育人的"内容库",育人主体秉持"内容为王"的原则开展形式多样的育人实践。避免红色文化育人"失语"的前提不仅是"有话可讲",更是"有新话可讲"。所幸,红色文化的历史性与时代性特征解决了这个问题。从育人的角度来考量,成立关于红色文化育人的本体性研究机构,就是为红色育人提供"可述"的内容。

一是成立红色精神研究所。红色精神是中国共产党领导人民群众在革命、建设和改革时期求索和追寻的政治信仰、理论知识、价值取向和道德观念等内容,它是对红色文化内核的高度凝练,也是红色文化的核心元素。红色精神研究所应致力于把党在历史发展进程中所形成的各种红色精神的产生背景、内涵、特征、价值等众多范畴研究透彻,全面立体化地用以充实育人内容。此外,研究人员要站在时代发展的浪尖上,及时把握和深入了解社会发展过程中涌现出来的重大事件、新时代英模人物和感人事迹,以高度的理论自觉凝练出新时代的红色精神,如抗疫精神、卫国戍边精神等,为红色文化育人增添时代气息和吸引力。当前,许多高校依托地理区位、研究传统等优势,成立了丰富多样的红色精神研究所,如湘潭大学成立的毛泽东思想研究所①、江西科技师范大学成立的八一精神研究中心②等,它们都是红色精神研究这个整体中不可或缺的组成部分。虽然不同时代和不同地区诞生的红色精神所具有的区域局限性色彩为红色文化的理论研究披上了个性的"外衣",但高

① 现更名为毛泽东思想研究中心。
② 现更名为中国共产党建军精神研究院（八一精神研究中心）。

校之间频繁开展的线上线下红色学术交流活动,能够促进彼此互通有无、合作共进,最终形成一股全国上下研究红色精神的浪潮。

二是成立红色历史研究室。国外社会思潮不断涌入以及网络新媒体技术的迅猛发展,给我国的意识形态教育带来了严峻的挑战。历史观教育是意识形态教育的重要组成部分,能够为大学生树立马克思主义信仰,坚定中国特色社会主义信念提供真实的史料佐证,是教育大学生明辨是非、抵制各种错误思潮的有效手段。红色文化资源记载的是党的光辉奋斗史,利用其开展的育人实践自然是党史、共和国史教育的重要组成部分。红色历史研究室的作用有二:一则能够深化红色史实研究,将更多鲜为人知却意义深远的红色历史"曝光"在大学生的面前,让更多拥有情感厚度的红色史实融入课堂的理论教学之中,丰富课堂教学的趣味性,进一步调动大学生认知红色文化资源的积极性。二则能够在正本清源中抵御历史虚无主义对大学生的侵蚀。当前西方反华媒体仍在频繁发起丑化、黑化中国共产党的恶劣行径,没有道德底线的恶意抹黑,对大学生的社会主义立场造成了一定冲击。红色史实能够充当抵抗历史虚无主义的有力武器,每一位令人肃然起敬的红色历史人物、每一桩感人至深的红色历史事迹,都昭示着社会主义艰难探索的历程。部分高校在红色史实的挖掘方面进行了探索。如贵州师范大学成立的红军文化及红色旅游研究所集中了马克思主义学院、历史与政治学院、文学院、国际旅游文化学院、音乐学院等相关教学部门对红军史、长征史、红军题材的文学艺术作品等进行研究,以此丰富教学、繁荣学术,在充实育人素材的同时实现了高校教科成果的社会转化,同时增加了贵州旅游的人文内涵。学校同时也结合红色历史的相关研究成果拓宽了育人的途径,如积极开展红色题材的文学、音乐、美术等的创作。

(二)积极发挥育人实践指导机构的功效

红色文化育人的实践指导机构承担着育人路径的创新、育人结果的评价、育人要素的整合等功能,其核心功能在于拓宽育人的路径,如打造红色文化育人的特色平台、拓展红色文化育人的校内外实践基地等。

从打造红色文化育人的特色平台来看,可以从以下两个方面努力:第一,开设红色文化的学术讲堂。学术讲堂邀请在红色文化相关领域具有较深造诣的知名学者、专家教授，他们的理论研究功底强，话语传递能力突出，能够很好地调动课堂氛围，让参与者开阔视野，增长知识。在日常的红色文化育人过程中，大学生面对的几乎都是校内的教师资源，在一定程度上降低了大学生接受教育的新鲜感，尤其是个人魅力不够突出的育人主体，会加速育人成效的流失。开设学术讲堂能够弥补校内理论教学缺乏生机的现状，为理论教育增添新的养分。学术讲堂可以定期开展并做好预告，给大学生充足的时间搜索相关资料、提前思考，做到在现场互动时游刃有余并有所收获。第二，打造规格较高的红色精神研讨会和红色文化学术论坛。与学术讲堂有所不同，无论是学术研讨会还是论坛，对参与者的学术能力都有较高的要求，比较适合大学生中对红色文化有着浓厚研究兴趣的群体。经过不定期的红色学术熏陶，能够助力大学生群体中"红色意见领袖"的培养，发挥引导舆论走向、利用同辈优势影响大学生思想及行为的作用。

从拓展红色文化育人的校内外实践基地来看，第一，高校应积极与红色文化资源丰富的地区合作，打造革命传统教育基地。俗话说，百闻不如一见。课堂理论教学始终只能让红色文化在大学生头脑中形成表层的认知，而要将这些听来的抽象知识内化成思维意识的稳定组成部分，就需要借助实践来完成。参观伟人故居、战斗和会议遗址，拜谒革命烈士纪念馆，都能够让大学生在身临其境中展开对红色文化的思索。高校还可以尝试打造"现场教育活课堂"，让实践教育与理论教育达到时空的统一。育人主体根据实践基地的红色文化内涵和校内思政课程的教学内容选定实践教学的主题。例如，在南泥湾革命旧址开展"自己动手、丰衣足食"的革命乐观主义精神教育，在遵义会议旧址讲长征精神等。第二，打造红色经典艺术教育基地。习近平总书记指出："文艺深深融入人民生活，事业和生活、顺境和逆境、梦想和期望、爱和恨、存在和死亡，人类生活的一切方面，都可以在文艺作品中找到启迪。文艺对年轻人吸引力最大，影响也最大。"①红色文化资源相关文艺作品的创作来源

---

① 习近平：《在文艺工作座谈会上的讲话》，《人民日报》2015 年 10 月 15 日，第 2 版。

于真实的历史事件,具有较高的现实关怀性和感染力,更容易激发大学生的情感共鸣,帮助他们领悟人生的真谛。生动形象的红色艺术作品是大学生喜闻乐见的,这些红色作品能够寓教于乐,在欢乐中启迪大学生心智。红色艺术创作要实事求是地创造出大学生乐于接受的红色文艺作品。此外,打造红色经典艺术教育基地,需要依托一定的校内资源,离不开音乐、美术等艺术学院师生的大力支持,他们能够为红色艺术创作提供技术上的指导。

三、加强红色文化育人队伍建设

人是生产力构成要素中最为重要的组成部分。科学技术不能成为生产力,需要被具有一定知识、劳动技能和经验的劳动者掌握并运用于现实的社会生产,才能转化为生产力。个体能力的强弱及主观能动性的发挥决定着实践开展的成效。人才是社会化人群中道德素质较高、实践能力较强且具有专业知识或技能的重要人力资源。红色文化育人实践的良性运转及其转化为改造大学生精神世界的生产力,离不开人才队伍建设,他们是开展育人实践的组织保障。高校红色文化育人的人才队伍建设,既包括教师群体,也包括大学生群体。

(一)红色文化育人教师队伍专职化的建设

习近平总书记在学校思想政治理论课教师座谈会上指出:"办好思想政治理论课关键在教师……教师承载着传播知识、传播思想、传播真理,塑造灵魂、塑造生命、塑造新人的时代重任。思政课教师,要给学生心灵埋下真善美的种子,引导学生扣好人生第一粒扣子。"[①]打造一支政治强、情怀深、思维新、视野广、自律严、人格正的红色文化育人队伍,是弘扬和传播红色文化的前提。首先,要推动红色文化育人教师队伍的专职化。眼下红色文化育人的教师大多由高校思政课教师、社会科研人员兼任,师资力量构成庞杂且教学能力参差不齐。原因在于部分思政课教师并非红色文化相关领域的研究人员,对红色文化资源的兴趣不浓,迫于完成教学任务才登上讲台,而社会科研人

---

① 习近平:《思政课是落实立德树人根本任务的关键课程》,《求是》2020 年第 17 期。

员和高校教师相比,演说能力以及课堂教学的现场把控能力大都稍弱,话语的权威性不高。建设一支专职化的红色文化育人队伍迫在眉睫。高校可以积极引进专门研究红色文化的相关人才,既从学历、年龄等层面充实了教师队伍,也为这些刚毕业的高学历人才提供"施展拳脚"的舞台;高校还可以为红色文化研究积极"造势",鼓励那些对党史、新中国史、改革开放史、社会主义发展史颇有研究的教师群体对红色文化资源进行研究,将这类教师群体作为红色文化育人专业教师队伍的"常备军",待时机成熟转岗为专职教师。其次,强化红色文化育人教师的理论和实践培训力度。时代是思想之母。红色文化的时代性体现,依赖于党执政的不断深化和社会主义发展的稳步向前。每次党领导人民开展重大社会实践、解决社会重大问题形成的经验累积,都为新的红色文化的产生创造了契机。人不可能不学而会,教育者必定先受教育。育人主体要想把"新鲜的"红色文化资源引入课堂并讲清楚、分析透彻,就必须接受理论培训和开展自我教育。此外,开展理论培训能够为教师提供更多值得借鉴的育人思路,开阔教师的视野。通过专家的指点和与其他教师的沟通,育人主体能够发现自身在开展育人实践过程中的短板,及时规避和改正。实践是理论之源。要想深层次地内化一种学说,实践是必不可少的环节。高校也应积极为育人主体开展相应的红色主题实践提供便利,使教师能够在做中学,最终达到真知、真信、真用的理想状态。例如,育人主体要想理解抗疫精神的内涵,就必须亲力亲为,投身到疫情防控的一线,在体悟的过程中陶冶情操,深化对其内涵的认知。最后,加强对红色文化育人教师的师德师风建设。习近平总书记在党的十九大报告中指出:"加强师德师风建设,培养高素质教师队伍,倡导全社会尊师重教。"①高尚的师德师风是育人铸魂的必然要求。红色文化育人要把师德师风建设放在首位,做到"打铁还需自身硬"。意识形态教育必然要符合统治阶级的利益诉求。社会主义教育的目的是培养德智体美劳全面发展的社会主义建设者和接班人,这就要求意识形态

---

① 习近平:《决胜全面建成小康社会　夺取新时代中国特色社会主义伟大胜利》,《人民日报》2017年10月28日,第1版。

教育者必须讲政治、有底线思维,在育人的过程中以实际行动诠释对马克思主义的信仰、对中国特色社会主义的信念。此外,红色文化育人除了是对红色文化的传承和弘扬,更是育人主客体在政治立场、价值观念、思想道德素质层面的碰撞与交互。在大学生眼里,育人主体是"吐辞为经、举足为法"般的存在,教师的一言一行都会在大学生心里形成相应的评价。因此,高尚的师德能够在"拔节孕穗期"发挥积极的隐性教育作用。

（二）学生干部队伍建设

学生干部是大学生中品学兼优的群体,他们理论学习热情高涨、主观思维活跃,动手实践能力强,能够通过个人魅力引领小群体内的舆论走势,是同辈群体中的佼佼者。美国社会学家戴维·波普诺在其所著的《社会学》中将同辈群体定义为"有大致相当的社会地位、并且通常年龄相仿的一群人"[1]。作为大学生的同辈群体来讲,他们是"年龄层次相同,地位、兴趣、爱好、价值观等大体相同或相近的大学生个体组成的关系密切的非正式群体"[2]。同辈群体中的学生干部队伍在大学生个人价值观念整合、尝试社会角色转化、实现自我需要的过程中发挥着重要的作用。结合红色文化育人的角度来看,打造"懂红、信红、用红"的学生干部队伍,能够为育人的理论教学、实践教学等"正面战场"减轻压力。学生干部队伍能够为大学生在接受红色文化教育之余及时进行反思和自我完善提供新的"载体",这种"载体"发挥的功效就是让大学生在比较之中找差距,并通过自由平等的交流发现自身的问题。所以,学生干部队伍具有"润物细无声"的特点,能够在无意中发挥"近朱者赤"的育人功效。具体说来,要发挥学生干部队伍的育人功效,可以从以下两个方面去尝试:第一,培养学生干部队伍中的"意见领袖"。大学生"意见领袖"是红色文化资源两级传播中的重要角色,是大学生群体中首先或较多接触红色文化资源相关信息,并将经过自己充分理解了的信息传播给其他大学生的人。"意见领袖"一般颇具人格魅力,在学生群体中具有较高的威望,同时具有影

---

① ［美］戴维·波普诺:《社会学(第十一版)》,中国人民大学出版社 2008 年版,第 174 页。
② 孙芩、徐成芳、刘岩:《大学生同辈群体思想政治教育研究述评》,《江西师范大学学报(哲学社会科学版)》2015 年第 5 期。

响其他大学生认知态度的能力,他们介入大众传播,加快了红色文化资源的传播并扩大了影响。当前,高校中仍不时出现各种戏说、歪曲、丑化红色史实的不良现象,这就需要"意见领袖"及时站出来澄清事实,与这些恶劣的行径作斗争。第二,营造大学生"先知带后知"的红色文化资源传播氛围。大学生们由于成长环境、早期教育背景以及个人心智的发育成熟度等差异,认知新事物的态度也会有所不同。有些大学生生活成长于红色文化资源丰富的地区,或是家庭中本就伴有红色因子,从小的耳濡目染能够让他们对红色文化资源产生一种与生俱来的亲切感,红色文化资源中的红色家风家训、优秀的道德品行、文化传统都是他们成长过程中最亲密的"伙伴"。部分大学生群体不具备这种先天优势,他们虽然在成长的过程中一直都在接受社会主义核心价值观教育,但因生活在大都市中,难以接触到地理位置偏远的物质形态的红色文化资源,久而久之就会产生陌生感,也就是我们说的社会记忆中的"红色记忆"板块缺失。营造"先知带后知"的传播氛围,就是让"先知"的大学生在课余饭后通过闲谈对话等形式对课堂讲授的红色文化予以适量的"补充",谈自身的见解和感悟,带动其他大学生进行思考,积极拓宽红色文化的存在场域。此外,"先知"大学生群体要注重以实际行动打动"后知"群体的内心。不仅要"知",更要"行",要在日常学习和生活中将红色文化的内涵外化出来,做到言行一致,增强红色文化的可信度。对于高校层面来讲,要通过多样化的途径科学"选拔""先知"大学生群体,并对他们开展不定期的理论培训及实践养成,将他们心中对红色文化资源的感性思维上升到理性的高度,培养红色文化的小小宣传家。

第二节　优化红色文化
融入高校思想政治教育的育人环境

"个体思想品德的形成、发展是在社会环境因素与主体需要相互作用的过程中逐步实现的。"①根据马克思主义人与环境的辩证关系,育人客体的思想品德是在一定的环境里形成和发展的,红色文化育人实践的开展也必须依托相应的宏观和微观环境。因此,积极优化育人环境,让红色文化育人实践与各种环境因素良性互动,能够增强红色文化育人的有效性。

一、优化红色文化融入高校思想政治教育的育人宏观环境

如前所述,红色文化育人的宏观环境包括了育人主客体生存于其中并打上了鲜明时代印记的国际国内政治、经济、文化、科技、生态等影响个体思想和行为的社会层面的环境。它们对红色文化育人的总体活动中的各个环节都能产生积极能动的影响。

（一）优化红色文化育人的政治环境

红色文化的本质属性是政治性,红色文化育人摆在首位的也是意识形态教育,因此优化政治环境能够增强红色文化的说服力和可信度。政治环境对大学生思想品德和红色文化育人的影响最为直接且最为突出,因其直接关乎大学生对国家政治体制的认同和政策的执行力度。如国家在民主法治建设、党风党纪建设、反腐倡廉建设等层面的作为与否直接影响大学生的思想道德品行。只有不断完善国家现代化治理体系,提高治理能力,才能够说服大学生信任国家的政治体制,进一步激发他们参与治国理政的热情。具体说来,

---

① 陈万柏、张耀灿:《思想政治教育学原理》,高等教育出版社 2007 年版,第 93 页。

优化政治环境需要做到以下几点。首先,继续完善社会主义民主制度。要坚持人民代表大会制度、中国共产党领导的多党合作和政治协商制度等,丰富民主形式,充分保障人民有序、民主参与政治的权利。其次,要继续完善社会主义法治建设,全面推进依法治国,坚持有法可依、有法必依、执法必严、违法必究。生活在一个良好法治环境中,加上育人主体讲授的关于制度层面的红色史实,大学生更容易形成健全的法制思维。最后,要加强党风党纪建设,继续提高党政干部的道德素质。党员干部形象直接关系到干群关系。对于党员干部来讲,要时刻以优秀的思想道德品行去团结人民群众,为人民群众办好事、办实事,以良好的自身形象带动全社会形成活泼向上、团结友爱的社会风气。生活在这般社会环境中的大学生,其全心全意为人民服务的意识,也能够在耳濡目染中得到熏陶和提升。

(二)优化红色文化育人的文化环境

时代的发展变迁导致社会发展主题随之变化,必然带来文化环境的变化。每个时代都有其特有的政治导向、思想价值取向和道德倾向。新时代背景下优化红色文化育人的文化环境,就是要矢志不渝地用社会主义核心价值观引领价值尊崇,提高公民素质,锻造时代新人。红色文化与社会主义核心价值观的关系是辩证统一的。一方面,红色文化中蕴含的红色精神以及红色优良传统是社会主义核心价值观的源头活水;另一方面,社会主义核心价值观中的部分要义是对红色文化内涵的时代化表达。两者是互为依存、相互促进的关系,这也决定了应该把社会主义核心价值观作为优化红色文化育人政治环境的切入点。社会主义核心价值观能够强化新时代大学生的社会主义政治立场、影响新时代大学生的价值取向、规范新时代大学生的行为举措,极大地弥补了校园层面红色文化育人时间和空间上的限制。有学者指出:"以'个人权利''社会保障''生活品质'为目标的民生议题成为网络表达的高发领域。"[1]在此基础上又有学者指出:"在物质丰富、温饱无忧的今天,大多数人

---

[1] 郑雯、李良荣:《中等收入群体在中国网络社会的角色与地位研究》,《现代传播(中国传媒大学学报)》2018年第1期。

的需求是'向内'的更好生活,而不是'向外'的付出与奉献。"①实然,利益分化显性化、就业形势严峻化等问题对人民群众的价值观和人生观造成了较大的冲击,这就需要政府层面加强对社会主义核心价值观的大力弘扬,营造良好的社会氛围,积极运用好红色文化并做好红色文化资源的时代化表达。此外,中华优秀传统文化是诞生红色文化资源的重要思想基因。中华优秀传统文化极具包容性、发展性和创新性,是中华民族文化的精髓,在国际国内凸显出强大的文化生命力和吸引力。因此,政府也应多渠道、多方面在人民群众中弘扬中华优秀传统文化,高校也应积极探寻中华优秀传统文化与红色文化内涵要义中的契合点,增强新时代大学生的民族自信心和自豪感。

(三)优化红色文化育人的经济环境

经济环境是红色文化育人实践能否顺利开展的重要影响因素。没有良好的物力财力支持,红色文化育人实践就难以进行下去的。首先,要坚持不懈地发展社会主义生产力,为红色文化育人提供物质上的保障。发达的生产力是社会良性运转的基础,也是红色文化育人的前提保障。习近平总书记在党的十九大报告中明确指出:"中国特色社会主义进入新时代,我国社会主要矛盾已经转化为人民日益增长的美好生活需要和不平衡不充分的发展之间的矛盾。"②人民对美好生活的需要是党和国家领导人民改善生产力、提高生产力的根本动力。只有牢牢把握住发展生产力这根经济主线,才能够保障红色文化育人在内的党和国家各项事业蓬勃发展。其次,要致力于解决市场经济发展过程中的秩序问题。市场经济带有盲目性、自发性、趋利性等缺陷。在这些特性的作用下,人们的经济行为是非理智的,道德素质也极易在无序混乱的市场经济条件中被"践踏"得遍体鳞伤。因此,党和政府需要积极引导市场行为主体开展良性竞争与合作,讲诚信、讲效率,以实际行动践行经济层面的道德伦理,营造风清气正的经济氛围。最后,要继续强调按劳分配的根本原则。"在一个分配不公、利益矛盾突出的社会里,人们的思想问题必然层

---

① 杜向民、郗波、王立洲:《高校红色文化教育传承研究》,中国社会科学出版社 2021 年版,第 84 页。

② 习近平:《决胜全面建成小康社会 夺取新时代中国特色社会主义伟大胜利》,《人民日报》2017年 10 月 28 日,第 1 版。

出不穷,思想政治教育也必然困难重重。"①新时代的大学生大都成长于"温室",部分大学生缺乏劳动观念,习惯了过"衣来伸手饭来张口"的日子,对劳动的意义理解不透彻。因此,强调按劳分配思想能够在一定程度上遏制大学生头脑中不劳而获的想法,激发他们参与生产劳动的意识。强调按劳分配思想,既与2020年颁布的《中共中央 国务院关于全面加强新时代大中小学劳动教育的意见》中的部分内容相契合,也与红色文化中的南泥湾精神、大国工匠精神等内容遥相呼应。此外,优化红色文化育人的宏观环境还包括优化社会舆论环境、网络环境等,鉴于在前文中已有论述,此处不再赘述。

二、优化红色文化融入高校思想政治教育的育人微观环境

红色文化育人的微观环境,指的是能够影响大学生接受红色文化教育的客观外在因素,如教师示范、同辈群体影响、宿舍文化、图书馆建设等。这些微观环境既能够对大学生思想道德品行的形成起到感染和熏陶的作用,也能够约束大学生,避免出现不符合此类环境的行为习惯。

(一)优化教师的行为示范并以之为红色文化育人的正面教材

俗话说,学高为师,身正为范。育人主体的道德行为是大学生提前接触和认知社会的"窗口",是引导大学生树立社会主义道德并践行的榜样。高校教师应是集个人才华和魅力于一身的崇高个体,教师通过言谈举止外化出来的优秀道德习惯,不仅是个体修养的体现,也能够激发大学生见贤思齐。一要通过正面宣传的方式来展现育人主体崇高的道德品行。榜样的力量是无穷的。榜样是主流价值观念和正能量行为的化身,能产生巨大的感染力和号召力。在红色文化育人的过程中,高校应积极给予先进教师、优秀教师等荣誉称号的获得者和正能量行为的践行者及时的表彰,积极开展争优创先活动,激发育人主体工作积极性的同时,感染和教化学生。二要开展红色文化育人的业务培训,提高红色文化理论教学和实践教学的水平。外化理论的前提是内化。若是育人主体对红色文化的内涵要义都一知半解,更谈不上教书

---

① 陈万柏、张耀灿主编:《思想政治教育学原理》(第二版),高等教育出版社2007年版,第112页。

育人和在日常的工作、生活中外化它们。对于新入职育人主体，高校应积极组织德高望重且业务水平精湛的老教师有针对性地为他们提供岗前培训，在思想上、行动上给予他们最需要的帮助，引导新教师尽快适应新环境，提升育人成效。对于"老"教师群体，高校也应设立定期学习培训制度，定期开展以红色文化育人为主题的校际交流活动，多层次多渠道引领"老"教师学习"新"的红色文化资源。知为行之始。只有充分理解和把握红色文化，育人主体才具备行为示范的前提。

（二）优化同辈群体的交往环境，形成自由探讨红色文化的生动活泼局面

同辈群体交往，最易让人放下"警惕感"，也能够避免差辈交往的尴尬。红色文化育人应积极利用同辈群体弘扬正能量、传播红色精神、让红色文化像空气般充斥在大学生的学习和生活之中。首先，应积极利用思政课或心理健康教育课程培养大学生的群体意识，逐渐提高大学生的交往能力。群体意识是一定范围内构成主体共有的价值取向和行为准则，能够引领群体的行动方向。同辈群体是心理特征中理想信念、爱好兴趣等类似或趋于一致的集合体，利用同辈群体开展红色文化的交流与探讨，能够调动大学生自主学习的积极性和主动性，也能够在探讨的过程中强化对红色文化的认知。需要指出的是，部分大学生言语表达能力较弱，性格内向，存在明显的群体融入困难。针对这种情况，育人主体应以其学习、生活中的某个发光之处为切入点，耐心开导，引导其加入同辈群体。此外，育人主体还应关注同辈群体意识中与红色文化内涵要义相左的内容，如"江湖义气""两肋插刀"等拉帮结派的小团体思想，见利忘义的拜金主义思想等，积极运用红色文化中蕴含的集体主义、艰苦奋斗等思想予以纠正。其次，在同辈群体中也要注重发挥榜样人物及其先进事迹的带动作用。学习榜样的功效在于能够把呆板枯燥的传统式"填鸭"教育转化为用生动具体的先进事例开展的启发式教育，让红色文化附上生活的气息并得以最大化地传播。在同辈群体中树立学习和践行红色文化的模范人物，一定要注重实事求是。要通过及时观察同辈群体的日常生活习惯，结合同学们的反馈评价信息来拟定榜样人选，而不是育人主体随意捏造。挑选出来的榜样人选也应实事求是地宣传和报道，避免夸大其词，要正视榜样

的不足和仍需继续努力之处,这样才能增加榜样人物的可信度。另外,对于榜样人物的拟定也应遵循创新性的原则。例如,对同一个榜样人物的类似优秀品行只予以表彰一次,对于精神实质类似的优秀行为也不应给予过多表彰等。在此基础上,选择符合社会发展主题和主旋律的优秀道德品行予以表彰,适当突出表彰人物的时代感。需要指出的是,对于优秀学生表彰的设定条件不应像表彰育人主体那般崇高,因为学生仍处于心智未成熟、身心仍在发展的阶段。此外,育人主体在优化同辈群体交往环境时,也应加强对同辈群体中核心人物的引导,如优秀团学干部等,并以其带动整个群体热爱红色文化。

（三）引导大学生建设以红色为主题的宿舍文化

宿舍群体与上文所述的同辈群体略有差异,同辈群体包含了宿舍群体,但宿舍群体并不能够完整地涵盖同辈群体,地缘的因素将二者的概念作出了区分。和谐的红色宿舍文化能够对红色文化育人起到重要的推动作用。红色文化能够丰富宿舍文化建设的内涵。以往的宿舍文化总是把卫生、到寝率、物品管理等外在表象作为建设的重点内容,一阵风式的检查让宿舍文化建设难以深入且缺少内涵。因此,我们要以红色精神和红色优良传统推进宿舍文化建设,由表及里,将文明团结、积极乐观、艰苦节约、协作进取等蕴含在红色文化中的内涵要义作为宿舍文化建设的重心,把宿舍卫生状况、宿舍气氛、宿舍成员的学习成绩和日常生活中的道德品行作为综合考评宿舍文化建设的指标。例如,宿舍中部分学员的学习成绩优异,但是课后抽烟、酗酒、出口成"脏"、卫生意识差、难以和舍友友好相处,一旦发现类似的问题,则被视为宿舍文化建设不合格。为了让红色主题的宿舍文化建设落到实处,我们可以将宿舍文化建设与评优评先、奖学金申请、文明宿舍等正面激励措施结合起来,让宿舍文化建设落到实处。引导大学生开展红色主题的以宿舍为整体的竞赛活动。苏联教育家苏霍姆林斯基曾言:"用环境,用学生创造的周围情景,用丰富的集体精神生活的一切东西进行教育,这是教育过程中一个微妙的领域。"①这句话既突出了文化育人的重要性,也强调了集体力量的伟大。通过开展红色主题的宿舍竞赛活动,如红色情景剧、红色诗歌集体朗诵等,既能让大学生在参与中受到红色精神与红色优良传统的熏陶,也能进一步培养大学生的团结协作和集体主义观念。宿舍文化是校园文化的重要组成部分,宿舍文化对于校园文化建设发挥着基础性的烘托和支撑作用。良好的宿舍文化有益于大学生身心的健康成长。

（四）加强高校图书馆建设,创造出更多优秀的红色精神食粮

图书馆是热爱学习的学生课余最爱前往的地方,图书馆中的书籍是莘莘学子宝贵的精神食粮。从古至今,关于阅读重要性的诗词句数不胜数。如"书读百遍其义自见""书中自有黄金屋,书中自有颜如玉"等。一是高校应丰富图书馆中关于红色文化的馆藏书籍。近年来,随着革命文化、红色文化以及"四史"教育的普及,越来越多以红色文化为主题的或是与红色文化高度相关的书籍不断涌现。对于育人主体来说,读书一般是出于科学研究的需要;对于育人客体来说,阅读是开展自我理论教育的主要途径,育人客体能够在阅读中受到教育与启发。因此,图书馆应及时采纳育人主客体的建议,添购能够满足科研需要和大学生日益增长的精神诉求的新书籍。二是充分利用图书馆现有的红色文献,做好红色文化的宣讲工作。图书馆要经常邀请红色文化研究的专业人员对大学生进行学术辅导,帮助大学生深入了解红色文化的内涵要义,同时培养他们钻研红色文化的兴趣。部分大学生在阅读红色书籍的过程中走马观花,带有随意性和盲目性,并不能真正内化红色精神。红色文化的专业研究人员应该为不同年级和不同专业背景的大学生推荐可读性强、红色知识丰富、价值引导和道德教化功效明显的红色报刊书籍,开设读书报告会用以畅谈读后感、传授读书经验等。此外,新媒体背景下搜索网络图书资源十分便捷,图书馆应积极组织开办讲解如何在专业的搜索引擎中查找红色书籍等的公益活动,提升大学生驾驭互联网的能力,以获取到最具价

---

① 转引自薛梅花:《让诗意生活从这里开始——新课程背景下的班集体文化建设研究概要》,《科教咨询（教育科研）》2012年第3期。

值的书籍资源。同时,图书馆也应积极自我优化和提升服务能力,如延长图书馆的开馆时间、提高馆员队伍的思想道德素质等,为大学生学习和认知红色文化资源提供更多的便利。

第三节　推动红色文化
融入高校思想政治教育的育人协助机制

根据唯物辩证法,内因是推动事物变化的根本原因,外因是事物发展的外部条件,是第二位的原因,但它能加速或延缓事物发展的进程,在一定条件下也能对事物的发展起决定性作用。结合红色文化育人实践来看,要想育人实践取得长足发展,首要依赖的是创新育人途径、改变育人观念等内在因素,同时也要争取"外援",从物质、思维、地位、政策与舆论等层面营造周边协助,助力育人实践。

一、物质协助

俗话说,兵马未动而粮草先行。红色文化育人是一项客观存在的教育实践活动,如果没有相应的物质投入作为保障,最终只能是"镜中花""水中月"。要打赢红色文化育人这场"硬仗",就必须把红色文化育人视为独立的子系统纳入思想政治教育的大系统之中,加强业务指导与规划、划拨专项经费,加大物力财力投入,为红色文化育人的持续开展提供物质保障。具体说来,物质协助包括以下几个方面:第一,为红色文化育人的校园实践提供场所上的便宜。红色文化育人不仅是课堂的理论教学,也包含丰富多彩的校园主题实践和学术活动,如红歌大赛、红色画展、红色学术论坛等。开展活动自然离不开对场地的需求,这就需要高校在礼堂、活动中心、报告厅等场所的使用方面提供帮助。第二,改善红色文化育人的办公条件。工欲善其事必先利其器,"赤手空拳"是很难开展好育人实践工作的。高校可以为育人主体配备专门的电脑用于育人实践的相关文字性记录工作;配备照相机、摄像机、录音笔等电子产品记录报告会的盛况、红色旅游过程中的精彩画面以及学生开展红色主题社会服务时的感人瞬间等。第三,积极拓宽红色文化育人的传播载体。如利用校园广播电台、学报、校报、文化长廊、宣传栏、校园网络等平台开设红色文化专栏,提高传媒设施的利用率。第四,增加红色文化育人专项经费。如教师申报与红色文化相关主题的科研项目获批后的课题经费;师生参加红色学术研讨会、交流会和专题培训班的教育培训经费;校园中涌现出来的先进集体和个人的表彰经费等。这些都要求高校为红色文化育人编列专门的经费预算,不开"空头支票",做到完成一处,下拨一处。此外,红色文化育人的专项经费也要做到科学规划、细水长流。例如,奖励经费的额度要合理,既不能浮夸,也不能过于吝啬;教育培训经费的报销也需要规定相应的教培层次,学术影响力不大、参与时间过短的学术培训可不予报销。

二、思维协助

红色文化育人的思维协助,主要是指理论研究层面的支持。近年来,虽然与红色文化相关的基础理论研究越来越多地充实了我们的学术文库,但其中高质量的研究成果不多,主要体现在核心论文和高水平专著的数量较少。这为新时代开展红色文化研究提供了契机。目前高校科研人员中专门从事红色文化研究的并不多,有些科研工作者或是出于短期内对红色文化产生的兴趣,或是置身于一个"研红"氛围较浓的学术团体中,才对红色文化展开研究。弊端在于众多"兼职"研究的科研工作者,难以对红色文化的内涵、特征、价值等范畴进行全方位的理解和把握,研究成果带有很强的思维局限性。对于年轻的学者来说,由于缺乏相关的理论沉淀和实践经历,同样对红色文化的内涵与外延难以思考得透彻。红色文化育人的思维协助可以从两个方面展开:第一,邀请专家、知名学者加强对教师课题申报的指导。课题是指我们要研究和解决的问题。积极申报课题既能够锤炼高校师生的学术思维能力和问题意识,也能够增强研究对象的现实关怀度。红色文化的研究一般分为本体论研究、外延性研究两大部分。本体论研究主要就是阐释和剖析红色文化的内涵、特征、价值等,外延性研究主要是探讨红色文化对其余客观事物的价值和意义。在提倡学科交叉研究的学术背景下,专家学者可以为红色文化的科研工作者提供多维的研究思路,并在选题是否具有意义、选题的框架搭建是否合理等层面给予建议。第二,育人主体应对学生撰写的红色文化相关论文予以悉心指导。无论是对红色文化的了解,还是在论文的逻辑结构、言语措辞等方面,教师都要"技高一筹"。对于致力于研究红色文化的大学生群体,我们应该珍惜,因为他们是未来传播红色文化的主力军。对于他们撰写的论文,育人主体要鼓励其中隐藏的学术闪光点,同时也应指出论文写作中存在的不足,在避免过度打击学生学术研究自信心的同时,提高他们的论文写作素养,唤起他们进一步研究红色文化资源的兴趣。

三、地位协助

"有位是为了有为,有位才能有为,有位要求有为。"①红色文化育人要想"大有作为",就必须拥有相应的地位。长期以来,红色文化育人处于较为尴尬的境地。例如,它从属于思想政治教育却又有着自己独立的运作系统,它融合在政治学、历史学、社会学、心理学、教育学等多个学科之中又打破了其一维性存在的权威。要打破这种尴尬的境遇,就必须推动红色文化育人"有位"。为红色文化育人提供地位协助,可以从两个方面努力:第一,推动红色文化校内研究机构和研究人员的定级定别。伴随着新中国的成立,国家诞生了一个新奇的客观存在——单位。单位是指机关、团体、事业单位、企业等非自然人的实体或其下属部门。它能够让主体在工作的过程中感受到集体的力量与温暖,调动其工作的积极性。对于红色文化的研究机构来讲,单位不仅是红色文化兴趣浓厚者的聚集地,更是创造知识、生产理论的"源头活水"。为各类研究机构定级,也就是以官方的名义为机构"加冕",让其拥有单位的"光环"。为研究人员定级,一则是高校对其科研工作的认可,二则也能激发

---

① 陈万柏、张耀灿主编:《思想政治教育学原理》(第二版),高等教育出版社2007年版,第57页。

他们进一步研究的热情。从本质上说,这是以正面激励的方式推动科学研究。如赣南师范大学把"中央苏区研究中心"定格为正处级。这些举措值得高校效法。第二,推动红色文化的学科建设。有学者从若干方面阐述了红色文化相关学科建设的宗旨与可行性,如"体现着加强社会主义意识形态的需要、表达了深化对马克思主义理论学科建设的有益尝试、进一步强化了红色文化的资政育人功能、有助于服务红色旅游产业的品质发展。"①从学科基础来看,红色文化学科从属于马克思主义理论一级学科。对红色文化的构成与内涵、形成与发展脉络、价值与功能、开发与利用等进行深入的研究,根本目的在于洞察红色文化的形成发展规律,为社会主义现代化建设服务、为意识形态教育服务。红色文化学科具有开放性的特征。它能够打通马克思主义中国化、中国近现代史基本问题研究、思想政治教育等二级学科,并且与党史、社会主义发展史、文化学等学科联系密切,具体表现在融合了这些学科的价值判断、知识构成、理论原则等。所以红色文化学科是一门散发着耀眼理论魅力和强大实践能力的前沿学科,值得高校探究。

四、政策与舆论协助

有效利用红色文化开展育人实践的前提是保护好红色文化资源。有学者指出:"在现代性社会的状态下,一切固化的僵硬的社会关系以及与之相适应的被人们尊崇的崇高性和权威性都被消解,一切新形成的社会关系尚不及固定下来就变得陈旧了。一切等级的和固化的关系好像都烟消云散了,一切神圣的东西都被人们无情地亵渎了。现代社会是一个价值理想、价值标准全面解体的时代,权威被赶下了神坛,调侃和解构成为主流。"②在社会主义核心价值观教育深入推进且人民思想道德素质稳步提升的新时代,以上论调或多或少带有悲观主义的色彩,但同时也表达了学者们对于红色文化的传承面临困境的忧虑。尽管不少高校经常组织大学生开展各种红色主题的校园文化活动和红色社会实践,力图在大学生头脑中播下社会集体记忆中关于"红色

---

① 渠长根:《红色文化学科建设刍议》,《红色文化资源研究》2017 年第 2 期。
② 杜向民、郗波、王立洲:《高校红色文化教育传承研究》,中国社会科学出版社 2021 年版,第 88 页。

记忆"的种子,但社会上对红色事迹的"重思"①,对革命先烈和英模人物的"反思",对社会主义革命和建设所取得的优秀成果的"辨思",都在不同程度上动摇着红色文化的权威性和崇高性,也冲淡了红色文化的话语影响力。这些都给红色文化保护工作带来了阻力。近年来,国家完善并出台了一系列的法律政策用以保护红色文化。如《中华人民共和国文物保护法》(1982 年颁布施行,2017 年修订)、《中华人民共和国国家勋章和国家荣誉称号法》(2015 年颁布,2016 年施行)以及《中华人民共和国英雄烈士保护法》(2018 年颁布并施行)等。为了更好地传承红色基因,发挥好红色文化的资政育人功效,党和政府的相关职能部门也陆续出台了传承红色文化的政策性指导文件。如2014 年教育部印发了《完善中华优秀传统文化教育指导纲要》,其中提及了要坚持中华传统文化教育与时代精神教育和革命传统教育相结合,要充分利用博物馆、纪念馆、文化馆(站)、故居旧址、名胜古迹等,组织学生进行实地考察和现场教学;2018 年 6 月,中央军委印发《传承红色基因实施纲要》,强调要抓好科学理论武装、开展党史军史宣传教育、加强存史编史研史,开发红色革命文化,让红色基因永葆活力、彰显威力。2019 年,全党相继开展了两个批次的"不忘初心、牢记使命"主题教育活动,积极利用红色文化,将其打造为育人的载体。新时代的大学生思维更为活跃,极具个性,育人铸魂的影响因素也变得更为复杂,相关职能部门应审时度势,及时制定与红色文化育人相关的新文件、为育人实践指明航向、提供思路。党历来重视宣传工作,我们要积极利用《人民日报》、新华社等主流媒体报道红色文化及其育人实践的成功经验,既能为育人工作者提振力气,也能向全社会播撒热爱红色文化的种子。习近平总书记指出:"坚持团结稳定鼓劲、正面宣传为主,是宣传思想工作必须遵循的重要方针。我们正在进行具有许多新的历史特点的伟大斗争,面临的挑战和困难前所未有,必须坚持巩固壮大主流思想舆论,弘扬主旋律,传播正能量,激发全社会团结奋进的强大力量。"②红色文化印证的是党光辉的奋斗史,

---

① 此处"重"的发音为 chóng。
② 《习近平在全国宣传思想工作会议上强调:胸怀大局把握大势着眼大事 努力把宣传思想工作做得更好》,《人民日报》2013 年 8 月 21 日,第 1 版。

其中蕴含着无数的感人事迹。每一件感人事迹所彰显出来的高尚道德品质，都是主旋律教育、正能量教育的优秀资源。红色文化只在校园传播，场域有限，影响力也有限。通过公共媒体将红色文化传播开来，能够在提升红色文化"社会认同度"的同时，净化社会的舆论风气。

第四节　健全红色文化
融入高校思想政治教育的保障机制

为了源源不断地给红色文化研究注入新鲜血液，汇聚研究、教育和宣传等各方面人才，使红色文化更加契合大学生思想政治教育工作的内在要求，各高校需与社会各界密切合作，做好四项保障工作，即组织保障、制度保障、物质保障和环境保障。

一、组织保障

红色文化真正融入大学生思想政治教育，需要各高校与国家党政机关、社会机构等教育力量协同合作，共同建立专门的红色文化研究机构，为红色文化融入大学生思想政治教育提供组织保障。组织保障是科学研究的有力依靠，是各方专家学者发挥才能的平台。将红色文化真正融入大学生思想政治教育，组织建设必不可少。当前，在组织建设方面，已有部分机关和高校进行了尝试，并取得了一定的效果。例如，2013 年 7 月教育部与中共中央党史研究室联合设立高等学校中国共产党革命精神与文化资源研究中心，为党史研究提供了平台；2016 年 9 月，河南师范大学成立中国共产党革命精神与中原红色文化资源研究中心，为红色文化融入高校思想政治教育提供了平台保障。这些有益的尝试只是开始，将红色文化融入高校思想政治教育需要建立更多的研究平台，为相关措施的后续施行做好铺垫。

二、制度保障

制度一般是指要求所有人共同遵守的办事规程或行为标尺。在不同的行业,都需要有具体的做事准则,制度的设定是为了使各项工作按照计划和要求来达到预计目标。红色文化融入高校思想政治教育,需要有一系列的制度体系作为保障,唯有如此,才能用制度保障、约束个人和集体,为红色文化的发展提供助力。首先,高校应该结合本校实际,制定红色育人实施方案,开展协同创新,出台专门的指导性文件。其次,在微观层面上,高校应结合自身实际,制定管理办法和实施意见,制定日常运行管理办法、研究人员聘任考核奖励条例、经费使用办法、资料管理制度等。最后,为推动合作研究、协同研究,应加强各学科专业联系,有效利用社会各方教育资源,开展校际协同合作,建立协同创新机制。这种制度层面的保障不是一朝一夕能完成的,需要长期坚持。

三、物质保障

任何事情的执行都需要有一定物质基础作保障,红色文化融入高校思想政治教育,需要投入大量的人力、物力和财力。其一,提高教师待遇,加大科研支持力度。思政课教师担负着重大的使命和责任,不仅肩负着全校学生的思政课教学任务,还要做好科研工作,这对每一位思政课教师来说都是莫大的挑战。提高教师待遇和加大科研支持力度,可以使教师感受到国家和学校的物质关怀,从而调动他们的积极性。其二,加大对红色文化资源区的经济扶持力度。精神层面的红色文化需要我们传承、发扬,物质层面的红色文化则需要我们保护、开发。红色文化资源是革命先辈用生命留下的珍贵资源,为此,我们必须加大对红色资源的保护力度,这就需要政府加大对红色文化资源区的扶持力度,为红色资源传承、开发提供物质保障,最大限度保留完整的红色文化资源。

四、环境保障

红色文化融入高校思想政治教育,其外部环境是社会氛围,做好此项工作,需要社会成员的集体参与和共同努力,营造良好的社会氛围,为思想政治教育工作提供良好的环境保障。比如,社区标语、横幅、墙画等无不彰显着社区与高校一同为思想政治教育事业做出的努力。高校思想政治教育工作并不是孤立的,虽然其教育的对象主要是在校大学生,看似把大学生思想政治教育限制在了校园围墙之内,然而正因为教育对象是大学生,大学生与社会之间有着密不可分的联系,所以高校思政工作还需要与社会密切联系,只有社会各界共同参与,共同营造良好的社会氛围,高校思政工作才能够顺利进行。

第五节　推动红色文化
育人价值的运行途径

马克思主义认为,精神对物质、社会意识对社会存在具有巨大的能动作用。党领导全国人民在开展新民主主义革命、社会主义革命和现代化建设的征途中,始终坚持运用红色文化进行思想动员、政治教育、道德教化。新时代的高校教育工作者要始终围绕立德树人这个根本任务,在继承红色文化育人优良传统的基础上,以敏锐的眼神洞察当前育人实践中存在的问题,根据社会发展和大学生身心发展的诉求创新育人途径,提升红色文化的认同感,助推育人成效的提高,为培养社会主义现代化建设的合格接班人作出贡献。

一、深化红色文化的基础理论研究

红色文化之所以能够作为育人铸魂的宝贵资源,理由有二。一则红色文化的内涵与中华优秀传统文化、社会主义核心价值观有着较高的契合度,在社会主义现代化建设和实现中华民族伟大复兴的进程中发挥着振奋人心、凝聚力量的作用。二则红色文化能够提高意识形态教育的成效,拓宽育人铸魂的路径。传统的意识形态教育以灌输的形式为主,而红色文化育人能够以

"听故事""观实物""谈感想"等形式增强意识形态教育的趣味性和感染力。此外,红色文化资源因产生的时代背景不同、奋斗主题不同、地理区位不同,其内涵也会有所差异。而学术界现有的关于红色文化的研究基本较为宏观或是主题较为陈旧,缺乏对时代性、民族性、地域性的红色文化研究,这些都是红色文化基础理论研究的薄弱环节。从高校育人的视域来看,大学生学习和生活在开放多元的环境之中,红色文化育人应积极依托基础理论研究产生的新成果,用主题相符的红色文化去弥合大学生日新月异的心理走势。对于红色文化基础理论研究的困境,一是部分研究人员与时俱进的能力有待提升。他们没能及时把握社会发展过程中的正能量事件并从中提取出红色基因,将其转化为育人的素材。二是部分研究人员深入人民群众的力度不够。红色文化既能够反映党在一定时期的执政理念、价值取向、思想道德境界、行为范式等内容,同时也来自人民、服务人民,能够反映人民群众的心声。简言之,人民群众的首创精神是红色文化的依托。部分研究人员主观上看淡了人民群众在红色文化创造过程中的主体地位,没能深入群众做调研,只等官方指导文件用以开展基础理论的研究,他们是合格的政策解读者,但不是优秀的理论知识创造者。理论研究与育人实践之间的脱节,也是当前亟待解决的问题。经过数年的学术探索,红色文化与思想政治教育的融合研究也已有成果出现。但真正做到理论与实践相结合、科研成果转化为育人生产力的并不多见。要解决这个问题,需要从三个维度进行探讨。从国家层面来看,要让红色文化"飞入寻常百姓家",提高全社会对红色文化的认可度。这就依赖党在治国理政的过程中率先垂范,积极践行红色精神,继承优秀的红色传统,利用红色文化开展党的各项事业等。从高校层面来看,要积极制定推动红色文化育人实践开展的相关顶层设计,如资金统筹、人员配备、奖惩措施等,不能只在口头上支持,要以实际行动助推育人实践的开展。从育人主体层面来看,要以生为本,让红色文化育人实践贴近现实,做到育人实践有规律地良性运转。红色文化育人若是不关注大学生的现实诉求,片面充当政治说教的工具,其实践的成效必然式微。因此,红色文化育人必须重视新时代大学生的物质需求和精神需求,把满足利益诉求与发挥主观能动性相结合,突出红色文化育人的现实关怀,积极疏通大学生的心理症结,同时提高他们的思想道德素质,促进其自由全面地发展。

二、形成高校红色文化育人的合力

恩格斯在深入分析人类社会演进过程中政治和经济条件交互作用的辩证关系时,提出了著名的历史合力论。他指出:"历史是这样创造的:最终的结果总是从许多单个的意志的相互冲突中产生出来的,而其中每一个意志,又是由于许多特殊的生活条件,才成为它所成为的那样。这样就有无数互相交错的力量,有无数个力的平行四边形,由此就产生出一个合力,即历史结果。"①此番论述为红色文化育人形成合力提供了理论基础。2017 年 2 月 27日,中共中央、国务院印发《关于加强和改进新形势下高校思想政治工作的意见》,指出:"坚持全员全过程全方位育人。把思想价值引领贯穿教育教学全过程和各环节,形成教书育人、科研育人、实践育人、管理育人、服务育人、文化育人、组织育人长效机制。"②"三全育人"理念是新时代高校范围内形成思想政治教育合力的最新表述。红色文化是属于全党、全社会的宝贵财富,利用其开展育人实践不能只依靠学校,更要形成学校教育、社会教育、家庭教育"三位一体"的育人理念。从社会教育来看,主要包括社区教育、大学生实习单位教育等。开展红色文化社会育人可以做到以下几点:第一,积极打造红色文化育人的社会性队伍。如各社区、单位可以筛选出对红色文化感兴趣的工作人员,对他们开展有组织、有计划的理论培训,提高他们的理论素养,将他们打造为红色文化社会育人的主力军,为红色文化育人及宣传工作的开展奠定组织基础。第二,各社区、单位积极与高校开展横向联动。高校可以鼓励大学生利用节假日或周末开展红色主题的服务类公益活动,社区和用人单位可以对大学生完成社会实践的情况进行实事求是地考评。另外,社区工作者还能够为大学生在开展红色宣传活动、文娱活动等方面提供业务指导。第

---

① 《马克思恩格斯选集》第四卷,人民出版社 2012 年版,第 605 页。

② 《中共中央　国务院印发〈关于加强和改进新形势下高校思想政治工作的意见〉》,《人民日报》2017 年 2 月 28 日,第 1 版。

三,积极邀请社区里的革命老前辈或是英模人物为大学生现身说法。他们是红色基因的"携带者",是红色优良传统的笃定践行者。他们的一言一行、一举一动都能够对大学生产生潜移默化的影响。第四,无论是社区还是大学生的用人实习单位,一定要积极营造热爱红色文化、践行红色精神的良好氛围。当大学生在假期、周末等闲暇时间走进社会时,若能感受到一股积极向上的社会风气和亲眼目睹正能量的高尚行为,自然能够对红色文化产生认同感。习近平总书记指出:"家庭是社会的基本细胞,是人生的第一所学校。不论时代发生多大变化,不论生活格局发生多大变化,我们都要重视家庭建设,注重家庭、注重家教、注重家风,紧密结合培育和弘扬社会主义核心价值观,发扬光大中华民族传统家庭美德。"[①]"一般来说,亲切和睦、温暖、充满爱心。奋发向上的家庭环境有利于青少年健康人格的培育。"[②]从利用红色文化资源开展家庭教育的角度来看,就是要积极利用红色家风、家训对晚辈进行思想的熏陶与行为的教化。红色家风、家训是中国共产党人的价值取向、精神风貌、道德品行在家庭生活层面的集中体现,对于坚定理想信念、传承红色优良传统有着积极的作用。利用红色家风、家训开展家庭教育需要注意两个方面:第一,家庭成员尤其是长辈群体一定要率先垂范,将红色精神以及优良传统融入为人处事中,塑造良好的个人形象。如爱岗敬业、乐于奉献、诚信友善等。第二,要从时代角度适当地为红色家风、家训扩容,及时吸收先进的红色基因并转化为符合自身家庭的相应要求,增强家风、家训的生命力与时代感。

三、建构红色文化与其他文化资源的"和合共生"

目前国内学术界对于文化的分类形式多样且争论不休,但大部分学者对以"文化"为分类依据持认同的态度。有学者依据"不同主题"对文化资源进行分类,将其分为"历史文化""民族文化""民俗文化""宗教文化""红色文化"等。也有学者以文化资源的"获取途径"为划分依据,将其分为物质实证

---

① 《中共中央　国务院举行春节团拜会　习近平发表重要讲话》,《人民日报》2015 年 2 月 18 日,第 1 版。
② 陈万柏、张耀灿主编:《思想政治教育学原理》(第二版),高等教育出版社 2007 年版,第 105 页。

性文化、文字与影响记载性文化、传承性文化。本课题这里所展望的与红色文化资源一起建构"和合共生"模式的文化资源,需要框定范围,便是高校用来开展育人铸魂实践的那部分文化资源,主要包括历史文化、民族文化等内容。之所以想要尝试建构红色文化资源与其他类型文化资源的"和合共生"模式,缘由如下:第一,红色文化与其余类型资源的育人价值同向。不论是何种文化资源,只要被高校采用并且用于育人实践,虽然具体的育人内容会有所差异,但终极指向都绕不开为社会主义培养合格的建设者与接班人这个目标。第二,红色文化与其他类型的资源可以秉持求同存异的原则,相互借鉴、共同提高。不论哪种类型的文化资源,都有其特定的时代背景、内涵、特征及价值等范畴。育人主体要本着开放的姿态,找寻不同文化资源之间的契合点,做到互相"捧场",提升彼此的认知度。不同类型的文化资源,可以作为平等对话的伙伴关系,相互理解、彼此尊重,并在一种和谐相处的环境中消除误解。

四、推动红色文化育人价值的有效利用

红色文化的育人价值主要体现在精神激励、价值引领和行为示范三大范畴。从本质上看,红色文化的育人价值表现为红色文化对大学生形成社会所需要的道德品质以及实现自由全面发展的积极功效,育人价值的最终落脚点是大学生群体。探讨红色文化育人价值的有效利用,也就是反向探讨大学生经过红色文化育人后所具备的精神面貌对个体、高校以及红色文化资源本身的作用。

(一)红色文化育人价值有效利用的实质分析

第一,红色文化育人价值的有效利用是对育人实践取得成效的佐证。"思想政治教育的实现,其内涵是价值的由'潜'到'显',其实质是价值客体的主体化。"[①]红色文化的育人价值实现必然也是由"潜"到"显"的过程。未经利用的红色文化处于"潜"的状态,而经过合理利用且满足了大学生身心

---

① 张耀灿、郑永廷、吴潜涛,等:《现代思想政治教育学》,人民出版社 2006 年版,第 186 页。

发展需要的红色文化就具备了"显"的价值。在红色文化育人过程中,红色文化的价值体现在将本质属性完全展开,发挥促进大学生全面发展和社会发展进步的积极作用。随着红色文化育人的不断深入,其育人价值也在不断叠加。因为大学生身心发展不是一蹴而就的,红色文化在满足了大学生的部分需要之后,大学生又会产生新的需要,在循环往复中促进育人价值的不断生成和实现。但对育人价值进行利用的前提是"有价值",如果红色文化育人没有取得"显"的价值,那对其价值的利用也就失去了前置条件,成了一纸空谈。因此,要实现对红色文化育人价值的有效利用,必须依赖教育主体更新育人观念、拓宽育人途径,提高红色文化的育人成效。

第二,红色文化育人价值的有效利用是对育人实践不足的具体反馈。红色文化育人价值的实现分为三个阶段。第一个阶段是育人主体把红色文化中蕴含的政治观点、道德观念以及价值取向等育人内容通过理论、实践等多种途径传授给大学生,大学生通过对教育内容进行自我筛选、加工和改造,达到内心的认同。第二阶段是大学生把内心的认同融入日常学习、生活、工作的具体行为之中,形成习惯。第三阶段是育人主体根据大学生的行为所产生的社会效果进行评价,适时调整前两个段阶段的内容。以此循环往复,促进大学生自由全面的发展。对育人价值的利用能够检测出育人实践存在的薄弱环节,窥测育人实践是否取得应有的成效,提供针对性的改进思路。例如,若是需要窥测红色文化资源育人价值中关于行为示范类的价值成效,可以积极开展红色主题的社会公益实践活动、营造校园红色文化环境的实践活动,观察大学生的参与度和具体行为表现。

(二)红色文化育人价值有效利用的具体路径

从本质上说,红色文化育人是改造大学生内心世界的客观实践活动,其价值具有主观性和因果关系不确定性等特点。因此,探讨红色文化育人价值的利用路径问题,就是探讨主观见之于客观的过程及其效度的实现问题。需要指出的是,育人价值的效度可以从大学生日常的行为表现中进行观测和评价,这也为育人价值的利用提供了现实的参照点,避免了理论到理论的空洞研究。利用红色文化育人价值的路径大致可以从以下几个层面展开。

第一，利用大学生所认知的红色文化开展自信教育，改善日常学习和生活中的个体精神面貌，提振信心。自信对于优秀人格的塑造意义重大，是个体对自我能力的积极评价和肯定。一方面，自信同属于主观意识层面的范畴，是一种心态，能够对个体的行为产生积极能动的影响，调动和催生大学生参与实践的主动性和参与过程中的创造力，激发个人的潜能，引导大学生趋近成功；另一方面，自信也是大学生身心健康发展的内在需求，是自我认同并相信自己能达成目标的心理趋向。自信有益于大学生构建积极、乐观、向上的心态，能够引导他们理性对待挫折、处理问题，增加大学生的抗压能力。因此，自信对于锻造健康的心理品质，树立正确的世界观、人生观、价值观具有重要的作用。精神层面的红色文化融合并发展了中华优秀传统文化，同时开创了社会主义先进文化，具有浓郁的文化自信底蕴。红色文化中蕴含的爱国为民、艰苦奋斗、坚韧勇敢、励志图强、锐意进取的价值内涵，既是社会主义现代化建设事业的精神引领，也是新时代大学生培育自信理念的源泉。大学生在接受红色文化育人的同时，能够形成积极向上的心理态势。所以说，红色文化育人为自信教育的开展奠定了坚实的基础。

第二，利用红色文化的育人价值营造良好的校园学习氛围，形成崇学重德、知行合一的校园文化环境。马克思认为，"人的本质不是单个人所固有的抽象物，在其现实性上，它是一切社会关系的总和"①。高校是小型的集体共同体，大学生是构成这个共同体基础的细胞单元，带有社会的性质。社会化关系是人本质属性的具体表现，高校的社会化就是大学生对物质的和精神的教育生产资料和生产成果的共同占有。对于红色文化育人来说，它的育人价值是面对校域内全体大学生的，大学生是育人价值的占有者和享用者。从整体和部分的辩证关系来看，部分是构成整体的必要元素。校园内良好的学习氛围，不是依靠少数大学生的个体行为就能够形成的，需要大部分学生以优秀的道德品质和持之以恒的规范的行为来共同塑造。从本质上看，教育社会化的本质属性以及红色文化育人的价值旨归具有高度的契合性。利用红色

① 《马克思恩格斯文集》第一卷，人民出版社 2009 年版，第 501 页。

文化的育人价值营造崇学重德的校园文化氛围,既是对大学生精神面貌的外在彰显,也是形成育人隐性载体的必然选择。此外,红色文化的育人价值中包括了行为示范层面的内容,可以将其用于校内外社会实践中。如在举办红色主题的文艺活动、社会公益实践活动时,积极利用行为示范层面的育人价值,提高活动效率。

第三,利用红色文化的育人价值开拓新型红色文化资源。从红色文化育人的"三阶段说"来看,大学生在大脑皮层中形成对红色文化资源的理性认知属于"第一阶段"的价值取向。但能否形成理性认知直接决定育人价值的"第二阶段"外化以及"第三阶段"评价、反馈和调整是否能够顺利开展。因此,红色文化育人"第一阶段"的价值高低,直接决定了红色文化在大学生群体中的影响力和生命力。简言之,要利用红色文化的育人价值,前提是要在大学生心里形成认同感。红色文化具有时代性的特征,会随着党执政的不断深化和社会发展的不断演进产生更多新的形态。从红色文化的创造主体来看,是党及其领导下的广大人民群众。只有人民群众对红色文化有信仰,才具备创造新型红色文化的动力。对于高校来说,高校党委及广大的育人主客体就是红色文化的淬炼者。高校既要具备时代发展的前瞻性,也要具有开发校史的历史责任感;既要带领大学生结合时代发展的重大热点事件挖掘和提炼具有新内涵的红色文化,也要号召大学生学习校史,从校史的先进人物和感人事迹中体悟红色文化资源的要义。

第四,将红色文化的育人价值纳入评价指标。红色文化的育人价值把大学生的自由全面发展作为最终的衡量指标。育人价值的实现程度可以作为育人实践开展的"晴雨表",观测育人实践开展的效度,反馈实践过程中存在的问题。但任何一项评价活动,都不可能穷尽评价对象的所有方面,也不可能对所有方面进行评价,更无法对评价结果进行毫厘不差的描述,因而这决定了在评价活动中为了更好地反映评价对象,对评价对象的基本现状、发展趋势、因果关系乃至最终结果进行描述,应采用模糊评价。红色文化育人归根结底还是"做人的工作",而大学生的思想水平、政治觉悟、道德品质、文化素养每时每刻都处于变化发展中。红色文化育人成效所具有的浓厚主观性色彩,决定了育人价值只能作为模糊评价的参数。即便如此,通过现场访谈、匿名问卷调查等形式,仍然能够反馈一定时期内红色文化资源育人成效的高低。总之,红色文化育人会随着时代的发展不断更新内涵与外延。对于高校教育工作者来说,一定要承担起传播和弘扬红色文化资源的职责,在理论研究中不断涌现出新的灵感,在实践探索中不断总结新的经验,实现红色文化育人新的飞跃。

参考文献

著作类

［1］《马克思恩格斯选集》第一卷、第三卷,人民出版社 2012 年版。

［2］《马克思恩格斯文集》第一卷、第四卷,人民出版社 2009 年版。

［3］《马克思恩格斯全集》第二十卷,人民出版社 1971 年版。

［4］《马克思恩格斯选集》第四卷,人民出版社 2012 年版。

［5］《列宁全集》第六卷,人民出版社 1986 年版。

［6］《列宁全集》第三十五卷,人民出版社 1985 年版。

［7］《毛泽东选集》第一卷、第三卷,人民出版社 1991 年版。

［8］《毛泽东文集》第三卷,人民出版社 1999 年版。

［9］《毛泽东文集》第一卷,人民出版社 1993 年版。

［10］《邓小平文选》第二卷,人民出版社 1994 年版。

［11］《邓小平文选》第三卷,人民出版社 1994 年版。

［12］《习近平谈治国理政》第一卷,外文出版社 2018 年版。

［13］ 习近平:《论中国共产党历史》,中央文献出版社 2021 年版。

［14］《陈独秀文章选编》(上),生活·读书·新知三联书店 1984 年版。

［15］《习近平谈治国理政》,外文出版社 2014 年版。

［16］ 马克思、恩格斯:《共产党宣言》,人民出版社 2018 年版。

［17］ 刘建伟:《红色文化融入高校社会主义核心价值观教育研究》,人民出版社2018年版。

［18］ 《李大钊全集》第四卷,人民出版社2006年版。

［19］ 张宝明主编:《〈新青年〉百年典藏》(政治文化卷),河南文艺出版社2019年版。

［20］ 陈桂生:《中国革命根据地教育史》(上),华东师范大学出版社2015年版。

［21］ 李国强:《中央苏区教育史》,江西教育出版社2001年版。

［22］ 渠长根主编:《红色文化概论》,红旗出版社2017年版。

［23］ 贾钢涛:《延安时期中国共产党农民文化教育研究(1935—1948)》,人民出版社2018年版。

［24］ 陈桂生:《中国革命根据地教育史》(下),华东师范大学出版社2016年版。

［25］ 中共中央文献研究室编:《中华人民共和国开国文选》,中央文献出版社1999年版。

［26］ 潘万木、刘风华、程远志主编:《简明中国传统文化》,华中科技大学出版社2014年版。

［27］ 《党的十九大报告辅导读本》,人民出版社2017年版。

［28］ 中共中央文献研究室、中央档案馆编:《建党以来重要文献选编(一九二一—一九四九)》第一册,中央文献出版社2011年版。

［29］ 中共中央文献研究室编:《十二大以来重要文献选编》(下),人民出版社1998年版。

［30］ 黄蓉生:《大学生思想政治教育若干论题研究》,人民出版社2016年版。

［31］ 陈万柏主编:《思想政治教育学原理》,中国人民大学出版社2013年版。

［32］ 张耀灿、郑永廷、吴潜涛,等:《现代思想政治教育学》,人民出版社2006年版。

［33］　中共中央文献研究室编:《十八大以来重要文献选编》(上),中央文献出版社 2014 年版。

［34］　中共中央组织部党建研究所编:《党的建设大事记(十八大—十九大)》,党建读物出版 2018 年版。

［35］　刘建伟:《红色文化融入高校社会主义核心价值观教育研究》,人民出版社 2018 年版。

［36］　朱钦胜、程小强、邱小云:《中国红色文化研究文集》,广东人民出版社 2018 年版。

［37］　陈万柏、张耀灿主编:《思想政治教育学原理》第三版,高等教育出版社 2015 年版。

［38］　《刘少奇选集》上卷,人民出版社 1981 年版。

［39］　胡国义:《思想政治教育价值论》,浙江教育出版社 2009 年版。

［40］　《江泽民文选》第一卷,人民出版社 2006 年版,第 121 页。

［41］　中国社会科学院语言研究所词典编辑室编:《现代汉语词典》第 7 版,商务印书馆 2016 年。

［42］　《李达文集》第一卷,人民出版社 1988 年版。

［43］　《军队政治工作学》编写组编:《军队政治工作学》,人民出版社、高等教育出版社 2011 年版。

［44］　《关于深化新时代学校思想政治理论课改革创新的若干意见》,人民出版社 2019 年版。

［45］　李雅茹:《新时代高校思想政治理论课教学改革与创新》,上海远东出版社 2019 年版。

［46］　王炳林、张泰城主编:《高校红色文化资源育人发展报告 2016》,人民出版社 2017 年版。

［47］　侯长林:《校园文化略论》,贵州教育出版社 1991 年版。

［48］　吴晓群:《古代希腊仪式文化研究》,上海社会科学院出版社 2000 年版。

［49］　品墨主编:《好教风　好学风　好校风》,新华出版社 2017 年版。

［50］　时蓉华主编：《社会心理学》，上海人民出版社1986年版。

［51］　王炳林、张泰城主编：《高校红色文化资源育人发展报告2017》人民出版社2018年版。

［52］　周成海：《课堂教学原理与方法》，中国轻工业出版社2015年版。

［53］　冯刚：《理直气壮开好思政课——把握新时代思政课建设规律》，人民出版社2019年版。

［54］　《习近平谈治国理政》第二卷，外文出版社2017年版。

［55］　肖灵：《当代大学生红色文化传播研究》，中国社会科学出版社2015年版。

［56］　徐志栋、薛祥、申志清：《精神的力量》，中国言实出版社2018年版。

［57］　盛春荣、沈国民、蒋云兵主编：《新课程与体验式教学》，浙江工商大学出版社2018年版。

［58］　王炳林、张泰城主编：《高校红色文化资源育人发展报告2018》，人民出版社2020年版。

［59］　陈万柏、张耀灿主编：《思想政治教育学原理》（第二版），高等教育出版社2007年版。

［60］　张耀灿、郑永廷、吴潜涛，等：《现代思想政治教育学》，人民出版社2006年版。

［61］　渠长根主编：《马克思主义中国化、大众化语境下的红色文化研究》，中国工商出版社2013年版。

［62］　喻承久：《中西认识论视域融合之思》，人民出版社2009年版。

［63］　骆郁廷：《精神动力论》，武汉大学出版社2003年版。

［64］　［法］托多罗夫：《巴赫金、对话理论及其他》。蒋子华、张萍译，百花文艺出版社2001年版。

［65］　［德］弗里德里希·席勒：《审美教育书简》，冯至、范大灿译，北京大学出版社1985年版。

［66］　［美］格雷戈里·希科克：《神秘的镜像神经元》，李婷燕译，浙江人民出版社2016年。

［67］ ［美］西摩·马丁·李普塞特:《政治人——政治的社会基础》,张绍宗译,上海人民出版社 1997 年版。

［68］ ［法］布迪厄、［美］华康德:《实践与反思:反思社会学导引》,李猛、李康译,中央编译出版社 2004 年版。

［69］ ［英］加汉姆著:《解放·传媒·现代性》,李岚译,新华出版社 2005 年版。

［70］ 《苏霍姆林斯基选集(五卷本)》第 5 卷,教育科学出版社 2001 年版。

［71］ 王刚:《思想政治教育资源研究》,西南师范大学出版社 2017 年版。

期刊类

［72］ 陶璐、胡松:《"红色资源"相关概念的辨析》,《江西科技师范学院学报》2012 年第 2 期。

［73］ 王以第:《"红色文化"的价值内涵》,《理论界》2007 年第 8 期。

［74］ 赖宏、刘浩林:《论红色文化建设》,《南昌航空工业学院学报(社会科学版)》,2006 年第 4 期。

［75］ 何克祥:《红色文化与马克思主义中国化要论》,《中共南昌市委党校学报》2007 年第 1 期。

［76］ 李水弟、傅小清:《红色文化之源:中国共产党的先进性》,《求实》2008 年第 5 期。

［77］ 魏本全:《从革命文化到红色文化:一项概念史的研究与分析》,《井冈山大学学报(社会科学版)》2012 年第 1 期。

［78］ 陈莉莉:《以红色文化推进马克思主义大众化的基本路径探析》,《河南社会科学》2012 年第 9 期。

［79］ 汤玲:《中华优秀传统文化、革命文化和社会主义先进文化的关系》,《红旗文稿》2019 年第 19 期。

［80］ 胡锦涛:《坚定不移走中国特色社会主义文化发展道路　努力建设社会主义文化强国》,《求是》2012 年第 1 期。

［81］　许全兴:《中国近现代两大历史任务刍议》,《理论视野》2016 年第 8 期。

［82］　贾微晓、丘小云:《从文化基因的角度再论红色文化——兼论红色文化与其他文化的从属和融合关系》,《广西社会科学》2019 年第 1 期。

［83］　刘润为:《红色文化:中国人的精神脊梁》,《红旗文稿》2013 年第 18 期。

［84］　李红喜:《陈望道:真理的味道非常甜》,《党建》2020 年第 7 期。

［85］　彭月英、钟佩君:《毛泽东土地革命时期教育思想和实践的鲜明特色》,《湖南科技大学学报(社会科学版)》2012 年第 3 期。

［86］　黄蓉生、丁玉峰:《习近平红色文化论述的思想政治教育价值探析》,《思想教育研究》2018 年第 9 期。

［87］　孙绍勇、郑人杰:《红色文化增进社会主义意识形态认同的四维解析》,《湖北社会科学》2017 年第 11 期。

［88］　闫玉清:《为人民服务:贯穿百年党史的红线》,《求是》2021 年第 6 期。

［89］　秦志龙、王岩:《意识形态领导权、管理权、话语权关系研究》,《宁夏社会科学》2017 年第 6 期。

［90］　罗丽琳、蒲清平:《红色文化的思想政治教育基因及其时代价值》,《新疆师范大学学报(哲学社会科学版)》2018 年第 6 期。

［91］　张红英、何志敏:《论红色文化的基本特征及其当代价值》,《毛泽东思想研究》2020 年第 5 期。

［92］　刘虹、陈世润:《红色资源:当代思想政治教育的有效资源》,《教育评论》2008 年第 3 期。

［93］　虞志坚:《"四史"教育融入高校思想政治理论课教学的三重逻辑》,《江淮论坛》2020 年第 6 期。

［94］　许瑞芳、张志恒:《廓清与重释:思想政治教育的本质探究》,《思想理论教育》2020 年第 4 期。

［95］　卞成林:《基于红色文化资源建设的马克思主义意识形态创新》,

《广西民族大学学报》(社会科学版)2021 年第 3 期。

[96]　王刚:《正确处理思想政治教育资源开发与利用的关系》,《思想教育研究》2015 年第 5 期。

[97]　陈世润、李根寿:《论红色文化教育的社会价值》,《思想政治教育研究》2009 年第 4 期。

[98]　孔祥慧:《新时代大学生思想政治教育的文化育人理念及其强化》,《思想政治教育研究》2019 年第 1 期。

[99]　刘建璋:《新时代铸魂育人的要素构成、现实表征与实践理路——基于习近平关于铸魂育人重要理论的探析》,《广西社会科学》2019 年第 12 期。

[100]　刘云山:《着力培育和践行社会主义核心价值观》,《求是》2014 年第 2 期。

[101]　曾耀荣:《红色文化与社会主义核心价值观来源问题新探》,《红色文化学刊》2017 年第 1 期。

[102]　周爽:《社会主义核心价值观彰显马克思主义人学思想的精髓》,《人民论坛》2016 年第 22 期。

[103]　张泰城、常胜:《红色文化资源与社会主义核心价值观培育》,《求实》2016 年第 11 期。

[104]　戴木才:《论坚定社会主义核心价值观自信》,《马克思主义研究》2018 年第 8 期。

[105]　杨竺松、胡明远、胡鞍钢:《中美文化软实力评估与预测(2003—2035)》,《清华大学学报(哲学社会科学版)》2019 年第 3 期。

[106]　王英杰、张朝彬、张舵:《文化自信与社会主义核心价值观认同机制构建》,《重庆社会科学版》2019 年第 5 期。

[107]　巨生良:《习近平青年工作思想的逻辑体系与科学内涵》,《西北师大学报(社会科学版)》2018 年第 6 期。

[108]　刘波亚:《红色文化认同的政治逻辑》,《甘肃社会科学》2016 年第 4 期。

［109］ 刘同舫：《百年马克思主义中国化的发展动力》，《国外社会科学》2021 年第 1 期。

［110］ 胡靖华：《论思想政治教育与大学生主体性人格的完善》，《浙江学刊》2003 年第 4 期。

［111］ 蓝贤发：《用红色文化厚植大学生爱国主义情怀》，《人民论坛》2021 年第 C1 期。

［112］ 李霞、曾长秋：《论红色资源的思想政治教育功能》，《求实》2011 年第 5 期。

［113］ 王春霞：《红色文化在大学生思想道德建设中的作用机制与实践路径论析》，《学校党建与思想教育》2020 年第 11 期。

［114］ 王崇景：《红色文化艺术教育对当代大学生思想道德的影响》，《艺术百家》2016 年第 S1 期。

［115］ 刘爱玲：《互联网视域下思想政治教育场域的转换与重构》，《思想理论教育导刊》2020 年第 6 期。

［116］ 袁芳、颜吾佴：《提升高校思想政治理论课亲和力的三重逻辑》，《中国高等教育》2019 年第 21 期。

［117］ 阮一帆、武彦斌：《消除思政课"痛点"提升教育满意度》，《中国社会科学报》2020 年 3 月 12 日第 1 版。

［118］ 陈坤、殷莎莎：《红色文化：高校思想政治理论课实践教学的战略选择》，《思想理论教育导刊》2017 年第 4 期。

［119］ 马静：《增强思想政治理论课的红色文化力量》，《教育评论》2021 年第 4 期。

［120］ 杨江民、潘勇：《高校思想政治理论课课堂教学评估与操作剖析》，《学校党建与思想教育》2016 年第 15 期。

［121］ 马晓燕：《基于实践体验的红色文化资源育人功能探究》，《思想理论教育》2019 年第 2 期。

［122］ 陈钿莹：《意象与重构：红色文化的音乐符码表达》，《新疆社会科学》2019 年第 2 期。

［123］　成桂英:《推动"课程思政"教学改革的三个着力点》,《思想理论教育导刊》2018 年第 9 期

［124］　邓艳君:《红色基因融入课程思政建设的三重路向》,《思想教育研究》2021 年第 2 期。

［125］　杨威、陈毅:《思想政治教育形态问题初探》,《思想理论教育》2020 年第 1 期。

［126］　巩茹敏、林铁松:《课程思政:隐性思想政治教育的新形态》,《教学与研究》2019 年 6 期。

［127］　杨威、汪萍:《课程思政的"形"与"质"》,《马克思主义与现实》2021 年第 2 期。

［128］　孙志伟:《理工类专业课程开展课程思政建设的关键问题与解决路径》,《思想政治课研究》2019 年第 1 期。

［129］　姜夏旺、罗方妍、李洁,等:《基于红色文化的革命类纪念馆文创产品设计研究》,《家具与室内装饰》2021 年第 5 期。

［130］　赵富学、焦家阳、赵鹏:《"立德树人"视域下体育课程思政建设的学理要义与践行向度研究》,《北京体育大学学报》2021 年第 3 期。

［131］　赵富学:《中国共产党百年红色精神融入高校体育课程思政建设研究》,《武汉体育学院学报》2021 年第 7 期。

［132］　宋向华、张学书:《思想政治教育视角下的高校校园文化建设》,《中国教育学刊》2013 年第 11 期。

［133］　周光礼:《校园物质文化景观的教育学断想——兼谈隐性课程的实现》,《教育理论与实践》1999 年第 1 期。

［134］　迟淑清:《论蕴含于高校校园文化活动中的隐性思想政治教育》,《黑龙江高教研究》2014 年第 2 期。

［135］　王帅:《论新时期高校校园文化活动的组织与管理》,《思想政治教育研究》2018 年第 1 期。

［136］　宋向华、张学书:《思想政治教育视角下的高校校园文化建设》,《中国教育学刊》2013 年第 S4 期。

[137]　胡继冬:《论红色文化的社会记忆建构——基于符号学的视角》,《广西社会科学》2018 年第 2 期。

[138]　王帅:《高校校园文化活动过程设计探究》,《学校党建与思想教育》2017 年第 19 期。

[139]　洪晓畅、毛玲朋:《高校思想政治理论课与社会实践活动的协同优化研究》,《思想理论导刊》2020 年第 10 期。

[140]　张尔葭:《在高校校训文化中传承并发扬延安精神》,《中国高等教育》2020 年第 19 期。

[141]　汤雪峰:《信息传播视野中校园广播的思想教育功能及其优化》,《教学与管理》2011 年第 3 期。

[142]　覃川、戚天雷:《校园电视的育人功能与创新实践》,《学校党建与思想教育》2012 年第 15 期。

[143]　陈仲丹:《宣传海报及其证史功用浅议》,《历史教学(上半月刊)》2013 年第 7 期。

[144]　铁铮、沈静:《应适时建立大学校园网站评价体系》,《中国高等教育》2009 年第 23 期。

[145]　沈壮海:《讲出思想政治理论课应有的精彩》,《求是》2019 年第 16 期。

[146]　刘建军:《怎样才能上好高校思想政治理论课》,《求是》2019 年第 8 期。

[147]　郭水兰《实践教学的内涵与外延》,《广西社会科学》2004 年第 10 期。

[148]　兰奎:《地方红色文化资源在加强大学生理想信念教育中的路径探析》,《传承》2014 年第 12 期。

[149]　赵月枝、沙垚:《地方红色文化的当代意义》,《红旗文稿》2019 年第 20 期。

[150]　文欢欢:《高校思想政治教育中地方红色文化资源的运用研究——以江西为例》江西师范大学硕士学位论文,2020。

［151］ 赵月枝、沙垚:《地方红色文化的当代意义》,《红旗文稿》2019 年第 20 期。

［152］ 陈静、王婉伊:《新时代高校思政课教师红色文化素养修炼路径》,《教书育人(高教论坛)》2019 年第 27 期。

［153］ 冯雅颖、刘福成:《高校教师传播力的构建研究》,《哈尔滨学院学报》,2016 年第 1 期。

［154］ 曲中林:《教师实践力研究论纲》,《当代教师教育》2012 年第 1 期。

［155］ 张国政、岳影:《思想政治教育方法之实践锻炼法》,《世纪桥》2009 年第 7 期。

［156］ 秦在东、庄芩:《论增强高校红色文化育人的实效性》,《学校党建与思想教育》2021 年第 11 期。

［157］ 王岩、赵爱霞:《讲好"红色故事"应遵循的五重逻辑》,《马克思主义与现实》2019 年第 6 期。

［158］ 邓鹏:《红色文化网络育人的话语转型探赜》,《思想教育研究》2020 年第 11 期。

［159］ 王艺:《青年学生思想教育宣传媒介一体化发展战略研究》,《教育理论与实践》2015 年第 16 期。

［160］ 占毅:《红色资源融入高校思想政治理论课教育教学探究》,《思想教育研究》2016 年第 1 期。

［161］ 习近平:《思政课是落实立德树人根本任务的关键课程》,《求是》2020 年第 17 期。

［162］ 孙芩、徐成芳、刘岩:《大学生同辈群体思想政治教育研究述评》,《江西师范大学学报(哲学社会科学版)》2015 年第 5 期。

［163］ 郑雯、李良荣:《中等收入群体在中国网络社会的角色与地位研究》,《现代传播(中国传媒大学学报)》2018 年第 1 期。

［164］ 程新治:《网络文化对高校师德建设的影响及对策》,《科技创业月刊》2005 年第 8 期。

［165］ 渠长根:《红色文化学科建设刍议》,《红色文化资源研究》2017

年第 2 期。

［166］　洪岩:《掌控高校思想政治理论课课堂教学的四种力量》,《思想理论教育导刊》2020 年第 3 期。

［167］　秦在东、庄芩:《论增强高校红色文化育人的实效性》,《学校党建与思想教育》2021 年第 11 期。

网络报纸类

［168］　习近平:《在纪念红军长征胜利 80 周年大会上的讲话》,《人民日报》2016 年 10 月 22 日,第 2 版。

［169］　习近平:《回信》,《光明日报》2020 年 7 月 1 日,第 1 版。

［170］　习近平:《青年要自觉践行社会主义核心价值观》,《人民日报》2014 年 5 月 5 日,第 2 版。

［171］　《习近平主持召开学校思想政治理论课教师座谈会强调:用新时代中国特色社会主义思想铸魂育人　贯彻党的教育方针落实立德树人根本任务》,《人民日报》2019 年 3 月 19 日,第 1 版。

［172］　《习近平致信祝贺中国延安精神研究会第六次会员大会召开强调:坚持正确政治方向　服务党和国家工作大局　深入研究大力宣传认真践行延安精神》,《人民日报》2019 年 9 月 20 日,第 1 版。

［173］　《习近平在河南考察时强调:坚定信心埋头苦干奋勇争先　谱写新时代中原更加出彩的绚丽篇章》,《人民日报》2019 年 9 月 19 日,第 1 版。

［174］　习近平:《在文艺工作座谈会上的讲话》,《人民日报》2015 年 10 月 15 日,第 2 版。

［175］　习近平:《决胜全面建成小康社会　夺取新时代中国特色社会主义伟大胜利——在中国共产党第十九次全国代表大会上的报告》,《人民日报》2017 年 10 月 28 日,第 1 版。

［176］　《深化新时代学校思想政治理论课改革创新》,《人民日报》2019 年 8 月 15 日,第 1 版。

［177］　《中共中央　国务院印发新时代公民道德建设实施纲要》,《人民日报》2019 年 10 月 28 日,第 1 版。

［178］ 中共中央办公厅、国务院办公厅:《关于深化新时代学校思想政治理论课改革创新的若干意见》,2019 年 8 月 14 日。

［179］ 《中共中央 国务院印发〈关于加强和改进新形势下高校思想政治工作的意见〉》,《人民日报》2017 年 2 月 28 日,第 1 版。

［180］ 《中共中央 国务院发出〈关于进一步加强和改进大学生思想政治教育的意见〉》,《人民日报》2004 年 10 月 15 日要闻。

［181］ 中宣部、中央文明办、教育部、共青团中央:《关于进一步加强和改进大学生社会实践的意见》(中青联发〔2005〕3 号)。

［182］ 《用新时代中国特色社会主义思想铸魂育人 贯彻党的教育方针落实立德树人根本任务》,《人民日报》2019 年 3 月 19 日,第 1 版。

［183］ 《习近平在中共中央政治局第十三次集体学习时强调:把培育和弘扬社会主义核心价值观 作为凝魂聚气强基固本的基础工程》,《人民日报》2014 年 2 月 26 日,第 1 版。

［184］ 周华、彭景晖、王焕全:《临沂大学:把沂蒙精神融入育人体系》,《光明日报》2016 年 12 月 14 日,第 1 版。

［185］ 《中宣部 中央文明办 国家发改委 教育部 民政部 财政部 文化部 全国总工会 共青团中央 全国妇联关于加强和改进爱国主义教育基地工作的意见》,《中华人民共和国教育部公报》2004 年第 11 期。

［186］ 《中共中央 国务院印发新时代爱国主义教育实施纲要》,《人民日报》2019 年 11 月 13 日,第 6 版。

［187］ 《中共中央 国务院举行春节团拜会》,《人民日报》2015 年 2 月 18 日,第 1 版。

［188］ 李平:《弘扬红色文化 抵制"三俗"之风》,《光明日报》2010 年 9 月 3 日,第 7 版。

［189］ 《习近平在视察南京军区机关时强调:贯彻全军政治工作会议精神 扎实推进依法治军从严治军》,《人民日报》2014 年 12 月 16 日,第 1 版。